JN271100

現代イギリスの地方財政改革と地方自治

小林 昭

日本経済評論社

目 次

第1章 地方財政支出統制と新ブロック・グラント
　　　──イギリスにおける財政中央集権化過程の一側面── ……… 1

　1　問題の所在　1
　2　新ブロック・グラント構想の展開過程　4
　3　新ブロック・グラント制度の成立とその基本的メカニズム　9
　4　新ブロック・グラントの諸矛盾と地方財政統制の強化　22

第2章 イギリスの都市財政
　　　──地方財政統制の強化と大都市財政── ……………………33

　1　はじめに　33
　2　大都市の経済的衰退と財政ストレス　34
　　(1) 都市の経済的衰退と大都市問題　34
　　(2) 1960～70年代大都市財政への影響　37
　3　地方財政統制の強化と大都市財政　41
　　(1) 地方財政支出統制と新包括補助金制度　41
　　(2) 新包括補助金制度と1980年代大都市財政　45
　　(3) 大都市の「超過支出」と地方税統制　52
　4　むすびにかえて　56

第3章 イギリスにおける地方財政支出統制の強化と
　　　地方財政自治の危機 ………………………………………………61

　1　はじめに　61
　2　70年代後半期地方財政改革の挫折と地方財政支出統制の展開　62
　　(1) 地方財政責任の後退と地方財政改革問題　62
　　(2) 地方財政支出統制と地方財政構造の変化　64

3　80年代個別地方団体財政統制の展開と地方財政自治の危機　69
　　　(1)　80年地方法と新包括補助金のメカニズム　69
　　　(2)　支出超過と制裁措置強化の悪循環　75
　　　(3)　地方財政構造の悪化と地方税統制の進行　79
　　4　地方財政自治の危機と再生の課題　88

第4章　イギリス地方財政改革の争点をめぐって ……………97
　　1　はじめに——1988年地方財政法成立の意味するもの——　97
　　2　86年グリーン・ペイパーおよび地方財政法案における改革の構想と論理　98
　　　(1)　86年グリーン・ペイパーの改革構想と論理　98
　　　(2)　87年地方財政法案における改革構想　107
　　3　改革構想の基本命題と自己矛盾
　　　　——Local Accountability の論拠をめぐって——　111

第5章　イギリス補助金政策の新展開と地方財政 ……………121
　　1　はじめに——1980年代イギリス地方行財政の急変とカオス——　121
　　2　60〜70年代地方税制改革の挫折と一般補助金拡充政策の矛盾　122
　　　(1)　地方税改革の挫折と一般補助金の発展　122
　　　(2)　地方制度改革と地方財政の矛盾の増大　125
　　　(3)　レイフィールド委員会報告の棚上げと地方財政統制の進展　127
　　　(4)　小括——地方税制度の矛盾と補助金改革——　129
　　3　80年代包括補助金運用の矛盾と地方財政統制の強化　129
　　　(1)　80年地方財政改革と包括補助金制度　129
　　　(2)　制裁つき支出目標額の導入と包括補助金の矛盾増大　132
　　　(3)　包括補助金の破綻と新たな地方行財政改革の始動　136
　　4　集権的地方行財政改革と補助金政策の新展開　136
　　　(1)　支出目標額廃止後の包括補助金　136
　　　(2)　新たな地方税財政改革と一般補助金制度　138
　　　(3)　自治体行政機能の縮小と地方行財政のゆくえ　145

           5　むすび
　　　　──イギリス地方財政・地方自治と補助金制度の再構築にむけて── 147

第6章　イギリス福祉国家の変貌と地方自治 ……………………………… 155

　　　1　サッチャリズムとイギリス福祉国家・地方自治の危機　155
　　　2　1980年代サッチャー政府の経済・社会戦略と地方自治の危機　158
　　　　(1)　サッチャー政府の経済戦略と福祉国家の再編成　158
　　　　(2)　地方自治体支出統制の失敗と直接統制への移行　160
　　　　(3)　自治体行政の「民営化」と地方行政機能・権限の縮小　164
　　　3　分権的福祉国家と地方自治の再生にむけて　169

第7章　変貌するヨーロッパの地方自治・地方財政 ……………………… 175

　　　1　はじめに　175
　　　2　欧州統合のインパクト　175
　　　3　福祉国家の再編成と地方自治体　177
　　　4　中東欧の地方自治改革をめぐって　178

第8章　イギリスにおける都市郊外の環境・景観保全政策 …… 181

　　　1　はじめに　181
　　　2　グリーン・ベルト政策の意義と限界　182
　　　　(1)　グリーン・ベルト政策の目的と意義　182
　　　　(2)　グリーン・ベルト政策の限界と見直しの焦点　183
　　　　(3)　労働党政権の住宅建設計画とグリーン・ベルトをめぐるせめぎあい　186
　　　　(4)　農村地域の整備と都市の再生をめぐる新たな課題　187
　　　3　ボーンマス市の環境・景観保全政策　188
　　　　(1)　海浜のリゾートの町ボーンマス　188
　　　　(2)　市の開発規制・建物規制の権限と保全地区の増大　190
　　　　(3)　住宅建設需要の増大とグリーン・ベルトの保全をめぐって　195
　　　補論：市中心部ショッピング・センター環境整備政策をめぐって　197
　　　4　コベントリー市の環境・景観保全政策　199

　　　　(1) 製造業の町・コベントリーの戦災と戦後の都市計画　199
　　　　(2) カントリーサイドをめぐる政府の指針とコベントリー市の計画　200
　　　　(3) コベントリー市の「グリーン・スペース」戦略　202
　　5　むすび　209

初出文献一覧 ………………………………………………………………………… 213
小林昭君を偲ぶ…………………………………………………… 宮本　憲一　215
【解説】福祉国家再編期のイギリス地方財政
　　　──小林昭先生のイギリス地方財政研究の意義──… 北　村　裕　明　219
あとがき ……………………………………………………………………………… 227

第1章　地方財政支出統制と新ブロック・グラント
——イギリスにおける財政中央集権化過程の一側面——

1　問題の所在

　近年のイギリス中央—地方政府財政関係において注目すべき変化は、1970年代なかば以降、公共支出削減政策の展開とともに地方財政支出に対する中央統制が強化され、しかも80年代にはその方法が地方政府（local government）統制から個別地方団体（local authority）統制へと移行することによって、地方自治、地方民主主義が著しく侵害されていることだといわれる(1)。この財政中央集権化の一画期は1980年「地方政府・計画・土地法」(Local Government, Planning and Land Act. 以下 LGPLA と略す) の成立とそれにもとづく新ブロック・グラント(2)(the Block Grant) 制度の導入であって、そのしくみと運用をめぐる諸問題は、81年暮いらい下院において審議された二次にわたる「地方財政法案」(3)(Local Government Finance Bill) の内容とともに、最近のイギリス地方財政をめぐる論議の焦点となってきている。81年12月のグリーン・ペイパー『住宅レイトへの代替財源』(4)(Alternatives to Domestic Rates) が伝統的な地方税 Rates の主要部分の廃止をふくむ地方税財政制度改革案を提起したことにも象徴されるように、近年の地方財政統制の強化と中央—地方政府関係の緊張の昂まりは誠にドラスティックなものであって、76年のレイフィールド報告(5)以降、イギリス地方財政は新たな局面をむかえているということができる。

　新ブロック・グラントは、「レイト援助交付金」(Rate Support Grant. 以下 RSG と略す) の「需要要素」(Needs Element) と「財源要素」(Resources

Element)にかわる単一の補助金であり、「支出と補助金とレイトとの間に明確なリンクを確立するもの」[6]だといわれる。その意味でこの制度は両要素の欠陥の是正という装いのもとに登場するが、トレイバーズの指摘するように、その構想が、70年代なかば以降の高額支出団体に対する支出抑制のための補助金削減政策を背景として、レイフィールド委員会への環境省提案にもとづき、労働党・保守党両政権下において発展した[7]ところに重要な特徴と問題がひそんでいるといえよう。グリーンウッドは、この時期の地方財政支出抑制策の変化をめぐる中央―地方政府間緊張関係の増大と新ブロック・グラント成立への過程について興味深い素描を行っている[8]。

　彼の整理によれば、74年から81年にかけて両政府の直面した課題は、(1)インフレ・経済危機対策のマクロ経済戦略＝公共支出抑制策に地方経常支出規模を適合させ削減する方法の樹立、(2)政府指針に従う地方団体は処罰せずに抵抗する団体への補助金を削減しうる配分方法の構築の二点に集約される。79年5月の政権交替をはさんで、彼はこの時期を労働党政権下の第一局面（74～79年）、保守党政権下の第二局面（79～81年）にわけ、前者を地方政府への補助金削減つき支出「目標額」（target）の使用による支出規模統制の時期、後者を補助金の差等削減率（高額支出団体への削減率拡大）を用いた支出規模統制の時期と特徴づけた上で、両局面における中央―地方関係の政治的背景と地方財政支出抑制政策の命運を次のように分析する。

　すなわち、第一局面においては多くの地方団体が保守党支配下にあって公共支出削減政策容認の傾向が強く、保守党支配下の団体も概して政府の支出削減「目標額」に協力的であり、「あらゆる地方団体が政府の直面する経済危機の深刻化を鋭く認識していた」。こうした背景の下で政府の支出削減政策は有効に働き、地方財政支出水準はほぼ政府目標に近い水準に削減されて、79／80年度には75／76年度比15％減となった。だが補助金配分方法については、初期の政府方針が農村のシャー・カウンティ地域（多くは保守党支配下の諸団体）から補助金をひきあげて都市地域（多くは労働党支配下）に配分する政策であったため[9]、毎年、補助金配分の動揺（スウィング）がおこり地方団体の予算編成を危くするに

到ったので、地方団体諸協会は政府を説得して年々の補助金減少の度合を制限する措置を導入させた。しかしRSG配分方法の欠陥は労働党政権末期になお大きな問題となり、環境大臣は、高額支出団体への不均衡な補助金配分の是正と公平な配分方法確立を目的とした「単一補助金」(the Unitary Grant)にもとづく新措置の導入を地方財政諮問委員会に公表した。この提案は地方団体諸協会の反対により一応撤回されるが、労働党政権が後の保守党政権と同様の政策を追求しようとした証拠と評価される。

　第二局面においては、保守党政府が地方財政支出削減政策を一層強化するが、他方で労働党支配の地方団体が増大し、保守党政権への政治的対抗とこの時点での公共支出削減政策の妥当性・緊急性に関する疑問から、政府のガイドラインを受容せず、保守党支配下の地方団体もまた過去の支出削減の努力を反映しない補助金一律削減の方法に反撥し、「目標額」設定と補助金削減について高額支出団体と低額支出団体を区別するよう求めるに到る。このような状況の下で政府の地方財政支出削減目標の達成は困難となり、大蔵省、保守・労働各党支配下の地方団体からの三様の圧力に直面した環境大臣は、補助金配分問題を地方支出削減強制の問題に結びつけることを決意した。問題は各地方団体の「合理的」支出水準をきめ、それに補助金配分方法をリンクさせる方法にあったが、その具体的解答こそ保守党政権発足後わずか6カ月で下院に提出された「地方政府・計画・土地法案」(LGPLB)と新ブロック・グラント構想であり、この法案によって「中央―地方間権限配分の重大な転換」が定められたのであった。そして新ブロック・グラントの地方財政支出抑制機能の限界が判明するにつれ、さらに強力な地方団体支出統制が必要となり、地方財政法案が登場するに到るというのである。

　地方財政削減政策の展開と新ブロック・グラント成立過程をめぐる以上のような背景と流れを念頭においた上で、本稿はまず、根本的な中央―地方財政関係のあり方に関するレイフィールド報告の「統治構造上の問題」(Constitutional problems)提起をどのようにふまえつつ新ブロック・グラント構想が発展したのかを前出の第一局面における主要な補助金改革構想の内容に即してフォ

ローし、この構想の基本的性格を確認するとともに、第二局面における新ブロック・グラント成立過程と初年度の配分方法を通して、この制度の特徴的なメカニズムを素描することにしたい。さらに、適用初年度の運用をめぐる若干の考察から、新制度の矛盾に言及し、80年代イギリス地方財政の危機的な様相の一端にふれることとしたい。

2 新ブロック・グラント構想の展開過程

ブロック・グラント構想は、1975年6月レイフィールド委員会に提出された環境省の証言文書「地方政府に対する中央政府補助金——若干の可能な改良——」[10]における「統合補助金」(the Combined Grant) から出発している。この文書において環境省は、中央政府補助金の基本的諸目的として、(a)地方団体間課税力不均等への対策、(b)地方団体間財政需要不均等への対策、(c)地方税・負担金の負担軽減、(d)以上三点の解決後も残る地方税負担不均等への対策、(e)地方政府支出額および支出構造への影響の五つを挙げ、既存のRSG制度について財源要素の均等化機能の不十分さと需要要素への配分の過大さ等の問題点を指摘した後、財源均等化機能と財政需要調整機能を統合する新たな補助金を提案した。この総合補助金は、各地方団体の財政需要額と地方税収入額との差額を交付額とするものであり、財政需要には従来の「基準支出」(Re'evant Expenditure) の各団体割当分、税収には「全国標準税率」(National Standard Tax Rate) が用いられ[11]、RSGの「総枠決定方式」[12]は残されるしくみになっている。

環境省は統合補助金の長所として、(1)標準税率の地方税徴収により全地方団体が「割当支出需要」(Assessed Spending Needs) への充当に十分な収入を確保しうるという「完全均等化」の達成、(2)それに必要な経費の極小化と補助率決定における政府の弾力性の増大、(3)補助率決定を通じる中央政府の責任と地方税率決定における地方政府責任の区別・明確化、(4)既存の財源要素から生じる「無制限」要因 ('Open-Ended Element' 地方団体支出の増大に応じて補

助額がふえ続ける機構)の排除を挙げ、さらにインフレ要因の正確適切な反映についても既存の制度にまさるとしている(13)。このうち(3)は、標準税率による税収および補助金充当の支出は中央政府の責任とし、それをこえる支出については各地方団体の超過税率による地方税負担の増大が生じるとの趣旨である。また、各団体の割当支出需要以上の超過支出に全国平均の超過税率を課し、富裕団体の余剰収入分をプールして貧困団体にまわす 'Pooling Scheme' が提案されるとともに、この限界税率の操作を地方団体支出増加対策に用いることが示唆されている(14)。これらは後の新ブロック・グラントにつながる発想であって、他の長所とともに「中央政府の判断を地方団体に交付する補助金総額の主要な決定要因とする」(15)ことが重視されるのである。だが、トレイバーズも指摘するように、この段階ではまだ統合補助金の具体的な機構や作用については検討作業が余り進んでいない。とくに各地方団体の割当支出需要額査定の客観的な方法は最大の難関とされ、今後の検討に委ねられている(16)。

　レイフィールド委員会は、この環境省提案に示唆されて、「現在別々の需要要素および財源要素の機能を包含した単一の要素をもつ補助金」=「単一補助金」(the Unitary Grant)を提案した(17)。それは、地域間の財政需要の相違と課税力の相違の両方を調整補償するものとされ、二つの形態がありうるという。第一は、ある一致した査定方法による各地方団体の支出需要額と補助金算定用の全国共通地方税率による地方団体税収額との差額により、「ある共通水準の行政サービスを共通の地方税率に連関させる補助金」(18)であり、第二は、地方団体の実支出額に対して交付され、類似の地方サービス水準の変化について類似の地方税率の増減を地方団体に保証しうるような補助金である。単一補助金は、中央政府が地方財政需要の主要要素決定に責任をもつ「中央責任型」財政制度に最も適合するが、「地方責任型」の場合にも若干の利益がありうるとされ、既存のRSG制度より補助金総額が少なくてすむ点が強調される(19)。また、個々の地方団体の支出需要が従来よりも精密に査定されねばならぬこと、割当支出需要査定額以上の支出に対する超過補助金には制限措置の必要なことが指摘されている(20)。

ところで、レイフィールド委員会のこの提案については二つのコンテクストに注意しなければならない。その第一は、この構想が短期的な財政対策ではなく、中央—地方政府の基本的長期的財政関係のあり方に関する「1914年以来最初の包括的再検討」(21)の中で論じられていることである。同報告書の最終章「提言」は、財政構造こそ同委員会の検討課題だとして、その基礎原理——財政責任（Accountability）、公平性（Fairness）、経済的明白性（Economic Clarity）、効率性（Efficiency）、安定性（Stability）、弾力性（Flexibility）、包括性（Comprehensibility）——および中央政府・地方政府の役割——経済・財政の全般的管理運営（中央）、地方ニーズとその優先順位の民主的決定（地方）——を再確認した後、「政府は地方団体が責任を負う行政サービスにもかかわるが、地方団体個々の行政展開に対する統制は経済管理の目的にとって基本的ではない」(22)と指摘し、近年の地方財政支出統制の目的が不明確であり責任の所在を混乱させていると政府を批判している。これは、その後展開された個別地方団体支出統制との関連で注目すべき点だといえよう。

第二に、単一補助金が「中央責任型」と「地方責任型」の二つの地方財政制度における地方税および補助金のあり方の中で論じられ、各財政制度に適合する形態が検討されている点は、さらに重要である。「中央責任型」財政制度においては、地方支出総額だけでなく各地方団体の支出額・支出目的も中央政府が決定し、若干の地方自主決定支出（discretionary expenditure）には地方税＝レイトが充当される。中央政府は、租税制度全体の中でレイトの占めるべき水準を考慮してレイトとグラントの差額を決定し、レイト税率も決定する。そして、このような文脈において最も適切な補助金の形態は「（政府により）承認された各地方団体支出額と標準的割合の地方課税財源に立脚する単一補助金」(23)である。この場合、地方団体の支出需要は支出実績ではなく支出計画（予算）であり、政府は予算のチェック、地方自主決定支出の制限および補助金配分過程を通じて地方団体支出を統制することができ、また「個々のサービスに関する政策や優先順位について決定的な発言権を与えられる」(24)。トラバーズは、この「中央集権型」財政制度における単一補助金こそ環境省の統

合補助金であり、後のブロック・グラントにも酷似しているという[25]。単一補助金は「地方責任型」財政制度においても是認されるが、そこでは地方所得税の導入による補助金割合の低下が前提となっており、地方団体の支出需要算定は支出需要にもとづき、補助金算定のためにのみ行われることになっている。したがって、個別地方団体の支出額や地方税率を政府が決定する必要はないが、補助金総額の際限ない増大に対処するため、各地方団体の支出需要査定額に連関させた一定の支出水準を設け、それ以上の支出に対する補助率は低下させるべきだとしている[26]。周知のようにレイフィールド委員会は、中央—地方の基本的財政関係のあり方という「統治構造上の問題」にぶつかり、補助金制度についても最終的な勧告をするには到らなかったが、以上のような文脈の中で環境省提案の流れをくむ単一補助金制度の中央集権的性格が明らかにされていたことは甚だ重要である。なぜなら、その後新ブロック・グラント制度は、「統治構造上の問題」が棚上げにされたまま、地方財政支出統制という「現在政府および地方団体が直面する直接的な問題」[27]への対策が強化され中央集権化傾向が進展する中で、その重要な要素として形成されるからであって、我々はその一転期を1977年グリーン・ペイパーにみることができる。

「環境省は『単一補助金』を1977年グリーン・ペイパーの主要提案に含めよと主張し当時の政府を説得した」[28]。レイフィールド報告への労働党政府見解たるグリーン・ペイパー『地方財政』[29]は、この構想に対する地方団体諸協会の「意見留保」[30]にもかかわらず、環境省提案をうけいれて単一補助金制度を提唱した。それは、標準行政サービス供給の経費と標準税率による税収との差額を地方団体に交付するものであり、各地方団体の「関連支出需要査定額」(the Relative Expenditure Needs Assessment)にはサービスごとの支出ガイドラインが設けられるが、実際の支出額決定は各地方団体に委ねられる。だが、問題は地方財政支出抑制の方法とされ、既存のRSG制度下の補助金削減装置は政府の設定した支出ガイドラインに従うか否かに関係なく全地方団体に影響する点が弊害だと指摘される[31]。つまり、地方団体の支出額決定の自由は原則的に残しつつ、政府指針を守ろうとしない超過支出団体('Overspender')

への補助金を削減する方法が課題となるのであって、この課題は「(政府の)ガイドライン以上の支出団体は累進的に高まるレイト税率を納税者に課さねばならなくなる」(32)措置により達成される。すなわち、政府はガイドライン水準の支出団体について標準税率を設定するとともに、この水準を5％超過する団体、5％以下の団体その他様々な支出水準の団体について様々な標準税率をきめ、各地方団体の支出額と各標準税率による税収額の差額につき補助金を交付する(33)。各地方団体の支出水準が「地方団体全体の総支出計画額中の割当分」(34)を超過するにつれて補助金算定上のレイト税率を累進的に高め、超過支出団体への補助率を下げていくしくみである。これこそ新ブロック・グラントの大きな特徴であって、トレイバーズも、一方でグリーン・ペイパーの単一補助金論が環境省の前提案と同様の表現になっていると論評しつつ、同時にその構想内容が統合補助金の'Pooling'措置から新ブロック・グラントの対超過支出団体むけ限界補助率逓減('tapering')方法に接近したことを指摘している(35)。ともあれ、かくて単一補助金は「地方団体支出総額を国の計画総額内に保つ必要性に照らして高額支出計画につき熟考する誘因を地方団体に与えるであろう」(36)。単一補助金はまた、全地方団体への交付により「完全均等化」を達成し、標準税率や各地方団体の支出需要査定額の公表により納税者に対する財政責任をたかめ、かつ補助金運用機構の簡素化にもつながると、その長所が強調されている(37)。

　だが、以上のようなグリーン・ペイパー提案の最大の問題点は、レイフィールド報告が提起していた「統治構造上の問題」のコンテクストを省き新地方独立税源を見送ることによって、事実上「中央集権型」財政制度のための補助金制度を提案した所にあるといえよう。「中央責任型」「地方責任型」の二つの道についてグリーン・ペイパーは、経済的社会的諸要請が変化し易い状況の下で中央―地方政府間関係は絶えず変わるものであり、逆に中央―地方の責任を公式に定義してしまうと新たな事態に対し弾力的かつ敏速に対処しえなくなるとして、「地方財政問題解決の基礎として基本的な再定義を行う必要はない」(38)とレイフィールド報告の根本的な問題提起を一蹴する。そして、いずれの道も

不利益は明白だとし、原則的には望ましい「中間の道」も非現実的と退けられる。しかし、それにもかかわらずグリーン・ペイパーは、地方所得税の導入を時期尚早として拒否しつつ「地方責任型」財政制度における単一補助金を否定し、レイフィールド報告がその「中央集権型」財政制度に最適と評価した単一補助金制度を、高額支出団体への制裁措置をさらに発展させた構想として提案することとなったのである。既述のようにこの提案は地方団体諸協会の一致した反対により撤回されるが(39)、トレイバーズは次のようにのべて77年グリーン・ペイパーの重要な位置づけを行っている。

「単一補助金の長所に関する77年の記述は80年にサッチャー政府が採用したアプローチにおどろくほど似ている。この意味においてグリーン・ペイパーは、保守・労働両党が地方政府に対する同じような政策を追求した時期の始まりである。両党とも、地方団体支出統制のためにますます補助金制度を使用しようとするようになった」(40)。

3 新ブロック・グラント制度の成立とその基本的メカニズム

新ブロック・グラント制度の導入が公式に表明されたのは79年11月6日、80/81年度RSG決定をめぐる地方財政諮問委員会においてである。現保守党内閣は79年5月就任と同時に、職員の新規採用凍結、79/80年度経常支出額の対前年度計画額比3％減を地方団体に要請し、7月には80/81年度経常支出額のさらに1％減を要請して公共支出白書にもりこむなど、いち早く地方財政支出削減政策を明示していたが、環境大臣は改めてそれらに注意を喚起しつつ、既存のRSGの欠陥を指摘して、LGPLBに新ブロック・グラント制度の規定を設け、81/82年度から施行する方針であることを明らかにした(41)。高額支出団体に有利な配分方法をもつ需要要素・財源要素にかえて、共通の査定方法による「標準支出」(Standard Expenditure)と「標準レイト税率」(Standarad Rate Poundage)による税収との差額を全地方団体に交付するものとし、標準支出水準の地方団体には補助率の全面適用、著しくそれを越える団体にはその

超過の度合につれて累進的に低下する補助率を適用するというものである。同時にこの原則を80／81年度についても適用する「暫定措置」として、地方団体の実際の税率と割当支出需要額への充当に必要な「理論均一税率」(Notional Uniform Rate) を比較し、その差の大きい超過支出団体に対し同年末80／81年度増額補正（Increase Order）の段階で補助金削減措置を行うと予告した[42]。LGPLB は79年11月20日上院に提議され撤回された後、80年1月下院に再提議され、様々な論議の末、同11月末 LGPLA として成立し、80年12月16日の地方財政諮問委員会において81／82年度を初年度とする新ブロック・グラント制度の詳細なしくみが発表されることとなる。この間 LGPLB の審議と併行して、81／82年度 RSG 配分に関する補助金作業グループ (Grants Working Group. GWG と略す) が標準支出の査定方法および新ブロック・グラントの他のメカニズムの詳細な検討作業を進めて6月末の地方財政諮問委員会に最終報告を提出し、それにもとづき補助金配分手続き上の様々な選択肢 (option) の詰めと規則の最終決定が夏から秋にかけて進められた[43]。この GWG の組織については、当初サブ・グループの設置と地方団体の種類によるサービスのグルーピングの是非をめぐり環境省と地方団体諸協会との間に見解の対立があったが、最終的には環境省案にそって地方団体の種類によるサービス編成にもとづいた三つのサブ・グループと共通サービスを扱うグループの四つが設けられ、各々、地方団体諸協会と政府官庁の代表者および関連サービス実務経験者により構成された[44]。地方団体諸協会は、右の作業進行期間中、これら公式の GWG 作業過程に関係すると同時に、その外部でも新ブロック・グラントに反対する立場から様々な検討や環境省への働きかけを行っている。本稿ではその詳細にふれるゆとりはないが、さしあたり80年2月段階における地方団体諸協会の新ブロック・グラント批判および対案の提出とそれに対する政府の対応にふれておきたい。

1980年1月16日地方団体諸協会議長は環境大臣に合同書簡を送り、諸協会が一致して新ブロック・グラントに反対する旨を表明した。地方団体のレイト徴収決定に対する中央干渉の著しい増大、新制度の高度の複雑さ、補助金交付総

額の変更や個別地方団体の選別など環境大臣への無限の権限賦与等がその理由である(45)。同時に既存のRSG制度改革のため新ブロック・グラントへの対案を検討する用意があることが付言され、この対案は同2月19日「ブロック・グラントへの代案」(46)として政府に提出された。この文書においては、中央政府の画一的公式にもとづく需要査定が個別地方団体支出統制を招き、地方財政責任の減退と地域問題への中央統制をもたらすなど八項目にわたるブロック・グラント批判が展開されており、なかでも重要なのは「地方財政支出総額の不要な増大を促進するおそれ」が他の基本的矛盾として指摘されていることである。すなわち、標準税率や理論均一税率の公表の結果、標準支出をこえる支出水準において限界補助率が逓減し始める「超過閾」(Threshold) を設定しても、超過閾以下の支出水準には補助率が全面適用されるため、すべての低額支出団体に標準支出水準まで支出を増加させる誘因を与える。かくして新ブロック・グラントは却って超過支出を奨励して補助金総額を増大させ、その後に減額調整（clawback）が必要になって不確実性を増大させるというのである。地方団体はこのように新ブロック・グラントの中央集権的性格と支出統制効果の疑わしさを鋭く指摘した上で、既存の需要要素・財源要素の改革方法を提示したのであった。それは、需要要素配分を個別地方団体の実支出額と直接かかわらぬものとし基準支出総額増減率に関連する総合的な「理論需要査定額」(Notional Needs Assessment) を設け、他方、財源要素配分においては、地方団体の支出が理論需要査定額の一定割合（超過閾）をこえぬものとして、その交付要件を地方団体実支出額に結びつけ、超過閾以上の支出には補助金を交付しないという配分方法である。だが環境大臣はこの対案を不適とし、地方団体諸協会は5月に再び、(1)「標準支出」「標準税率」の用語修正、(2)「乗数」使用目的の明確化と個別地方団体への不利な使用に対する安全策、(3)負の限界補助率の排除、(4)レイト課税評価額以外の富裕度測定基準の余地、(5)年度中における補助金交付額の再調整、(6)補助金算定の詳細な資料の一括公表など六項目にわたる再修正を要請した。そして6月20日の政府回答は、このうち最も重要な(3)～(5)は拒否し、乗数問題については交付額増加の機能と同時に超過支出団

体への補助金削減機能を抱きあわせにしてその制裁措置を強化し、用語問題において「補助金関連支出」(Grant Related Expenditure. GRE と略す)、「補助金関連税率」(Grant Related Poundage. GRP と略す) への変更を提案するという姿勢を示したのである(47)。GRE 査定方法をはじめとして地方団体側の新ブロック・グラント批判はこの後も続けられるが、80年前半期におけるこれら地方団体諸協会の指摘と政府の対応とは、その後の事態との関連においてきわめて重要な意味をもつものといえよう。トレイバーズによれば、この時期、80年春から秋にかけての上下両院委員会の審議過程において、政府側は新ブロック・グラントのメリットとして、(1)RSG の欠陥の是正、(2)納税者への公開性の増大、(3)支出需要と税財源の完全均等化、(4)補助金運用機構における人員の減少、(5)補助金配分の公平性の増大、(6)国家的利害に関する地方団体の理解の増進の六点を強調し、この構想の擁護につとめたのであった(48)。

　1980年10月上旬、LGPLB は、その最終審議段階において夏の時点まで結束して反対運動を展開していた地方団体諸協会のうちカウンティ協会(Association of County Councils) の態度が急変するという事態の中で上院を通過し、同11月4日 LGPLA が成立した(49)。同法には、財政資金配分・統制の枠組みの改善、地方政府支出効率の改善などを目的に、表1-1のごとく数多くの異なった主題がもりこまれたが、本来の主要目的はインフレ対策としての地方財政支出削減・人員削減など公共部門の規模縮小にあったといわれ(50)、RSG の改革＝新ブロック・グラントの導入は論争と審議の中心になったのであった。同法の成立によって、従来の RSG 三要素は「住宅レイト減税補助金」(Domestic Rate Relief Grant) とブロック・グラントの二本にくみかえられ、環境大臣は80／81年度分からの RSG 削減権を与えられるとともに、地方団体別の GRP 決定・GRE 操作を通して政府の地方財政支出削減目標への協力の如何によって個別地方団体への補助金配分を調整する強力な権限を与えられた(51)。新補助金制度の全面適用は81／82年度 RSG からであるが、80／81年度 RSG への「暫定措置」はこの制度の特質をうきぼりにしていると思われるので、次にふれておくこととしたい。

表1-1 1980年「地方政府・計画・土地法」(LGPLA) の主要内容

財　　政	(1) 特別職議員報酬の引き上げ (2) レイト課税資産5年再評価制の廃止 (3) 新ブロック・グラントによるRSG改革 (4) 資本支出統制制度の改革
計　　画	(1) 計画調整権をカウンティからデイストリクトへ移管 (2) コミュニティ土地法の廃止 (3) 公共団体保有地の登録 (4) 住宅開発適地の調査 (5) 都市開発公社 (UDC) と事業区域の設置 (6) 計画申請手数料
直営労働組織	(1) 新会計方法 (2) 入札 (tendering) の規制 (3) 資本金に対する収益率の公表
情　　報	(1) 行政実施状況、経費、人員等に関する情報の公刊 (2) 地方団体に対する約300件の統制の廃棄

出所：J. W. Raine, "The Local Government Planning and Land Bill in Context", INLOGOV, *The Local Government Planning and Land Act, 1980 in Perspective*, Dec. p. 3. による。

　80／81年度RSG運用の特徴は、政府の地方財政支出目標達成のため、年度中に地方団体予算の改訂が命じられ、この改訂予算をさらに減額させるためLGPLAにもとづく「暫定措置」がとられたことである。表1-2のように、同年度RSG決定時の地方経常支出計画総額は前年度計画額比3.9％減と定められたが、地方団体経常当初予算額はそれを5.6％超過したため、環境大臣は6月、各地方団体に対し78／79年度実支出額比2％減の目標額(ターゲット)を示し予算改訂を要請した[52]。だがこの改訂予算総額はなお目標額より2.6％の超過となり、環境大臣は9月18日、81年11月の第二次増額補正時点までRSG2億ポンドを凍結し「暫定措置」を適用すると発表した。「暫定措置」は理論均一税率以上の均一税率を有する地方団体へのRSGを削減できるというLGPLA第48条の規定にもとづき、この場合には超過閾にあたる均一税率155ペンス以上の団体が対象とされた。しかしこの措置は一率ではなく、(1)シティ・オブ・ロンドン、(2)「レイト・RSG充当支出」棄権(ウェイバー)の有資格団体、(3)「支出規模目標額」棄権の有資格団体は適用除外となった。(1)は高い均一税率をもつが非夜間人口むけ行政

表1-2　地方団体経常支出査定額とその推移（イングランド・ウェールズ）〔79年12月価格〕

年　度		査定額 百万ポンド	備　　　　考	
1979～80	RSG当初決定	13,853		
	地方団体当初予算	14,352		
	新保守党政府目標額	13,436		
	地方団体実支出	13,874		
1980～81	RSG当初決定	13,311	79～80年	RSG当初決定の3.9％減
			79～80年	地方実支出の4.1％減
	地方団体当初予算	14,050	80～81年	RSG当初決定を5.6％超過
			79～80年	地方当初予算の2.1％減
	地方団体改訂予算	13,660	80～81年	RSG当初決定を2.6％超過
			79～80年	地方当初予算の4.8％減
	地方団体実支出（暫定）	13,660	79～80年	地方実支出の1.7％減
1981～82	RSG当初決定	12,902	80～81年	RSG当初決定の3.1％減
			80～81年	地方実支出の5.4％減

出所：J. G. Gibson, "The Block (and Target) Grant System and Local Authority Expenditure", *Local Government Studies*, Vol. 8, No. 3, p. 17. の表に多少手を加えた。
注：本表の資料は、Associations, *Rate Support Grant 1980/81.* および同 *Rate Support Grant (England) 1981/82.* である。

サービスを主とする特殊事情を考慮したものだが、(2)と(3)は超過閾以上の支出団体でも支出削減の「異例の努力」が認められれば制裁措置からはずすとの趣旨であって、(2)はイングランドとウェールズの地方団体を五種類にわけた上で過去2ヵ年のレイト基金経常支出予算増加額が同種団体の加重平均増加額より3％以上少ない団体、(3)は80／81年度経常支出予算額が78／79年度実支出額より2％以上少ない団体である[53]。このような措置は、支出目標額と超過閾の設定および補助金削減という制裁措置のくみあわせによる個別地方団体統制という新制度の特質をよく物語っているといえよう。なお大ロンドンの諸団体については均一税率の算定上「全国標準課税評価額」（Rateable Value at National Standard）以上の課税評価額を考慮に入れないとの特例措置が講じられた。しかし以上の暫定措置にもかかわらず、表1-2のように、80／81年度地方経常支出実績見積が政府目標額の2.5％超過となっていくことに注意しておく必要があろう。

1980年12月16日、環境大臣は例年より1カ月おくれて81／82年度RSG決定および79／80年度・80／81年度増額補正を地方財政諮問委員会に報告し、適用初年度における新ブロック・グラントの機構を公式に説明した(54)。LGPLAの規定により新RSGはイングランド、ウェールズ別々に決定されることとなり、イングランドに関する決定は'Rate Support Grant（England）1980'として下院に報告された。本稿では以下に、この公式報告と関連文献(55)にもとづいて新RSG配分方法および新ブロック・グラントの機構を素描することにしたい。

新RSGの総額は、従来と同様「総枠決定方式」により算定された。すなわち、政府の公共支出計画（80／81〜83／84年度）にもとづき地方経常支出規模が80／81年度同計画額比3.1％減と定められ、それに住宅経常会計に対するレイト基金繰入金、資本支出への経常会計繰入金および純借入負担金を加えて「基準支出」（Relevant Expenditure）が算出され、この基準支出にイングランド分総括補助率59.14％を乗じて国庫支出金総額が算定された。表1-3のように、RSG総額は、そこから経常会計への特定補助金および運輸・国立公園への補充補助金を控除した残額である。そしてRSG総額から住宅レイト減税補助金（Domestic Elementを継承、同年度1ポンド当たり18.5ペンス）が控除され、ブロック・グラント総額が決定された。この総額は、従来の需要要素配分の場合と同様に、地方自治研修所（Local Government Training Board）その他地方団体へのサービス供給を行う特定10団体に対する補助金を控除した上で各地方団体に配分されることとなった。なお新ブロック・グラントは、前制度と違い、初めから見積り実支出価格（estimated outturn price）で算定されることになり、右の基準支出には80年11月価格の支出規模に加えてそれ以降82年3月までの物価・給与・年金上昇率の政府予測値にもとづく支出増加見積額が参入され、後者の部分に従来の「追加支出削減措置」（Cash Limit）が実質的に継承された（表1-3参照）。政府の予測値は80年12月〜82年3月の給与上昇率6％、80／81〜81／82年度物価上昇率11％、81年11月時点の年金上昇率11％である。環境大臣が、政府は6％以上の給与上昇には対応しえずその負担

表1-3　1981～82年度 RSG 総額（イングランド）算定方法

(単位：百万ポンド)

	A. 1980年11月価格	B. 1981/82見積価格	(参　考) A－B
(1) 基準支出見積額	17,338	18,423	1,085
(2) 補助総額　(1)×59.1%	10,254	10,895	641
(3) 特定補助金・補充補助金	1,768	1,868	100
(4) RSG　(2)－(3)	8,486	9,027	541
(5) 住宅レイト減税補助金	663	663	0
(6) ブロック・グラント　(4)－(5)	7,823	8,364	541

出所：*Rate Support Grant (England) 1980* の Appendix より作成。Associations, *Rate Support Grant (England) 1981/82*, p. 150.
注：B の81/82見積価格は、80年11月以降の給与・物価・年金上昇推計分をふくむ。A－B は、その加算分を示したものである。

は納税者にかかるしかないが「大きな給与上昇の恩恵に浴さない納税者に対し……地方団体職員のための負担上昇を求めるのはフェアではない」[56]と述べ、「したがって地方団体の雇用者・従業者はともに自分達の行う決定の財政的諸結果を念頭におく必要があろう」[57]と強調していることは、この措置の性格と狙いを端的に示しているといえよう。

　新ブロック・グラント総額は、同様のポンド当たり税率による同様の標準行政サービス供給の体制を保証すること、いいかえれば一定水準の標準行政サービス供給に必要なレイト税率コストの均等化を目的として、全地方団体に対し単一の補助金として配分・交付される。地方団体の「支出総額」(Total Expenditure) を TE、課税評価額を RV、補助金関連税率を GRP、「乗数」(Multiplier) を M で示すならば、各地方団体への交付額は TE－RV×GRP×M で表わすことができる。この場合、支出総額は旧財源要素の「支出見積額」(Estimated Expenditure) にかわるものとされ、基準支出に「純非基準支出」(Net Non-Relevant Expenditure) 経常会計残高への利子収入を加え、特定補助金・補充補助金を控除したものと定義される。新配分方法の大きな特徴は、当該地方団体の支出総額と補助金関連支出 (GRE) との関係によってGRP が変動し、GRE に設定された超過閾 (Threshold) を支出総額がこえると限界支出増加分に対する限界税率が上昇し、逆に補助率が低下するというメ

カニズムにある。

　GRE は、旧 RSG の割当支出需要（ASN）が過去の支出実績にもとづき変動しやすく、また大都市・非大都市地域の如何を問わず全団体を対等に扱ったことを批判して新設された概念であって、地方交付税の測定単位にあたるサービスごとの指標（Indicator）を設定し、地方団体の種類別に各指標の単位当たりコストを定めて各団体の需要額を集計するものである。指標の大項目は、人口構成、地域の物的諸状況（面積、人口密度、道路状況、不動産等）、社会・環境問題（小中学校、児童老人等）、行政サービス経費の地域差、特定サービスに関する特殊要件（犯罪、火事、国事業支出ほか）であり、各小項目ごとにウェイトがかけられる。地方団体側の反対にもかかわらず、この一覧表(Formula)と各地方団体ごとの集計結果は81／82年度 RSG 決定の付属資料として公表された。この措置は LGPLA による情報公開政策の一環であって、高額支出団体を明らかにし「地方財政責任」を納税者に自覚させる政府の意図によるものだといわれる[58]。他方 GRP は、旧 RSG の財源要素配分において人口 1 人当たり支出増加分のレイト税率コストがあらゆる支出水準について同一の「税率表」(Tariff) が用いられたことへの批判から新設された概念であり、各地方団体の種類ごとに GRE に対応する税率と超過閾以上の税率を設定した税率表(GRP Schedule) を用意し、超過閾をこえる限界支出増加分の税率コストが超過閾以下よりも上昇するようにしたものである。81／82年度の場合、全国平均 1 人当たり GRE は36.6ポンド、超過閾の全国値はその10％上に設定され、全国平均 GRE に対応する GRP は134.4ペンスと決定された。この全国平均 GRP と超過閾は、表 1-4 のごとく、大都市地域・非大都市地域など地域のタイプごとに GRE のシェアに比例して各層の地方団体に分割された。問題は支出増加とその税率コストとの関係であるが、超過閾以下の支出については、80／81年度の 1 人当たり支出増加分10ポンドに対する限界レイト税率5.6ペンス（支出増10ポンドを 1 人当たり全国標準課税評価額178ポンドで除した数値）が継続使用された。しかし超過閾以上の支出については、この限界税率は超過閾以下の場合より25％高い 7 ペンスと決定された。前出の数値を 1 人当たり支出増加 1 ポ

表1-4 GRPおよび超過閾の分割方法（81／82イングランド非大都市団体）

	GRE 全団体合計額		GRE レベルの GRP	超 過 閾
	金　　額	構成比		
非大都市カウンティ 〃　ディストリクト	8,229.927£m 1,242.536	86.98 % 13.02	116.92 p 17.50	1人当たり£ 4.77 31.83
非大都市区域　合　計	9,542.463	100.00	134.42	36.60

出所：Associations, *Rate Support Grant (England) 1981/82*, p.18 による。
注：ロンドンの諸団体に対しては、これを修正した方法が用いられた。

ンドに対する限界税率におきかえれば、GRPの算定式は次の如くである。なおここでGRP*はGREに対応するGRPをさしている。

(1) 超過閾以下：GRP＝GRP*＋0.5618×｛(支出総額－GRE)÷人口｝

(2) 超過閾以上：GRP＝GRP*＋0.5618×超過閾＋0.7023［｛(支出総額－GRE)÷人口｝－超過閾］

　この関係を理解し易くするため、大都市地域ディストリクトの例を紹介しておくことにしよう。81／82年度、同団体のGRP*は109.7ペンス、超過閾はGREの29.87ポンド上に設定された（後出の表1-5参照）。図1-1のように、支出増加と税率上昇の関係は直線で表わされるが、支出が超過閾をこえると勾配は上り、限界支出増加分の税率コストが上昇する。このことは超過閾以上の支出に対する限界補助率の低下を意味するが、その影響はさきの交付額算定式からして当然課税評価額（RV）の多い団体ほど不利に作用する。図1-2は縦軸に1人当たり補助金をとり、1人当たりGREが同一であっても1人当たりRVが多いほど限界補助率の低下が大きくなり、RVが一定水準をこえると負の限界補助率が作用することを示したものである。81／82年度の場合、1人当たりRVが142ポンド以上の団体は超過閾以上の支出について、また全国標準課税評価額にあたる178ポンド以上の団体は全支出水準について、負の限界効率を適用されることになった[59]。これら超過閾以上の支出水準に対する限界補助率の逓減措置（tapering）と富裕団体に対する負の限界補助率の適用こそ、新ブロック・グラントにおける個別地方団体支出統制のための要(カナメ)の装置であ

図1-1 支出増加とGRPとの関係(81/82年度、大都市ディストリクト)

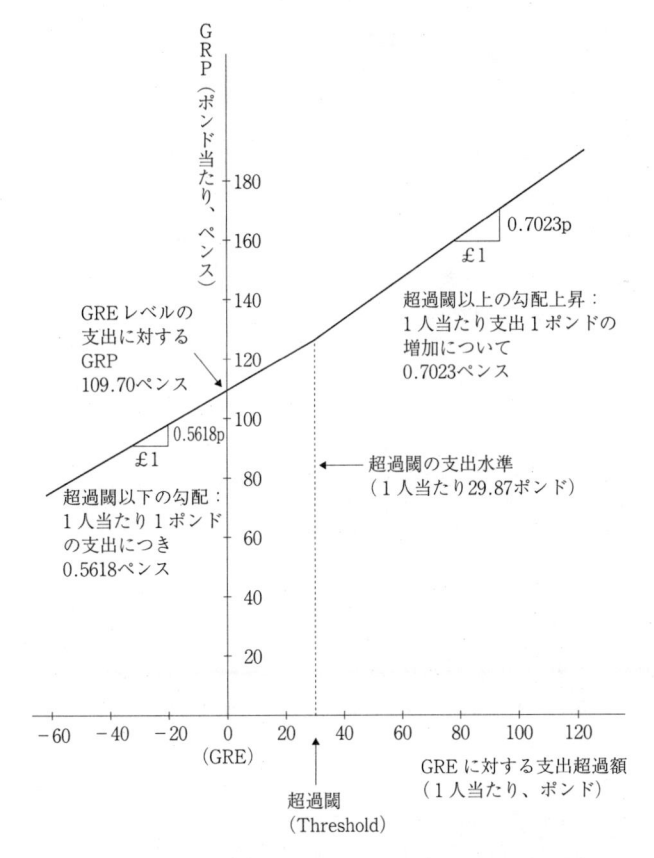

```
GRP (ポンド当たり、ペンス)

180 ─
     
160 ─           0.7023p
                 £1
140 ─    超過閾以上の勾配上昇：
GREレベルの       1人当たり支出1ポンドの
支出に対する      増加について
GRP      120 ─  0.7023ペンス
109.70ペンス

100 ─
     0.5618p
      £1      ← 超過閾の支出水準
80 ─            (1人当たり29.87ポンド)
超過閾以下の勾配：
1人当たり1ポンド
の支出につき   60 ─
0.5618ペンス
            40 ─

            20 ─

  -60  -40  -20   0   20   40   60   80  100  120
                (GRE)      GREに対する支出超過額
                 超過閾      (1人当たり、ポンド)
                (Threshold)
```

出所：Bramley & Evans, "Block Grant: Some Unresolved Issues", *Policy and Politics*, Vol. 9, No. 2, 1981, p. 177 による。

るといえよう。

だが、このようなシステムの全面的適用は、一部の地方団体に対し補助金交付額の急変をひきおこしかねない。そこで、交付額算定上各団体ごとに「乗数」を設定してGRPとRVに乗じ、交付額の急変とくに減少を緩和する措置が設けられた。いうまでもなく1以下の乗数はレイト徴税額の減少したがって補助金交付額の増大（もしくは減少の緩和）を意味し、1以上の乗数は逆の結

図1-2 支出増加と補助率との関係（81／82年度、大都市ディストリクトの2団体）

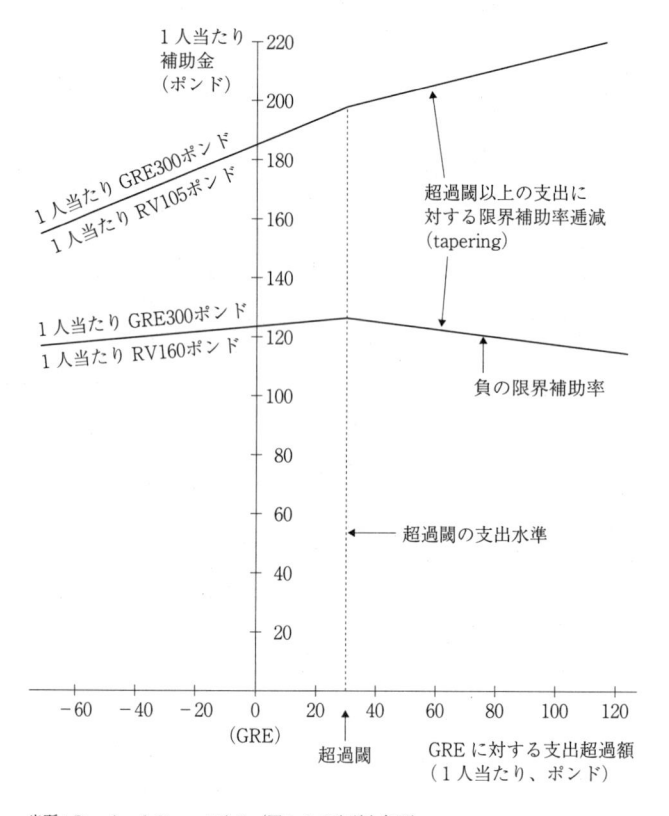

（グラフ：縦軸「1人当たり補助金（ポンド）」0〜220、横軸「GREに対する支出超過額（1人当たり、ポンド）」−60〜120）

- 1人当たりGRE300ポンド／1人当たりRV105ポンド
- 1人当たりGRE300ポンド／1人当たりRV160ポンド
- 超過閾以上の支出に対する限界補助率逓減（tapering）
- 負の限界補助率
- 超過閾の支出水準
- （GRE）超過閾

出所：Bramley & Evansによる（図1-1の出所を参照）。

果をもたらす。81／82年度においては、乗数は二つの目的に使用された。第一はロンドン対策である。従来ロンドンに対しては主都の高額課税資産の一部を課税評価上保留し、ロンドン内配分計画にもとづいてロンドン内部区・同外部区間で留保分を再配分する特例措置が設けられていた。81／82年度の場合、前年度の措置（'London Clawback'）に準じて、ロンドンの課税評価額を補助金算定上72.2％に制限し、またロンドン内部区・外部区の課税資産均等化のため内部区の税率が外部区より15.6％低くなるように乗数が設定された[60]。第二

は、(1)旧需要要素の割当支出需要にかわる GRE の使用および(2)高額課税資産保有団体に対する限界補助率低下機能の適用から生じる補助金の減少に対して設けられた「安全網」（Safety Nets）とよばれる装置である[61]。これは、補助金の減少によるレイト税率の上昇を最大限13ペンスに制限することを目的とし、第一段階として(1)の補助金減損に対し8ペンス、第二段階として(2)の補助金減損に対して5ペンスの枠が設定された。またこれとは逆に、新制度への移行にともなう補助金の利得(ゲイン)に対しては7ペンスの最高限度（Ceiling）が設けられ、やはり乗数が用いられることとなった。かくして乗数の運用は、各地方団体への交付額の調整を通して、新ブロック・グラントの地方団体支出削減機能にも重要な影響を及ぼすこととなったのである。

　しかし政府は、以上のような諸装置にもかかわらず地方団体の予算額や実支出額が政府計画額を超過する場合を想定し、補助金交付額再調整の方法を定めている。すなわち、秋の RSG 決定時点における暫定的な交付額算定は個々の地方団体が前年度と相対的に同水準の支出を行うと仮定しており、前出の乗数もこの支出見積額に対して適用される。当初交付額は、その後地方団体予算編成結果の報告にもとづき算定されるが、その際地方団体支出予算総額が前出の暫定計画額を超過するならば、後者の限られた補助金プール総額に交付総額を合致させるため均一の比例税率による GRP を用いた調整（'close-ending'）が行われる。さらにその後、従来の第二次増額補正にあたる秋の調整、決算段階の最終調整も行われるが、「追加報告」（Supplementary Report）の段階で交付総額が補助計画総額に対し著しい超過（あるいは過少）となる場合には、GRP 税率表の再調整などの措置がとられることとなる。事実、当初交付額算定のための地方団体予算額が明らかになる直前、80年1月23日付の各地方団体あて環境大臣の書簡は「一般に、税率一覧表について環境大臣が提起するであろう調整策は、GRE 超過閾以下の支出についてよりは、それ以上の支出団体に対して支出のレイト税率コストを引き上げるものになろう」[62]とのべ、この再調整の現実的可能性をほのめかしていた。適用初年度の現実は、新ブロック・グラントの地方団体支出抑制の機能が政府の意図通りには作用せず、さら

に複雑な制裁措置が追求されていくことを示すのであって、我々は次にその過程の一端をたどってみることにしたい。

4 新ブロック・グラントの諸矛盾と地方財政統制の強化

　初年度における新ブロック・グラント運用上最大の問題は、政府の地方団体支出削減計画が初めから暗礁にのり上げたことである。地方団体諸協会の批判にもみられたように、新制度の地方支出抑制効果への疑問はつとに各方面から指摘されていたが、政府当局者もそれを認識していたといわれ[63]、その懸念を裏書きするかのように、環境大臣は81年1月23日付書簡において、各地方団体の81／82年度経常支出規模を78／79年度実支出額比5.6％減とする「目標額(ターゲット)」とこれを超過する地方団体への補助金「撤回」（'holdback'）措置の可能性を通告した[64]。だが、地方団体当初予算総額は前出目標額の5.3％超過となった。環境大臣は、この問題を論議した6月2日の地方財政諮問委員会において、経常予算を改訂し7月末までに提出するよう全地方団体に要求するとともに、改訂予算が不満足な結果に終った場合81／82年度補助金総額を4億5千万ポンド「撤回」するよう下院に要請すると発表した。また、(1)「追加支出制限措置(キャッシュ・リミット)」下の補助金プール総額に交付額を合致させるため全支出水準について GRP を4.92ペンス引き上げる（以下、引き上げ後の税率を GRPc とする）とともに、(2)補助金撤回にともなう GRP 引き上げ（引き上げ後の税率を GRPh とする）がさらに必要になろうと概要を予告し[65]、その詳細を6月25日付書簡「1981／82年度地方団体経常支出」において明らかにした[66]。すなわち(2)の引き上げ幅は GRE 対応の水準で9.03ペンスと算定され、さらに超過閾以下のポンド当たり支出増加の税率コストは5.6ペンスから6ペンスへ、超過閾以上は7ペンスから7.5ペンスへと引き上げられた。これら GRPc と GRPh の税率上昇分は、表1-5のように、地域別に各層の団体に分割するものとされた。しかし環境大臣は同時に、各地方団体の目標額と支出水準との関係の如何によって9.03ペンス（GRPh － GRPc）の適用割合をかえるものとし、目標額に対する支出超

表1-5 補助金「撤回」にともなう GRP 引き上げとその配分
(非大都市団体および大都市団体)

	1人当たり GRE 超過閾水準	GRE に対応する GRP			(参 考)	
		(A) RSG 当初決定	(B) GRPc	(C) GRPh	(B) - (A)	(C) - (B)
非大都市ディストリクト	4.77£	17.50 p	18.14 p	19.32 p	0.64	1.18
〃 カウンティ	31.83	116.92	121.20	129.05	4.28	7.85
大都市ディストリクト	29.87	109.70	113.71	121.08	4.01	7.37
〃 カウンティ	6.73	24.72	25.63	27.29	0.91	1.66
イングランド	36.60	134.42	139.94	148.37	4.92	9.03

出所：Associations, *Rate Support Grant (England) 1982/83*, p. 105. より作成。

過4％以上の団体は全面適用（上乗せ9.03ペンス）、2～4％超過の団体は60％適用（同5.418ペンス）、2％までの団体は25％適用（同2.2575ペンス）、目標額以下の支出団体は適用なしとした[67]。これまでと同様に各地方団体の支出総額を TE、課税評価額を RV、乗数を M とし、上の適用割合を X％とするならば、ブロック・グラント交付額は、TE − GRPh × RV × M ＋ [(100 − X)％ × (GRPh − GRPc) RV × M] となり、(100 − X)％ × (GRPh − GRPc) RV × M が目標額達成の努力によって保護される補助金額を表わすことになる。中央政府の政策に対する協力度の如何によって税率上昇、したがって補助率低下というペナルティーに三段階を設けるというこの措置は、GRPh の新たな勾配の採用とともに、新ブロック・グラントのしくみを一層複雑難解なものにしたといえよう。

けれども、改定された地方経常支出予算規模はなお目標額の5.5％超過と判明し、環境大臣は81年9月3日付書簡において GRE 水準またはそれ以下の支出団体への補助金撤回措置の免除を強調しつつ、重ねて予算改訂を要請するとともに、GRPc 引き上げ幅を3.72ペンスに下げるが GRPh の制裁措置は引き続き検討する旨を発表した[68]。しかし、この補助金撤回にともなう右の税率引き上げ措置の実施について、82年1月28日下院に提出された「RSG 追加報告」[69] は、1980年法（LGPLA）の下では環境大臣にその権限がなく、審議中の「地方財政法案（第二次）」の成立によって「環境大臣の発した支出指針に

関する地方団体の実施状況の如何によってその団体に対するブロック・グラント交付額を調整する特別の権限」[70] が環境大臣に賦与されようとのべ、第二次追加報告の段階でこの措置の実施が可能となるよう希望を表明している。しかもこの種の特別権限は、1981年スコットランド地方自治法 [Local Government (Miscellaneous Provisions)（Scotland）Act 1981] によってすでにスコットランド大臣に賦与され、強力な効果を発揮しているのである[71]。つまり、以上の経過から明らかなことは、初年度の新ブロック・グラントを通じる個別地方団体支出統制策が地方財政支出規模削減という目標を有効に達成しえず、そのため目標(ターゲット)額の設定や新たな制裁措置の追求に環境大臣を走らせ、この新措置の実施を可能にするべく地方財政法案において環境大臣の地方団体に対する補助金削減権の強化をはかることになったという、いわば悪循環的な地方団体財政統制の増大過程である。しかも波及効果はこれに留まらない。さきの6月2日付書簡において環境大臣は、公共支出削減政策にふれつつレイト増徴傾向に深い憂愁の念を表明し、レイト制度自体の問題を検討するための住宅レイト代替財源に関する諮問文書の発表を予告しており[72]、この文書こそ81年グリーン・ペイパーなのであった。住宅レイト廃止構想はもとよりここに始まるものではないが、少なくとも新ブロック・グラント運用の諸経験はそれを促進したとみることができよう。トレイバーズのさきの指摘に従うならば、レイフィールド委員会の提起した「統治構造上の問題」の根本的検討を欠いたまま、77年グリーン・ペイパーにおける見切り発車以来、新ブロック・グラント制度の展開は、地方財政支出削減という短期的な至上命題の下で事実上「中央責任型」財政制度への道をさらに発展させつつあるかにみえる。

　それにしても、新ブロック・グラント制度の複雑巧妙な制裁装置の存在にもかかわらず、何故地方団体支出予算がたえず政府目標額を超過したかについては、すでにいくつかの指摘や分析がある。トレイバーズは地方団体の当初支出予算超過の原因について、(1)補助金制度変化への不安によるレイト増徴傾向、(2)補助金「撤回」要素への未知と増額調整への過大な期待、(3)政府の給与・物価水準上昇予測が低すぎるとの疑問、(4)3年連続地方支出削減の過大さへの不

満、⑸政府予測より高い利子率上昇の推定、⑹多くの地方団体による GRE 水準での予算編成の六点を挙げている[73]。最後の要因は、いったん編成した支出予算総額が GRE 以下となることに気づいた多くの地方団体が GRE あるいは超過閾水準まで支出水準を引き上げる予算再編成を行ったというものであって、地方団体諸協会の警告が的中した形になっている。また補助金減損覚悟の上で高額支出政策を維持した団体、補助金不交付の最高額支出団体の存在も指摘されている。事実さきの地方団体予算改訂過程においても413団体中257団体は支出を削減したが少数の団体は政府の要請を無視して2億1,100万ポンドの支出増額を行い、「うち1億6,700万ポンドはわずか3団体による」ものであった。この3団体はグレイター・ロンドン（GLC）、マージーサイドおよびウェストミドランド・カウンティであり、いずれも81年5月地方選挙の結果、保守党支配から労働党支配へと政治状況が急変した団体であって、ともに公共交通料金引き下げ政策が支出増の主要原因となっている。ギブソンはこの事態に言及しつつ、同カウンティ選挙の結果イングランド地方団体支出の約3分の1が保守党支配からはずれ増大しており、81／82年度 RSG 当初決定の枠組みはこの影響を相殺しうるほど強じんではなかったと指摘するとともに、乗数使用方法上の問題から新ブロック・グラントの支出抑制効果が減殺されたことを初年度の経験的分析にもとづいて指摘している[74]。さらに GRE については、その査定方法がわずか5カ月という性急さで決定され地方団体による綿密な検討の過程も省かれた上、個々の行政サービスについて多くの未熟な便法が用いられた結果[75]、地方行財政需要の実態を正確に反映しえない画一的な査定方法となり過少算定のおそれがつよいなど[76]、多くの問題点が指摘されている。これら新ブロック・グラント制度の詳細な機構およびその機能と問題点については多くの研究・実証分析が必要であり、ここでは別稿の課題としておくほかはない。

　だがさらに大きな問題は、新ブロック・グラントとその後の中央集権化動向をもたらした地方財政支出削減政策およびそのための個別地方団体支出統制政策それじたいの是非と、地方団体側の抵抗にもかかわらずこの急速な中央集権

化傾向の進展を可能にした客観的基盤・要因であろう。政府による一連の地方財政統制強化対策に対しては、地方自治擁護の立場から数多くの研究者によるすぐれた批判が行われているが、すでに紙数もつきたのでその検討は別の機会にゆずり、本稿では最後に中央集権化進展の要因に関するいくつかの指摘にふれておくこととしたい。グリーンウッドは前掲論文の中で三つの中央集権化要因を挙げている(77)。その第一は、中央政府への従属性と潜在的独立性との間で地位の不明瞭な地方団体の状況および経済衰退にともなう中央政府の国民経済管理政策がひきおこした中央―地方政府間の不信・対立関係の深刻化であり、第二は、地方財政支出削減・補助金削減・保守党支配下のシャー・カウンティへの補助金配分の擁護・事業所レイト負担の軽減という四つの目的をひとつの用具で達成しようとした、政府の政治的誤算にもとづく予期以上の中央集権強化政策である。これらについてはもはやくりかえす必要はないであろう。だが、第三の要因は重大である。それは、保守党政府の「地方自治縮小に対する真剣な世論の反対の欠如」であり、「英国に存在する地方政府への『文化的軽蔑』(cultural disdain)」である。地方政府・地方自治の諸問題に対する関心は、国民大衆、マスコミ、下院、保守・労働両政党のいずれにおいてもきわめて低く、地方団体諸協会も補助金配分額の増大という各地方団体層の利害を代弁した短期的視野に陥りがちで、地方自治の総合的長期的観点からのとりくみが弱まっていると指摘される。政府の政策に対する地方団体諸協会の影響力の低下と政党の干渉増大傾向は他の論者も指摘しており、この点は新ブロック・グラントの発展・成立・展開の過程についても重要な検証の課題であるといえよう。またレインは、地方団体に対する一般住民の根深い「疑念や批判」にふれ、交通通信革命による地域間関係の緊密化や広域的機能・効率性の追求など機能主義的観点の増大とともに地方政府の存立基盤が変化しているにもかかわらず、地方政府内部ではその検討が不足しており、さらに中央―地方関係に関心が集中する余り地方団体と地域社会との関係など地方団体内部の問題の検討がおくれ、住民の不信につながりがちだと指摘する(78)。そしてスチュアートは81年6月、中央集権化への消極的抵抗ではなく積極的な地方自治擁護のための「権利宣

言」(the Bill of Rights) を提唱し地方団体の自覚を促したのであった[79]。こ
れらの問題についてはむろん別に検討を必要とするが、いずれにせよ新ブロッ
ク・グラントや住宅レイトの命運など現下のまことに流動的な中央―地方政府
財政関係の行方は、英国地方自治の基盤というべき地方団体をとりまく諸状況
が今後どのように変わりうるかにかかっているといえよう。(1982年7月23日、
バーミンガム大学地方自治研究所にて脱稿。)

(1)　R. Greenwood, The Politics of Central-Local Relations in England and Wales, 1974-81, in *West European Politics*, Vol. 5, No. 3, July 1982, p. 264.
(2)　直訳すれば「包括補助金」であろうが、制度のイメージがそぐわないので本稿ではあえて「新ブロック・グラント」とした。
(3)　第一次「地方財政法案」は81年10月下院に提出されたが翌月撤回され、同12月に第二次法案が提出されて82年7月13日に新法として成立した。
(4)　*Alternatives to Domestic Rates*, HMSO, Cmnd. 8449, Dec. 1981.
(5)　*Local Government Finance, Report of the Committee of Enquiry (the Layfield. Committee)*, Cmnd. 6453, 1976.
(6)　80年12月16日地方財政諮問委員会における環境大臣の説明による。新ブロック・グラントに関する主な公式報告は地方団体諸協会 (以下 Associations と略す) 発行の下記文献に収録されているので、以下にそのページ数を示す。Associations, *Rate Support Grant (England) 1981/82*, p. 103.
(7)　T. Travers, The Block Grant and the Recent Development of the Grant System, in *Local Government Studies*, Vol. 8, No. 3, May/June 1982, pp. 3-14.
(8)　Greenwood, *op. cit.*, pp. 256-262.
(9)　その動機が政治的理由によるか大都市問題対策のためかは定かでないと断っている。
(10)　Evidence by the Department of the Enviroment, Central Government Grants to Local Government: Some Possible Changes, June 1975. Appendix 7 to *the Report of the Committee of Enquiry into Local Government Finance*, pp. 21-53. (以下 *Evidence by DoE 1975* と略し Appendix 7 のページ数を示す。)
(11)　但し各地方団体の税率決定の自由は保証される (*Ibid.*, pp. 26-7.)。
(12)　高橋誠『現代イギリス地方行財政論』有斐閣、1978年、207ページ参照。
(13)　*Evidence by DoE 1975*, p. 13.

(14) *Ibid.,* pp. 29-30.
(15) *Ibid.,* p. 27.
(16) *Ibid.,* pp. 34-35.
(17) (18) *Local Government Finance,* Cmnd. 6453, p. 232.
(19) (20) *Ibid.,* pp. 233-234.
(21) (22) *Ibid.,* p. 284.
(23) (24) *Ibid.,* pp. 293-294.
(25) Travers, *op. cit.,* p. 6.
(26) *Local Government Finance,* Cmnd. 6453, pp. 294-295.
(27) その解決は我々の主な課題ではないとレイフィールド報告は断っている (*Ibid.,* p. 284.)。
(28) T. Burgess & T. Travers, *Ten Billion Pounds,* Grant McIntyre, 1980, p. 190.
(29) *Local Government Finance,* Cmnd. 6813.
(30) *Ibid.,* p. 6. 地方団体諸協会は政治的立場の相違や厳しい補助金配分論議のため共同声明の機会を逸し、各協会の陳述内容には大きな見解の相違があって、政府はこの文書の作製につき全くフリー・ハンドであったといわれる (B. J. A. Binder, Relations between Central and Local Government since 1975 - Are the Associations Failing?, in *Local Government Studies,* Vol. 8, No. 1, Jan./Feb. 1982, p. 41.)。
(31) (32) *Local Government Finance,* Cmnd. 6813, pp. 8-9.
(33) *Ibid.,* Appendix, p. 28.
(34) *Ibid.,* p. 9.
(35) Travers, *op. cit.,* p. 8.
(36) *Local Government Finance,* Cmnd. 6813, p. 9.
(37) *Ibid.,* p. 11.
(38) *Ibid.,* p. 4. バーゲスとトレイバーズは、このような政府見解は「パロディ」だとしんらつな批判を加えている (*Ten Billion Dollars,* pp. 88-90.)。
(39) 地方団体諸協会の団結が最高度に発揮された例だとバインダーは評価する (Binder, *op. cit.,* pp. 41-42.)。
(40) Travers, *op. cit.,* p. 8.
(41) (42) Statement by the Secretary of State for the Environment to the Consultative Council on Local Government Finance (CCLGF) on 16 November 1979. Associations, *Rate Support Grant 1980/81* (*Eleventh Period*), pp. 79-82.

(43) Introduction and Negotiations outside Grants Working Group, Associations, *Rate Support Grant* (England) *1981/82*, pp. 55-56.
(44) The Development of Grant Related Expenditure Assessment, in *ibid.*, p. 61 ff. GRE査定方法に対する地方団体諸協会の見解は大都市およびロンドンとそれ以外の団体の間に微妙な相違がみられる (*Ibid.*, pp. 72-74)。
(45) *Ibid.*, p. 56.
(46) An Alternative to Block Grant—Joint Paper by the ACC, ADC, AMA, LBA and GLC, in *ibid.*, pp. 58-60.
(47) *Ibid.*, pp. 56-57.
(48) Travers, *op. cit.*, pp. 10-12. かくも重大な制度改革について公式の諮問すらなかった事態の異常さにトレイバーズは注意を喚起している。
(49) LGPLBをめぐるカウンティ協会への保守党政府のテコ入れ、60年代以降の労働党と地方団体諸協会の関係、諸協会の政治的状況などについて、次の論文を参照。G. Gyford & M. James, The Development of Party Politics on the Local Authority Associations, in *Local Government Studies*, Vol. 8, No. 2, May/June 1982, pp. 23-46.
(50) J. W. Raine, The Local Government Planning and Land Bill in Context, in *The Local Government Planning and Land Act, 1980 in Perspective*, Institute of Local Government Studies (INLOGOV), Dec. 1980, p. 2.
(51) *Local Government, Planning and Land Act 1980*, HMSO, pp. 47-65 (Section 48-68). を参照。
(52) Associations, *Rate Support Grant* (England) *1981/82*, p. 4.
(53) Statement by the Secretary of State for the Environment 18 September 1980, in *ibid.*, pp. 137-140.
(54) Statement by the Secretary of State for the Environment to the CCLGF on 16 December 1980, in *ibid.*, pp. 103-107.「暫定措置」対象23団体のうち14団体が「棄権」有資格となり9団体に適用されたことも明らかにされた。
(55) Associations, *Rate Support Grant* (England) *1981/82*, pp. 141-179, pp. 11-24. 以下、とくにこまかな表示はしない。
(56)(57) *Ibid.*, pp. 104-105.
(58) G. Bramley, & A. Evans, Block Grant, Some Unresolved Issues, in *Policy and Politics*, Vol. 9, No. 2, 1981, pp. 181-182.
(59) Associations, *Rate Support Grant* (England) *1981/82*, p. 18.

(60) *Ibid.*, p. 20.
(61) *Ibid.*, pp. 19-20.
(62) *Ibid.*, p. 20.
(63) Travers, *op. cit.*, pp. 12-13.
(64) 1981/82 Supplementary Report (England). Associations, *Rate Support Grant (England) 1982/83*, p. 7.
(65) Statement by the Secretary of State for the Environment 2 June 1981 to the CCLGF, in *ibid.*, pp. 101-102.
(66) Letter from the Department of the Environment 25 June 1981: Local Authority Current Expenditure 1981/82, in *ibid.*, pp. 103-106.
(67) (GRPh − GRPc)に関するカッコ内の数値は、いずれも GRE に対応するものであって、それ以外の支出水準においては(GRPh − GRPc)は GRPh Schedule のスロープ(支出増加の税率コスト)と GRPc のそれとの相違によって、当然数値がことなってくる。支出総額と経常支出総額の差が一定ではないこととあいまって、このような措置は新ブロック・グラントに新たな複雑さをつけ加えた。
(68) Letter from the Department of the Environment 3 September 1981. Associations, *Rate Support Grant (England) 1982/83*, pp. 107-108.
(69) Report to Parliament on the Rate Support Grant Supplementary Report (England) 1982, in *ibid.*, p. 109 ff.
(70) *Ibid.*, p. 111.
(71) この法律によって地方団体の予算編成段階で「超過」支出に対する補助金削減が可能となり、補助金削減に対する一時借入れの禁止、レイト追加徴税権の欠如と相まって、支出最高限度の設定という効果を生んでいる。この RSG 撤回措置は81年6月7団体に対して開始され、最終的には3団体に執行された(D. Heald, Using Scottish Instruments in Persuit of UK Objectives, in *Local Government Studies*, Vol. 8, No. 2, p. 38)。なおスコットランド地方団体による同法およびその後の事態に対する批判は次の文書に展開されている。The Convention of Scottish Local Authorities (COSLA), *Government Economic Strategy, the COSLA Critique*, May 1981. COSLA, *Central-Local Government Relationship, A time to listen−a time to speak out*, February 1981. なお、82年地方財政法の成立(注(3)参照)によって、年度中レイト追加徴税が禁止されるとともに、「超過支出団体」等からの補助金撤回・削減の権限が環境大臣に賦与されるなど、この事態はイングランド・ウェールズにも及ぶこととなった。

(72) Authorities, *Rate Support Grant (England) 1982/83*, p. 102.
(73) T. Travers, Block Grant, Origins, Objects and Use, *Fiscal Studies*, Vol. 3, No. 1, March 1982, p. 20.
(74) J. G. Gibson, The Block (and Target) Grant System and Local Authority Expenditure – Theory and Evidence, in *Local Government Studies*, Vol. 8, No. 3, May/June 1982, pp. 15-31.
(75) Bramley & Evans, *op. cit.*, pp. 185-186.
(76) J. Raine, The Challenge facing Local Government. In INLOGOV, *In Defence of Local Government*, September 1981, p. 3.
(77) Greenwood, *op. cit.*, pp. 264-266.
(78) Raine, The Challenge facing Local Government, in *op. cit.*, pp. 4-6.
(79) J. Stewart, Now is the Time for ouy own Bill of Righets, in INLOGV, *In Defence of Local Government*, pp. 14-18. なおこの論稿ははじめ *Municipal Journal* 1981年6月5日号に掲載された。

第2章 イギリスの都市財政
――地方財政統制の強化と大都市財政――

1 はじめに

　1960年代以降、イギリス大都市地域中心市の経済的基盤が衰退し、各種の社会的困窮が累積する「インナー・シティ問題」が深刻化していることは、周知の所であろう。イギリス政府は、1966年地方自治法の移民対策補助金いらい教育、都市開発、コミュニティ対策、住宅対策などさまざまな施策を試み、77年には白書「インナー・シティ政策」を発表して、都市経済再生を重視する総合的政策を79年以降展開しているが、事態の好転はみえず、むしろ同年以降サッチャー政権の厳しい財政金融引き締め政策にともなう製造業の一層の衰退と失業者激増の下で、大都市問題はなお悪化している。このような経済衰退による課税基盤の減退と各種困窮問題にからむ行財政需要の増大は、大都市財政に重大なインパクトをもたらす。

　だが、さらに重要な問題は、1970年代後半期以降の中央政府による地方財政支出統制政策、とりわけ80年「地方政府・計画・土地法」（Local Government, Planning and Land Act. 参考文献〔1〕を参照）にもとづく個別地方団体財政統制の悪影響であろう。政府補助金の抑制と地方資本支出削減を柱とする地方財政緊縮政策は、すでに労働党政権末期に展開されていたが、保守党政府は、レイト援助交付金（Rate Support Grant. 以下、RSG）の二要素を統合した新「包括補助金」（Block Grant）に超過支出団体に対する補助率低下装置などの制裁機構をくみこむことによって、個別地方団体支出統制を開始した。労働党政権期に補助金配分上比較的有利な扱いをうけていた大都市団体の多くは超過

支出団体として制裁措置の主要な対象となり、その財政状況は急速に悪化している。しかも、その所産たる地方税率の急上昇に対して、中央政府は地方税統制をもって臨み、事態は課税自主権をめぐる中央―地方の攻防戦に発展している。

　イギリス大都市財政のこうしたドラスティックな状況変化をめぐって、本章ではまず大都市の経済的衰退と大都市問題深刻化の諸様相を確認し、それらが1960～70年代の大都市財政に及ぼした諸影響に関する従来の研究の主要論点を概観した後、70年代末以降の地方財政統制政策なかんずく新包括補助金制度が大都市にもたらした深刻な財政状況を考察することにしたい。イギリス大都市財政論としては、本来、1974年地方制度改革の影響や都市類型区分にもとづく個別大都市財政への考察を加えるべきであろうが、それらは先達の業績にゆずり（参考文献〔1〕〔2〕〔3〕参照）、本章ではインナー・シティ問題を抱えるイングランド大都市の財政状況悪化、とくに政府補助金と地方税の動向に関する総括的な考察が中心となることを、あらかじめお断りしておかねばならない。

2　大都市の経済的衰退と財政ストレス

(1)　都市の経済的衰退と大都市問題

　1970年代までのインナー・シティ問題研究の総括というべき社会科学研究協議会の報告書（参考文献〔6〕）は、この問題の諸様相を三つの症候群にわけている。大都市財政への影響を論じる前提作業として、これら症候群につき若干の統計的考察を行っておきたい。

　第一の症候群は、大都市地域中心市の産業の衰退と雇用・人口の減少である。全英六大都市地域中心市を例にとると、その雇用総数は51～76年の間に21％も減少したが、とくに製造業は全業種にわたり85万人をうしなって半減し、流通業も24万人、交通運輸業は16万人減少した。サービス部門の雇用増はこの減少

を吸収しえず、雇用総数は六大都市とも1960年代以降減少した。大都市地域外縁部やその他主要都市で短期的な景気変動にともなう雇用総数の増減がみられ、小都市・農村地域では雇用総数が増加したのとは対照的である。また、これら中心市では同じ時期に労働力人口も28％減少したが、通勤流入者を除く中心部居住者の雇用減少率はさらに大きいのが特徴である。中心市の人口流出は専門管理職層や熟練ブルーカラー労働者層からなり、その多くは中心市への通勤流入者となる。他方で中心市には不熟練労働者・低所得層の滞留と貧しい移民労働者の流入が進み、かつて不熟練労働者の雇用の場であった製造業・流通業・交通運輸業の衰退は、中心市居住者の雇用機会の減少をもたらした。このような中心市の雇用減少は、不況下の工場・事業所の閉鎖だけでなく、企業の流出と新投資・新規立地の不足によっており、後者は高地代・環境悪化など中心市の立地条件悪化や政府の地方分散政策によって促進されたといわれる。

　かくして、経済基盤の衰退と雇用減少の結果、大都市の人口は減少の一途を辿った。非大都市圏のニュータウン、農村地域、工業地域などで1970年代も10％以上の人口増加が続いたのに対して、ロンドンの71～81年人口減少率は60年代の7％から10％へ（内部区は13％から18％へ）、大都市地域主要都市は8％から10％へと高まった。また1970年代スタグフレーションと80年代経済危機の下で、大都市地域全体が減少に転じたうえ、非大都市圏の主要都市でも人口減少率が上昇した。

　第二は、各種の社会的貧困の集積である。労働力需給の不均衡のため大都市の失業率は1960年代以降全国平均より高く、81年においては全国平均11％に対し、ロンドン12％、西ミドランド（バーミンガム大都市圏）15％、マンチェスター16％、マーシーサイド（リバプール）20％、クライドサイド（グラースゴウ）19％となっており、伝統的不況地域の大都市はとくに高率である。バーミンガムは1971年まで全国平均より低いが、70年代以降の失業率上昇は最も激しい。失業者の増大は若年層、少数民族に多く、1981年バーミンガム市中心部では25歳未満少数民族労働力人口の41％が失業となった。また、これら中心市には失業者のほか各種の社会的困窮者が集中し、住宅・都市施設など居住生活環

境も他地域より劣悪である。バーミンガムの例をみると、不熟練労働者・低所得層・片親世帯・少数民族等の比率はカウンティより市の方が高く、中央部ではとくに高率である。同時に中央部には老朽住宅やバス・トイレなど基本的設備に欠ける住宅が集中し、環境に対する不満も多い。そして、これら各種の困窮問題は複合的に作用する。同市スモール・ヒース地区の1974年の分析例をとると、退職世帯では4割以上、失業・長期疾病・片親世帯では3分の2が住宅・健康・社会的困窮の三種中、複数の困窮問題を抱えている。1977年白書は、以上の他にも、学童の教育水準の低さと就業困難、非行、麻薬常習者やアル中などの問題をあげ、大都市中心部が社会的競争に耐ええぬ人々のたまりになりがちだと指摘した。

第三は「集合的困窮」である。家屋・工場・商店・街路など物的環境の荒廃、教育・就業・居住・買物・レジャー等の機会の不足、公共サービスの低水準そして地区全体の衰退のムード、それらが相乗的に作用して住民の疎外感・絶望感を生み、政治的無関心・公共施設の破壊行為・犯罪を増大させ、外部からの投資意欲をも減退させて地区がさらに衰退するという「崩壊の悪循環」である。1977年白書はこの集合的困窮をとくに重視し、その発生地区への重点的施策を行う「地域アプローチ」を採用した。1979年以降のインナー・シティ政策においては、表2-1のように、イングランド五大都市地域中心部七地区が「パートナーシップ地域」に指定され、財源の重点配分をうけることとなった。

大都市困窮問題の発生は、むろんこれら大都市中心部にとどまらない。上記報告書など最近の研究は、困窮者の地域的分布や大都市経済衰退の構造的原因をめぐって、従来の政策における「狭域的アプローチ」を批判し、大都市経済の盛衰に関する新たな総合研究と個別都市実証分析の重要性を提起している。だがわれわれは、ここでひとまずインナー・シティ問題じたいの分析からはなれ、これら症候群に示される大都市経済衰退と大都市問題の深刻化が1960～70年代の大都市財政に及ぼした影響を考察することにしたい。

表2-1 特別援助をうけるインナー・シティ団体（イングランド）

（単位：100万ポンド）

地　域　名	1979／80年度配分額
1. パートナーシップ地域	78.6
ニューカッスル・ゲイツヘッド	8.3
マンチェスター・ソルフォード	11.8
リバプール	11.3
バーミンガム	11.9
ランベス（ロンドン）	6.1
イズリントン・ハックニー（ロンドン）	10.8
ロンドン・ドックランド	18.4
2. プログラム団体	
シェフィールド等15地区	27.1

出所：R. Hambleton, "Implementing Inner City Policy", *Policy & Politics*, Vol. 9, No. 1. より作成。
注：(1) 配分額は、1979／80年度都市対策事業費。
　　(2) その他14地区があるが、省略した。

(2) 1960～70年代大都市財政への影響

　大都市の経済的社会的衰退が大都市財政に及ぼす影響については、ロンドンの分析にもとづくエバースリの問題提起をはじめ1970年代に多くの研究が行われている。ここでは、主にケネット、カーワン、ジャクソンらの整理（参考文献〔8〕〔12〕〔13〕〔14〕）に依拠しつつ1960年代から70年代労働党政権期までの大都市財政に関する主要な論点を素描し、次節へのプレリュードとしたい。

　エバースリの問題提起は、ロンドンの人口減少にもかかわらず支出は減少せず、逆に課税基盤は減退するから収支ギャップが拡大し、貧困地区の増大や環境改善能力の低下がおこりかねぬため、人口流出対策、補助金制度の改革、地方所得税等新税財源の拡充など何らかの対策が必要だということにあった。首都の機能にからむ割高な行政コスト、高地代・地価、公共施設老朽化などの要因に加え、人口が減少しても通勤交通や環境行政等の需要はへらず、むしろ各種困窮者＝公共サービス依存人口の増大によって住民1人当たり行政サービスのコストは増大する。他方、高額所得者や企業の流出とともに課税資産価値は

減少し、納税力の低い住民の割合が上昇して、課税基盤が減退する。この指摘が正しければ、ロンドンに限らず大都市地域中心市は、税率引き上げ・納税負担増大か行政水準低下かの選択を迫られ、いずれにせよ人口や企業がさらに流出するという困難に直面する。問題は、支出増加の要因と程度、課税資産増減の動向、レイト援助交付金など政府補助金の機能、地方税率および同負担額の動向そして資本会計借入れの動き等にかかわる。かりに大都市問題のため支出需要が増大してもレイト援助交付金（RSG）の需要要素配分がふえ、課税基盤が減退しても同財源要素配分により補塡されれば、地方税へのインパクトは小さくなるはずだから、これら二要素の配分動向と機能はとりわけ重要な論点となる。

　表2-2は、カーワンによる1965～77年の大都市地域衰退都市等の主要財政指標の比較である。第一に、衰退大都市の場合人口減少にもかかわらず1人当たり支出額は実質増50％から2倍と急増し、他類型都市とは対照的である。第二に、大都市の1人当たり課税評価額は比較的緩やかな増加もしくは減少であって他都市と大差はないが、支出急増に対するギャップが拡大している。従来、課税資産評価額については、評価基準が資本価格でなく賃貸価格であり、民間賃貸住宅の割合が低いうえ家賃統制政策が作用して、公開市場ベースの賃貸価格資料が少なく評価が困難だという事情に加え、5年ごとを原則とする再評価が、イングランド・ウェールズの場合この期間中1963、73年に行われたにすぎず、近年は見送られていることが問題となっている。また大都市の課税評価額の動向をめぐってケネットは、人口100万以上の都市の1966～71年課税評価額増加率が住宅・商工業資産とも他類型都市より低く、大都市地域内部では中心部の増加率が周辺部や隣接地域より低いと指摘し、75年の環境省研究も、大都市地域全体に占める中心市の課税評価額の割合がたとえばリバプールの場合66年の58％から55％へと72年まで低下し、ロンドンを除き73年再評価後もこの傾向がみられるとした。しかし、1人当たり課税評価額は72年まで中心市の方が大きく、これが中心市へのRSG財源要素配分の低下をもたらしたともされたのである。

第2章 イギリスの都市財政 39

表2-2 大都市地域衰退都市等の財政指標の推移 (△は減少)

		人口変化 1964~76年度	1人当たりRVの変化 1965~77年度	1人当たり支出額変化 1965~77年度	支出中の政府補助金比率		地方税率(課税評価額1ポンド当たり)			平均地方税納税額			平均住宅レイト納税額実質変化率 1965/66~1977/78年度
					1965/66年度	1977/78年度	1965/66年度	1974/75年度	1977/78年度	1965/66年度	1974/75年度	1977/78年度	
		(%)	(%)	(%)	(%)	(%)	(ペンス)	(ペンス)	(ペンス)	(ポンド)	(ポンド)	(ポンド)	%
(a)大都市衰退地域都市	ロンドン ウォンズワース	△14.7	0.4	118.4	60.7	66.7	50.08	43.96	73.81	52.88	83.35	137.70	△16.4
	ニューハム	△12.7	△11.2	92.7	24.1	62.6	50.67	54.10	84.50	38.30	87.81	134.20	12.5
	バーネット	△4.0	△12.9	57.8	33.2	53.1	45.42	44.17	71.83	70.65	121.32	193.11	△12.2
	バーミンガム	△4.3	6.2	74.1	44.2	61.3	60.17	56.32	77.55	35.22	94.44	116.29	6.0
	マンチェスター	△24.0	8.8	114.3	49.0	58.2	65.00	66.00	108.90	35.11	93.34	147.94	35.5
	リバプール	△26.0	16.5	80.3	59.3	68.5	60.33	64.60	82.50	35.06	85.18	100.28	△8.1
	シェフィールド	13.7	△15.4	88.3	44.1	63.3	55.67	62.23	91.42	26.69	66.83	91.79	10.7
その他 (b)	ギリンガム	21.8	2.9	5.2	56.6	58.2	50.17	40.06	67.98	30.50	59.26	91.45	△3.7
(c)	オクスフォード	7.8	△10.5	△8.5	32.0	14.7	25.17	51.60	83.30	50.31	98.47	150.63	△3.9
(d)	グロースター	27.8	△20.6	△16.9	51.1	33.9	65.00	51.10	75.50	35.64	69.96	93.22	△16.0
(e)	ダービー	64.4	△18.3	3.4	43.3	35.5	50.25	53.80	79.00	26.65	79.22	100.83	21.5

出所:G. Cameron (ed.), *The Future of the British Conurbations*, 1980所収のR. M. Kirwan論文による。
注:(1) RVは課税資産評価額、「支出額」はレイト・補助金充当支出である。なお、支出には他団体税率充当分をふくむ。
  (2) (b)は発展拡大地域。(c)は既存高級住宅地域。(d)は近代的工業地域。(e)は中規模製造業都市である。

　表2-2における第三の特徴的現象は、支出に対する政府補助金の割合が、他類型都市の大半で低下したのに対し、大都市はいずれも上昇したことである。周知のように、政府補助金はRSGと特定・補充補助金からなり、この時期までは前者が9割以上を占めていた。RSGは需要要素・財源要素・住宅レイト減税補塡要素に分割されるが、その配分割合は需要要素が低下して後二者の上昇傾向が進み、1970年代後半期には需要要素6割、財源要素3割、住宅レイト減税補塡要素1割となっていた。このうち需要要素は、1974年算定方法改正における人口減少要因の強化や76年のロンドン特例措置等により、大都市が配分上有利になったと評価されているが、財源要素の場合は微妙である。一方では、1974年改正によって、1人当たり地方税課税評価額の全国平均に対する当該自治体の不足額に人口とレイト税率を乗じたものが配分基準となったため、大都

市で課税評価額がへり税率が上がっても財源要素配分を通じる補塡が行われ支出水準の維持が可能になっているとの見方もあるが、大都市地域中心部では課税評価額より人口の方が急速に減少して1人当たり課税評価額が増大するため、財源要素配分上きわめて不利だとの評価が多い。ジャクソンは、衰退都市にとって需要要素の増大が財源要素の損失を相殺する以上のものであったか否かはなお不明としているが、表2-3の如く、両要素合計の配分割合は、1970年代後半期にロンドンおよび現行インナー・シティ政策対象地区所在の大都市で上昇しており、RSG配分がこれら大都市に比較的有利であったといえそうである。

　また政府補助金のうち特定補助金には住宅改良、移民対策、困窮地区への都市対策事業（Urban Programme）など大都市問題対策諸事業の補助金がふくまれ1970年代に増加しているが、ロウレスは、それら特定補助金の増加分が、70年代後半の地方支出抑制政策にともなう資本支出財源減少の代替物でしかなかったと批判している（文献〔9〕）。資本支出の主要財源たる地方債は中央省庁の起債許可制度の下におかれ、その償還は経常会計で行われるが、カーワンは、衰退都市の課税評価額1ポンド当たり地方債残高が中小都市よりやや大きいとはいえ、1965～77年の間に、たとえばマンチェスター16％増、バーミンガム2％減、リバプール14％減と増加が抑制されえたことを評価し、大都市財政破綻回避の一指標としている。

　次に衰退大都市の地方税率と同納税額は1970年代なかばまであまり上昇せず、70年代後半のインフレ昂進と地方支出抑制の時期に上昇に転じており、この点は他類型都市もほぼ同様である。住宅レイト納税額の実質変化では、マンチェスターの急上昇を除きとくに共通の傾向はみられないが、ロンドンやリバプールの実質減に対し他は緩慢な増加となっている。けれども、地方税については商工業用資産の動向も考慮されねばなるまい。経常支出に対する住宅レイト納税額の割合は1960年代なかばに19％であったが、減税補塡要素等の作用で年々低下し、80年は8％にすぎない。商工業用資産の税率は、住宅レイトより高い上、やはり上昇傾向をとげ、1970年代後半期には経済危機の下で負担増大の悪

表2-3 RSGの需要要素・財源要素および新包括補助金の配分割合の推移

(単位：%)

年度	1975／76	1978／79	1979／80	1980／81	1981／82
非大都市地域	57.3	53.7	53.4	53.6	54.4
大都市地域	29.4	29.6	29.6	29.7	29.8
ロンドン	13.3	16.7	17.0	16.7	15.8
インナー・シティ政策対象団体*	21.8	23.1	23.5	22.3	18.3

出所：*Rate Support Grant (England), 1983/84*による。
注：*印パートナーシップおよびプログラム団体所在のディストリクトおよびロンドン内部区等。

影響が大きな問題となった。また、支出急増にもかかわらず、RSGの優先的配分等によって衰退大都市の地方税率上昇がある程度くいとめられえたとしても、同時にそれは収入構造における地方税の地位低下＝財政自主性の後退をもたらすとともに、大都市の経済社会状況の変動に地方税制度が対応しえなくなっていることを意味する。むしろ、大都市経済衰退のインパクトとして生じた財政中央依存の昂まりの下で、1970年代末期以降の地方支出統制とRSG抑制策が展開される所に、事の重大さがあるといえよう。

とはいえ、大方の論者が指摘するように、1970年代労働党政権期に、インナー・シティ問題を抱える大都市の財政が補助金政策等を通じて破綻を回避しえたのはたしかであろう。しかし、同じ時期に始まる地方支出統制策と保守党政権下の新補助金制度の制裁機構によって、大都市の財政環境は急速に悪化する。次にその過程をたどることにしたい。

3　地方財政統制の強化と大都市財政

(1) 地方財政支出統制と新包括補助金制度

1970年代後半期以降のイギリス地方財政の一大変化は、中央政府による地方財政支出統制が強化され、80年代にはその方法が地方政府統制から個別地方団体統制に移行して、地方財政自治の後退が進んだことである。その第一段階は

労働党政権期であった。

　1970年代なかば、インフレ昂進、利子率上昇、地方制度改革等にともなう地方財政支出の急膨張とともに政府補助金が増大し、経済不況下の中央財政圧迫の一因となるに及び、公共支出削減とりわけ地方支出統制が政府の重要課題と認識された。地方資本支出を抑制する一方、経常支出規模を実質的に削減した支出目標額(ターゲット)を設定し、さらに RSG 当初決定後の物価変動にともなう地方支出増加に対し交付金追加支出の限度を設ける 'Cash Limit'（追加支出制限措置）が77／78年度に導入された。地方資本支出規模は大都市カウンティを除くどの地方団体でも総選挙の79／80年度前まで縮小した。また、経常支出の基準支出額は76／77年度以後減少し、総枠補助率も77／78年度以降低下してRSG総額は実質減少を続け、その政府補助金に占める比率も低下し続けた。地方団体の支出削減努力の結果、資本・経常両会計を合わせた地方支出規模は79／80年度に対74／75年度比実質10％減（中央支出は8％増）となり、公共支出中の中央・地方比率は68対32から72対28へと地方支出の地位低下が進んだ。

　この過程で、地方経常会計の収入構成においては、RSG 構成比の低下に対して地方税の割合が75／76年度の27％から79／80年度の31％へと増加し、地方税率の上昇傾向が進んだ。また RSG 抑制基調の下で交付金配分方法が問題となり、政府指針を守らぬ「超過支出団体」（Overspender）への補助金削減方法が重要な課題となるに至った。地方団体側の反対で流産したとはいえ、「指針以上の支出団体は累進的に高まる地方税率を課さねばならなくなる措置」をふくむ1977年 Green Paper の「単一補助金」（Unitary Grant）構想は、その解答だったといえよう。1976年の地方財政改革に関する「レイフィールド委員会報告」が提起していた「中央責任型」「地方責任型」の二つの財政構造のうち、この構想は事実上前者＝中央集権型財政構造にそうものであり、新包括補助金につながるものと評価されている（文献〔19〕参考）。その意味では、新補助金制度は、労働・保守両政権下の公共支出削減政策の産物だといえよう。

　新保守党政権は1979年5月就任直後に地方財政支出削減強化と RSG 改革の方針を表明し、地方団体側の猛反対にもかかわらず80年11月「地方政府・計

画・土地法」が成立して、RSGの三要素中、需要要素と財源要素は新包括補助金に統合され、住宅レイト減税補塡要素は住宅レイト減税補助金と改称された。同時に、地方資本支出統制方法が起債許可制から資本支出総額の計画的統制にきりかえられるなど数多くの改正が行われた。RSG総額の「総枠決定方式」はほぼ従来通りだが、その配分方法は著しく変わった。また新RSGはイングランド、ウェールズ別々に決定されることとなった。以下の論述はイングランドに関するものである。

新制度全面適用の初年度たる81/82年度の場合、まず政府の公共支出計画に沿った地方経常支出規模（対前年度比3％減）にもとづいて地方基準支出額が決定され、これに総枠補助率を乗じた政府補助金総額から特定・補充補助金を差し引いてRSG総額が算定された。新包括補助金総額はそのうち住宅レイト減税補助金以外の分だが、問題はその配分方法である。地方団体の支出総額をTE、課税評価額をRV、「補助金関連税率」（Grant Related Poundage）をGRP、乗数をMで示すならば、各地方団体への交付額算定式は〔TE－（RV×GRP×M）〕であるが、このうち交付額算定上の地方税率たるGRPは、当該地方団体のTEとその「補助金関連支出額」（Grant Related Expenditure. 以下GRE）との関係により変動する。GREは、主要行政サービスごとに指標をきめ、地方団体の種類別に測定した単位費用を乗じて各団体の財政需要額を集計するものだが、GREを一定水準こえた所に「超過閾」（Threshold）が設けられ、GREと超過閾とに対応するGRPの全国値が決められて、これら税率が地域のタイプ別にGREのシェアに比例して二層の地方団体に分割された。たとえば大都市地域においては、GREレベルのGRP全国値134.42ペンス（支出10ポンド当たり）が、ディストリクト109.70ペンス、カウンティ24.72ペンスと配分された。新包括補助金配分方法の最大の特徴は、各地方団体の支出額が超過閾をこえるとGRPの限界税率が高まり、その分逆に補助金の限界補助率が低下する所にある。初年度においては、超過閾以下の1人当たり支出増加分10ポンドに対する限界税率は5.6ペンスであったが、超過閾以上は7ペンスとなった。いま、限界税率を対支出増1ポンドの数値におきかえ、超過閾をTh、

GRE に対応する GRP を GRP* で示すならば、超過閾以下と以上の GRP と支出との関係式は下記のごとくである。

超過閾以下：GRP = GRP* + 0.5618 × {(TE − GRE) ÷ 人口}

超過閾以上：GRP = GRP* + 0.5618 × Th
   + 0.7023 [{(TE − GRE) ÷ 人口} − Th]

　前章で取り上げた図1-1は大都市地域ディストリクトに関するブラムリィらの作図であって、支出が超過閾をこえると限界税率の上昇する関係が示されている。この支出超過に対する限界補助率低下装置（Tapering）は、上記交付額算定式からして当然、課税評価額の多い都市地域が不利となる。しかも、上記 GRP 関係式において、超過閾以下の勾配は1人当たり全国標準課税評価額を178ポンドとして1人当たり10ポンド支出増に必要な税率コストが5.6ペンスであることを意味し、超過閾以上の勾配は1人当たり全国標準課税評価額142ポンドをベースとすることから、1人当たり課税評価額178ポンド以上の団体は全支出水準につき、同142ポンド以上の団体は超過閾以上の支出について負の限界補助率が作用することとなったため、大都市問題を抱えながら1人当たり課税評価額の多い団体はとくに不利な立場におかれた。ただし、GRP と RV にかける上記乗数を用いて、交付額の急減を緩和する（'Safety Nets'）とともに増額の上限を設ける（'Ceiling'）措置がとられ、またロンドンに対しては、従来の特例措置（'London Clawback'）に準じて課税評価額を補助金算定上72.2％に制限し、内部区・外部区の課税標準均等化のため内部区の税率が外部区より15.6％低くなるように乗数が設定された。

　だが超過支出団体への制裁措置は以上にとどまらない。初年度においては、年度中の地方団体予算減額改訂後もなお政府の地方経常支出目標額（ターゲット）（各団体前年度実支出額比5.6％減）の大幅超過となったため、全地方団体の GRP を支出10ポンド当たり4.92ペンス引き上げる調整措置（'Close-Ending'）に加えて、超過支出団体の GRP* を9.03ペンス引き上げるとともに、超過閾以下の限界税率は6ペンス、超過閾以上のそれは7.5ペンスに引き上げる「補助金撤回」（'Holdback'）措置が導入された。これら税率上昇分もまた各層の地方団体に

分割されたが、補助金撤回措置の適用は、経常支出目標超過の度合に応じて、全面適用（支出超過4％以上）、60％適用（同2〜4％）、25％適用（同2％まで）の三段階が設けられたから、新包括補助金のしくみは一層複雑になった。82年7月地方財政法の課題の一つは、この補助金撤回の権限を環境大臣に賦与することであった。

けれども、以上のような制裁措置の存在にもかかわらず「超過支出団体」の発生はその後も続き、制裁措置は年々強化されて、大都市財政は重大な影響をうけている。次にその状況を、ロンドン内部区および大都市ディストリクトを中心に、経常会計の動向について考察することとしたい。

(2) 新包括補助金制度と1980年代大都市財政

1980年代大都市団体の財政は、新包括補助金制度の制裁機構によって深刻な影響をうけている。その第一は超過支出に対する限界補助率低下の作用である。

表2-4は、大都市団体を中心に、GREに対する包括補助金算定上の支出総額（TE）超過率およびGRPの状況を1981／82、82／83年度について示したものである。両年度のGREレベルのGRP（GRP*）および超過閾レベルのGRP（GRPt）の配分は表2-5のごとくであって、各団体のTEがGREと超過閾をこえれば、そのGRPはGRP*とGRPtをこえることになるから、表2-4では各都市団体のGRPが支出超過によってどの程度GRP*およびGRPtを超過したかを示した。支出超過率が高いほどGRP*およびGRPtとGRPとの差が大となり、また超過閾の全国値がGREを10％こえた所に設定されたため、ほぼ支出超過率10％を境にしてGRPtとの差が生じていることがわかる。表2-4の非大都市ディストリクトの場合両年度とも支出超過が少なく、GRP*以下のケースが多いのに対して、大都市団体の81／82年度GRPはすべてGRP*をこえ、また西ミドランド・カウンティとバーミンガム市以外の全団体がGRPt以上となって、限界補助率低下装置の射程圏内に入っている。82／83年度には、ロンドン内部区や大都市ディストリクトの支出超過率が下がりGRPtとの差がやや縮小する傾向がみられるものの、大半が依然GRPt超過の状況を続け、

表 2-4　大都市団体の支出超過率および補助金関連税率の状況　(△はマイナス)

		TE/GRE		1981/82年度			1982/83年度			〔参考〕1人当たりRV (1981/82年度)
		1981/82年度	1982/83年度	GRP (a)	(a)と GRP* との差	(a)と GRPt との差	GRP (a)	(a)と GRP* との差	(a)と GRPt との差	
大ロンドン	大ロンドン（GLC）	1.12	1.34	21.67	4.40	1.76	41.78	21.32	18.09	281
	ロンドン内部教育庁	1.48	1.51	120.25	63.11	54.37	139.10	76.74	66.89	460
	ロンドン首都警察	1.09	0.96	13.21	1.80	0.05	13.26	△1.15	△3.42	—
内ロンドン部区	ハックニー	1.41	1.46	117.10	68.50	61.07	150.30	96.16	87.61	199
	イズリントン	1.44	1.26	135.13	86.53	79.10	115.71	61.57	53.02	309
	ランベス	1.46	1.33	129.05	80.45	73.02	122.92	68.78	60.23	218
	サウスウォーク	1.49	1.29	138.33	89.73	82.30	117.21	63.07	54.52	256
	タワー・ハムレット	1.88	1.70	180.82	132.22	124.79	181.98	127.84	119.29	303
大都市カウンティ	大マンチェスター	1.23	1.20	34.75	10.03	6.25	38.68	10.41	5.95	123
	マーシーサイド	1.21	1.34	34.82	10.10	6.32	47.86	15.59	15.13	129
	南ヨークシャー	1.75	1.78	58.27	33.55	29.77	68.10	39.83	35.37	106
	タイン・アンド・ウェアー	1.43	1.30	47.00	22.28	18.50	47.50	19.23	14.77	109
	西ミドランド	1.10	1.17	28.43	3.71	△0.07	36.35	8.08	3.62	152
大都市ディストリクト	マンチェスター	1.36	1.21	198.97	89.27	72.49	182.10	59.00	39.55	159
	リバプール	1.11	1.07	131.99	22.29	5.51	139.06	15.96	△3.49	136
	シェフィールド	1.29	1.25	164.30	54.60	37.82	176.86	53.76	34.31	121
	ニューカッスル	1.38	1.31	184.74	75.04	58.26	193.56	70.46	51.01	145
	バーミンガム	1.05	1.00	118.43	8.73	△8.05	122.96	△0.14	△19.59	157
非大都市ディストリクト	ギリンガム	0.64	0.51	8.87	△8.63	△11.31	5.85	△14.65	△17.89	110
	オクスフォード	0.89	0.90	14.33	△3.17	△5.85	17.23	△3.23	△6.51	168
	グロースター	0.79	0.62	12.65	△4.85	△7.53	9.02	△11.48	△14.72	133

出所：CIPFA, *Financial, General & Rating Statistics, 1981/82.* CIPFA, *Finance & General Statistics, 1982/83*, および *Rate Support Grant (England), 1981/82, 1982/83*より作成。

注：(1) GRP*はGREに対応するGRP、GRPtは超過閾レベルのGRPである。
　　(2) ロンドン内部区は、1981年度失業率の高い5区を選定した。大都市地域では70年代半ばまで人口増加の続いた西ヨークシャー・カウンティおよび中心市リーズを除いた。

GLC、ILEAおよび大都市カウンティの一部ではかえってその差が拡大している。82／83年度以降GREは引き上げられているが、同年度GREの対前年度比上昇率8.7％に対しGRP*上昇率は12.6％、83／84年度もGRE上昇率3％に対しGRP*は6％上昇となり、また82／83年度以降の超過閾以下と以上の10ポンド当たり支出増加税率コストはおのおの6ペンス、7.5ペンスとなって、初年度の補助金撤回措置の罰則が基本ベースとなるなど、制裁が強化されている。だが包括補助金（BG）の交付額は、先述のごとく、TEとGRPのほかに課税

表2-5 地方団体種類別・GRP配分表（イングランド）

	1981/82年		1982/83年	
	GRP*	GRPt	GRP*	GRPt
大ロンドン（GLC）	17.27	19.91	20.46	23.69
ロンドン内部教育庁（ILEA）	57.14	65.88	62.36	72.21
ロンドン首都警察（MPA）	11.41	13.16	14.41	16.68
シティ・オブ・ロンドン	60.01	69.19	68.55	79.37
ロンドン内部区	48.60	56.03	54.14	62.69
ロンドン外部区	105.74	121.91	116.50	134.90
大都市カウンティ	24.72	28.50	28.27	32.73
大都市ディストリクト	109.70	126.48	123.10	142.55
非大都市カウンティ	116.92	134.80	130.87	151.54
非大都市ディストリクト	17.50	20.18	20.50	23.74
シリー諸島	134.42	154.98	151.37	175.28

出所：表2-4に同じ。
注：表2-4の注(1)に同じ。

評価額（RV）と乗数（M）により規定される。表2-6はロンドン内部区および大都市ディストリクトのBG交付額算定状況であるが、81/82年度から翌年度にかけて、大都市ディストリクトの場合、各団体とも支出超過率が低下したのに、GRPの上昇や乗数値の増加によって、交付額がリバプールを除き減少している。ロンドン内部区の場合には、一部を除いて支出超過率およびGRPが低下し乗数も下がった結果、RVが若干増加したにもかかわらず交付額は増加している。GRPおよび乗数の動向が重要な要因だといえよう。82/83年度以降、乗数は超過支出団体からの「補助金減額」（Grant Abatement）にも利用されることになった。

制裁措置の影響は、各団体の当初BG交付算定額と地方団体予算上のBG予定額との相違にもみられる。補助金プール総額に交付総額を合わせるための減額調整措置（Close-Ending）や補助金撤回措置の影響が予算計上分にみこまれるからである。ロンドン内部区の場合には、ロンドン内財源均等化や、GLC、ILEA、MPAから内部区への交付金再配分の影響があるため、大都市ディストリクトと同カウンティについてみると、算定額と予定額の差は大都市カウン

表2-6 ロンドン内部区・大都市ディストリクトの包括補助金算定状況

		年度	TE (1,000ポンド)	RV (1,000ポンド)	GRE (1,000ポンド)	GRP (ペンス)	M	BG (1,000ポンド)
ロンドン内部区	ハックニー	1981/82	65,860	35,006	46,756	117.10	0.7266	36,074
		1982/83	79,134	36,021	54,102	150.30	0.7038	41,034
	イズリントン	1981/82	69,360	50,268	48,292	135.13	0.7360	19,369
		1982/83	69,116	51,770	54,702	115.71	0.7038	26,960
	ランベス	1981/82	98,831	56,957	67,610	129.05	0.7364	44,702
		1982/83	101,061	57,622	76,267	122.92	0.7038	51,213
	サウスウォーク	1981/82	86,712	54,679	58,124	138.33	0.6869	34,758
		1982/83	85,177	55,206	66,075	117.21	0.7038	39,639
	タワー・ハムレット	1981/82	60,775	43,408	32,291	180.82	0.5128	20,528
		1982/83	62,765	43,724	36,943	181.98	0.5096	22,218
大都市ディストリクト	マンチェスター	1981/82	241,133	72,214	177,373	198.97	0.8868	113,708
		1982/83	233,148	73,344	192,780	182.10	0.9710	103,463
	リバプール	1981/82	202,201	70,053	182,584	131.99	0.8911	119,809
		1982/83	210,045	69,368	196,385	139.06	0.9295	120,379
	シェフィールド	1981/82	201,322	65,150	155,759	164.30	0.9690	97,595
		1982/83	209,472	65,668	166,974	176.86	0.9842	95,165
	ニューカッスル	1981/82	348,553	160,101	332,491	118.43	0.9419	169,974
		1982/83	361,783	160,802	362,027	122.96	1.0000	164,065
	バーミンガム	1981/82	118,555	40,872	85,655	184.74	0.9644	45,733
		1982/83	122,490	41,376	93,637	193.56	1.0000	42,402

出所：CIPFA前掲資料より作成。
注：BGは包括補助金交付算定額である。

ティにめだち、81／82年度は3分の2、翌年度は全団体の予定額が算定額より過少となっており、大都市ディストリクトにも同様の傾向がみられる。82／83年度補助金減額措置においては、GREまたは経常支出目標額を5％以上超過すると、支出増加10ポンドにつき大都市カウンティは2.8ペンス、同ディストリクトでは12.2ペンスがGRPに追加され、支出超過率5％以下では各1％の支出超過ごとにおのおの0.56ペンス、2.44ペンスが加算されることになった。制裁はこの点でも強化されたのである。

　これら制裁措置の作用によって、大都市団体への包括補助金交付額は旧RSG二要素配分額よりも減少した。表2-7は、ロンドン内部区および大都市ディストリクトについて、その対比を試みたものである。80／81年度にはすで

表 2-7　旧 RSG 二要素と新包括補助金の大都市団体に対する交付額の変動状況

		レイト・補助金充当支出対前年度増加指数		補　助　金増減指数1980/81＝100		レイト徴収必要額増加指数（同左）		レイト・補助金充当支出に対する補助金の割合　　　（％）		
		1981/82年度	1982/83年度	1981/82年度	1982/83年度	1981/82年度	1982/83年度	1980/81年度	1981/82年度	1982/83年度
ロンドン内部区	ハックニー	108	130	96	100	152	167	73.7	65.4	56.7
	イズリントン	110	111	74	80	125	140	65.8	44.3	47.5
	ランベス	111	144	97	102	133	134	63.1	55.4	56.1
	サウスウォーク	110	112	90	98	135	150	67.5	54.9	59.5
	タワー・ハムレット	116	123	88	83	140	156	66.1	50.3	44.7
大都市ディストリクト	マンチェスター	116	115	90	81	137	153	56.9	44.0	40.5
	リバプール	114	119	86	86	120	141	67.2	50.7	48.4
	シェフィールド	122	128	82	76	139	164	65.3	43.9	38.6
	ニューカッスル	111	117	76	71	129	143	52.9	36.2	32.3
	バーミンガム	113	119	86	84	138	161	57.8	44.4	40.8

出所：CIPFA 前掲資料より作成。
注：(1) レイト徴収必要額はカウンティ分を含む数値で求めた。
　　(2) 1980/81年度の補助金は RSG の需要要素および財源要素であり、それ以降は包括補助金である。後者は当初決定額ではなく、各団体予算上の予定額を用いた。

に BG「暫定措置」の影響があるけれども、変化の概要は知ることができる。なお比較のため、80／81年度は需要要素と財源要素を加え、レイト徴収必要額は需要要素控除後の同徴収必要額から財源要素を差し引いて求めた。したがって、この徴収必要額は住宅レイト減税措置以前の数値である。同表でみると、全団体の支出がこの間増大したのに対し、補助金交付額は各年ベースの絶対額ですら減少し、レイト・補助金充当支出に対する比率も低下している。同支出の財源中補助金以外のほとんどはレイト徴収必要額となるが、その増加率は支出増加率より遙かに高く、補助金の減少ぶりと誠に対照的である。旧 RSG 二要素と BG の地域的配分割合をみると、前掲表 2-3 のごとく、BG の全面適用以降、ロンドンおよびインナー・シティ政策対象地区所在都市のシェアが低下している。政府補助金の流れは明らかに変わったといえよう。

　レイト徴収必要額の増大は、課税評価額の増加がともなわねば、税率上昇をひきおこす。表 2-8 のように、1 人当たり課税評価額は 80／81 年度から翌年にかけて各団体ともあまり変化がなく、ロンドンの 2 区では減少すらしたから、

表2-8 平均レイト税率・レイト納税額等の増加状況

(△は減少)

		1人当たり課税評価額増減率		平均レイト税率の増加率		平均住宅レイト納税額増加率	
		1980/81～81/82年度	1981/82～82/83年度	1980/81～81/82年度	1981/82～82/83年度	1980/81～81/82年度	1981/82～82/83年度
ロンドン内部区	ハックニー	2.6	5.5	46.7	6.7	55.2	7.6
	イズリントン	0.3	1.0	18.9	8.6	21.9	10.5
	ランベス	2.3	10.6	16.3	△2.6	18.0	△2.9
	サウスウォーク	△1.1	6.3	33.0	8.8	38.5	10.7
	タワー・ハムレット	△1.3	4.6	37.9	8.8	45.3	10.2
大都市ディストリクト	マンチェスター	1.3	1.9	31.0	11.2	35.1	12.3
	リバプール	1.5	3.7	17.0	14.2	19.4	16.7
	シェフィールド	0.0	1.7	36.6	19.2	41.6	22.4
	ニューカッスル	0.7	4.8	26.4	11.5	29.4	13.2
	バーミンガム	0.6	3.8	31.5	5.2	35.9	6.2

出所:CIPFA前掲資料より作成。

 平均レイト税率は急上昇し、平均住宅レイト納税額はそれ以上の増加をとげた。81/82～82/83年度の場合には、支出抑制と1人当たり課税評価額の上昇傾向がみられ、税率の上昇率は低下したものの、ランベス以外の全団体で税率は上がり続けている。またディストリクト/バラーとカウンティの税率別にこの動向をみると、80/81年度から翌年度にかけて、ロンドンでは内部区、GLC等の税率がいずれも上昇したが、その他大都市ではディストリクト分の急上昇がめだつ。81/82年度以降は、ロンドン内部区分が低下したのにGLC等の税率が急上昇して税率合計が上昇し、大都市地域ではカウンティ、ディストリクトとも税率が上昇している。GLCおよび大都市カウンティの財政悪化の影響が増大しているといえよう。

 新包括補助金制度下の大都市に対する補助金配分割合の低下とレイト税率急上昇の悪循環は、政府指針に合わせて大幅な支出削減を行わねば回避しえない。だが、インナー・シティ問題を抱える大都市団体にとって、支出削減は容易ではない。制裁措置の作用で対前年度支出増加率が低下する団体の多かった81/82～82/83年度について、大都市地域の団体種類別支出動向をみると表2-9のごとくであって、この間非大都市地域ではカウンティの経常支出増加率が

表2-9 大都市地域の経常支出主要項目・対前年度比増減率（1982／83年度）

(単位：%)

	ロンドン			大都市地域	
	内部区	外部区	GLC ILEA MPA	ディストリクト	カウンティ
教　　　　　育	—	8.9	10.9	8.5	—
学校給食・ミルク	—	3.0	7.3	7.2	△55.6
対人社会サービス	10.2	14.2	—	11.0	—
警　　　　　察	12.3	—	16.8	—	12.4
司　法　行　政	17.1	—	15.5	14.6	16.0
ハイウェイ・交通	3.9	10.0	13.2	△11.6	14.4
住　宅　（*以外）	13.1	16.8	46.1	26.4	—
ごみ収集処理	6.5	△1.9	8.2	3.2	26.5
環　境　衛　生	13.5	14.3	△72.5	3.6	—
公園・オープンスペース	18.0	9.7	16.4	9.5	51.7
都　市　計　画	18.1	22.5	△9.4	12.0	68.7
一般行政経費	11.0	△70.0	49.3	△26.9	△72.1
料　金　補　助	2.5	22.9	12.5	10.5	18.1
乗客輸送への繰出	—	86.2	124.4	△87.8	37.0
RSG経常支出計	8.9	8.0	20.0	7.5	16.6
住宅事業会計*	△3.2	2.9	71.7	13.2	—

出所：CIPFA, *Finance and General Statistics, 1982/83* より作成。
注：支出項目は主要なものにとどめた。△は減少である。

10.7％、ディストリクトが6.8％だったのに対し、GLC等20.0％、大都市カウンティ16.6％、ロンドン内部区8.9％、大都市ディストリクト7.5％と、大都市団体の支出増加率が相対的に高かったことがわかる。大都市地域およびロンドン外部区では一般行政経費が大幅に削減され、また大都市ディストリクトやロンドン内部区ではハイウェイ、学校給食、ごみ収集部門などが伸び悩んだ。全国的に保守党支配下の団体において、ごみ収集、各種清掃作業、公共施設の維持管理等の民営化傾向が進む中で、大都市地域の数団体ではごみ収集等民営化の提案がこの時点では否決されているものの、支出は伸び悩んでいる。だが他方で、政府の民間持家重視と公共住宅売却政策にもかかわらず、住宅費は、ロンドン内・外部区の住宅事業会計以外は増加率が高く、また失業の急増や各種貧困問題の累積、社会不安の増大を反映して、大都市地域全体で対人社会サー

ビス、警察・消防・司法行政費の増加率が高い。さらにGLCや大都市カウンティでは、地下鉄・バスなど公共交通料金引き下げ政策にからむ乗客輸送への繰出額の急増と構成比の高さが特徴的である。81／82年度の地方支出予算減額改訂をめぐって、労働党支配下のGLCおよび二大都市カウンティが増額改訂を行ったのは主にそのゆえであった。こうした大都市問題にからむ各種行財政需要の増大に加え、大都市地域の住民1人当たり行政サービス・コストが多くの分野で著しく高い結果、大都市の財政支出は、一定の大都市問題対策を行う限り削減し難いのが実情といえよう。しかし、政府の支出目標は対前年度実質減少がベースであるから、既存のサービス水準の維持すら「超過支出」を発生させかねない。

このような大都市財政の危機に対して、政府のインナー・シティ政策の財政効果には限界がある。財源の大半が集中したパートナーシップ地域の事業費財源の大半は資本支出事業に配分され、補助金の割合は少ない。地区により相違はあるが、ランベスの場合、79／80〜82／83年度4カ年分の事業費中76％は資本支出であり、81／82年度資本支出総額に占めるパートナーシップ事業費の割合は7.8％にすぎなかった。産業用地・建物の整備、職業訓練、交通輸送条件や居住・生活環境の改善、教育・文化・余暇・コミュニティ対策など、各種パートナーシップ事業は、困窮問題の集中する指定地区にとって重要な意味をもつけれども、出発当時から中央政府支出の過少が問題とされ、保守党政権下では公共部門の役割がさらに後退しており、局地対策以上の財政効果は期待しにくいであろう。他方で、レイト税率の急上昇・納税負担の増大と行政サービス水準の低下は、これら中心市の経済的衰退と貧困問題の増大を一層促進しかねない。1970年代初めに指摘された大都市の経済的衰退と財政構造悪化の悪循環は、政府補助金配分における大都市地域冷遇という新たな状況の下で、80年代に着実に進行しつつあるかにみえる。

(3) **大都市の「超過支出」と地方税統制**

RSGの総枠補助率は1981／82年度の59.1％から83／84年度52.8％へと3年

連続低下し、新包括補助金の占める割合も76.9％から74％に下がった。しかも制裁措置は一段と強化された。82／83年度の支出目標額設定においては、前年度最小規模予算が基礎となり、前年度目標額または82／83年度 GRE に対する支出超過率に比例して目標額が削減（支出過少なら増額）されたが、83／84年度においても前年度予算がベースとされ、前年度「有効目標額」（目標額とGRE のうち多額な方）に対する支出超過率１％以内の団体は前年度予算額＋４％、同１％以上の団体は前年度支出目標額＋５％が支出目標額となった。後者の団体は前年度目標額がベースとなるため、従来の高率支出超過団体ほど不利である。そのうえ「補助金減額」措置においては、目標額２％以上超過の団体は支出超過１％ごとに５ペンスの税率を GRP* に無限に追加するため、全補助金を撤回される団体も生じうることとなった。

　この恐るべき制裁強化の下で、大都市団体の多くは83／84年度も超過支出団体となっている。同年度、ロンドンの61％、その他大都市団体の69％が支出超過となり、団体数では17％の両地域に超過団体の30％、２％以上超過団体の37％が集まっている。非大都市地域ではカウンティの超過団体率が高いけれども、過少団体の84％は同ディストリクトに集中しており、これらの団体では公共住宅家賃の引き上げと税率の低下が特徴といわれる。他方、ロンドン内部区では平均住宅レイト徴収額が対前年度比15.4％上昇し、イズリントンでは30％も上がるなど、大都市超過支出団体の税率・税負担上昇傾向は相かわらず厳しい。表２-10は83年総選挙時点でとくに問題視されたイングランドの高額超過支出団体であり、いずれも GRE 超過率25％以上、前年度比税率上昇８％以上の団体であるが、すべてロンドンおよび大都市地域に集中している。なかでもGLC は支出目標超過額２億5,760万ポンド（全超過額の33％）、同超過率53％、GRE 超過率72％と群をぬき、税率も14％上昇した。ロンドンの全団体および大都市カウンティとディストリクトの目標額超過額は全体の81％に及んでいる。これら超過支出団体は、84／85年度支出目標額について厳しく処遇されることになった。過少支出団体の支出目標額が対前年度比３％増となったのに対し、高額支出団体の目標額は前年度比実質削減となった。たとえば、GLC は35％

表2-10 1983/84年度高額超過支出団体

(単位:100万ポンド、%)

	GRE 超過		Target 超過	
	超過額	シェア	超過額	シェア
G L C	343.5	20.5	257.6	33.4
I L E A	340.9	20.4	97.2	12.6
グリニッジ	24.3	1.5	10.9	1.4
タワー・ハムレット	23.8	1.4	1.6	0.2
ルイシャム	25.6	1.5	2.5	0.3
ランベス	30.6	1.8	9.5	1.2
ハックニー	22.1	1.3	3.5	0.5
サウスウォーク	25.3	1.5	14.4	1.9
イズリントン	16.6	1.0	6.8	0.9
ハリンゲイ	35.3	2.1	10.6	1.4
南ヨークシャーC.C.	73.0	4.4	9.5	1.2
マーシーサイドC.C.	42.7	2.6	14.9	1.9
ニューカッスル	29.8	1.8	5.5	0.7
シェフィールド	46.1	2.8	14.3	1.9
マンチェスター	49.7	3.0	3.3	0.4
合　計	1,129.8	67.5	462.1	60.0
イングランド・ウェールズ総計	1,673.8	100.0	770.8	100.0

出所:*Local Government Chronicle*, 1 July 1983所収のTraversの表による。

削減だが、ランベスやマーシーサイドのように6％削減の場合、物価上昇率5％なら実質11％削減になるといわれる。

　大都市団体を主とするこのような超過支出とレイト税率の急上昇に対し、保守党政府は地方税統制の強化をもって対処しようとしている。1981年暮のGreen Paper('Alternatives to Domestic Rates')による住宅レイト廃止の提案は下院審議での批判・反対意見が多く一頓挫をきたしたものの、82年7月の地方財政法(Local Government Finance Act 1982)成立によって、新包括補助金の制裁措置にともない増加していたレイト年度中追加徴税は禁止された。そして、1983年6月総選挙の保守党公約通り、同年8月には超過支出団体のレイト税率を規制する"Rate Capping"提案の白書『地方税』(文献〔20〕)、10月にはGLCおよび大都市カウンティ廃止の白書『都市の簡素化』(文献〔21〕)が発

表され、中央―地方政府間の激しい論戦が展開されている。これら二提案が超過支出団体に対する新たな制裁措置であることは明らかだが、Rate Capping に対してはカウンティ協会など保守党系の地方団体協会も反対し、大都市団体協会は白書発表の日を「民主主義にとって暗黒の日」とよんだ。

　白書『地方税』は、超過支出の主な責任が少数の高額支出団体の行政非効率と高水準のサービス供給にあるとし、これら団体に最高制限税率を賦課して超過課税を禁じ、また必要に応じて他団体への一般的な地方税増徴規制をも行うものとした。高額支出団体の場合、2年1サイクルの初年度に対象団体を選定して次年度の支出水準と最高税率を決定し、団体の選定は GRE に対する超過支出水準が基準となるほか、最近の支出増加状況、支出目標額に対する成績、人件費や地方税率の水準などが加味される。白書は支出規模1,000万ポンド以上の団体に対象を限定すればイングランドの非大都市ディストリクト296団体中275団体が除外されるとしているが、大都市ディストリクト／バラーは全団体がこの支出規模をこえている。また当面 GRE 超過率20％以上の団体が危いと伝えられ、その多くは表2-10にも明らかなごとく大都市地域に集中している。

　Rate Capping は、大都市団体のみならず全地方団体にとって深刻な問題をはらんでいる。当面の対象が少数の大都市超過支出団体にすぎぬとしても、早晩この課税自主権の制限は地方支出統制政策の便法として拡大され、伝統的なイギリス地方財政自治の核心が消滅すると憂愁する声が多い。地方団体側の批判に対して環境大臣は、単一国家の「地方自治は国家の一部」であり、「政府指針の枠内における可能な限りの地方自治」こそ望ましいと表明し、地方自治の根本概念が論議の焦点となっている。また全国公務員組合（NUPE）は、Rate Capping による地方税収と支出の大幅な減少が社会福祉行政の後退と自治体労働者の大量解雇をもたらすと批判し、国家・地方公務員連合会（NALGO）はその数を30万と推定している。存在意義の減少と超過支出を理由とする GLC・大都市カウンティ廃止案をめぐっても、関係団体は、警察・消防・交通輸送事業など中央政府諸官庁認定の事業執行すら超過支出を生むと批判し、ま

た大都市カウンティ支出の70%に及ぶ主要な諸機能を広域連合機関（Joint Board）に移管しその税収調達をディストリクトに委任する白書構想が、地方自治の後退とディストリクトの財政困難を増大させると指摘しており、大都市の現実に逆行する政治的な措置とみる評価が多い。いずれにせよ、新包括補助金制度下の個別地方団体支出削減政策は、かくして、大都市財政の破綻と大都市問題対策遂行能力の低下をもたらしただけでなく、課税自主権と地方税収にもとづく支出決定の自由というイギリス地方財政自治の根幹をゆるがしつつあるといえよう。

4 むすびにかえて

イギリス地方財政の重要な特徴は、地方団体が経費を負担と連動させつつ選択し、高支出が高負担と結びつくところにあり、この関係こそ地方財政責任（Local Accountability）の一核心といわれてきた。「レイフィールド委員会報告」をはじめ1970年代後半期の論議の一焦点は、政府補助金依存度の上昇とともにこの関係がくずれつつあるのではないかとの疑問であった。インナー・シティ問題など特殊な財政需要を抱え補助金配分上比較的有利であった大都市団体について、この現象がとくに問題となったのはいうまでもない。

1980年代には、政府補助金の比率低下の中で高支出が高負担を招く現象が生じている。だが、形式上高支出が都市団体の政策選択によるとはいえ、大都市が各種困窮問題対策に不可欠な行財政需要に直面し、また「高支出」の判定基準が中央政府の一方的決定による非現実的なまでの支出削減目標にもとづくという二重の意味において、大都市団体の自主的選択の余地は実質的に減退しているのが実情である。しかも大都市「超過支出」団体の課税自主権制約の動きは、もはや高負担も高支出も選択しえず、大都市が財政責任を喪失しつつあることを物語る。このような事態の基盤が、大都市経済の衰退とともに、資産課税しかない地方税制度の貧困と中央—地方財政関係にあったことは、くりかえすまでもあるまい。その意味で、この危機的状況打開の基本的条件は、大都市

税財源の拡充をふくむ中央―地方財政関係の改革であろう。81年 Green Paper をめぐる下院審議において「レイフィールド委員会報告」以来の地方所得税構想が対案として提示されたように、この要求は地方団体関係者の間で今も根強い。

　新包括補助金制度を生んだ労働・保守両政権下の地方財政統制政策が経済財政危機対策としての公共支出削減政策の一環であったことに象徴されるごとく、大都市経済の衰退と大都市財政・地方自治の危機はイギリス資本主義の構造的危機に根ざしている。だが経済危機対策と公共支出削減、地方支出統制、補助金削減、地方税統制の間の関係は一義的でなく、新自由主義とマネタリズムを基盤とする政策体系の論理で結ばれたものである。国民経済管理上従来の地方財政自治を障害とみる財政中央集権化政策はその論理的帰結といえよう。これに対して Rate Capping をはじめ中央集権化に抵抗する側の論理には、地方自治が国民経済と財政の健全な管理にとって不可欠との認識がある。イギリス大都市経済と財政の未来は、経済財政再建のあり方と中央集権・地方自治とをめぐるこの厳しい対決の行方にかかっているといえよう。

〔追記〕
　Rate Capping は、1984年6月成立の新地方税法によって現実化し、翌月には適用18団体も発表された。その後の事態については、小林昭「イギリスにおける地方財政支出統制の強化と地方財政自治の危機」(『地方財政の国際比較』勁草書房、1985年、本書第3章）を参照。

〔参考文献〕
〔1〕　高橋誠「イギリス1980年地方政府法の財政的意義」『経済志林』第49巻3号、1981年。
〔2〕　高橋誠『現代イギリス地方行財政論』有斐閣、1978年。
〔3〕　高橋誠「現代イギリス都市財政の分析　上」『経済志林』第47巻2号、1979年、「(同前)下」『経済志林』第47巻4号、1980年。
〔4〕　吉岡健次・山崎春成編『現代大都市の構造』東京大学出版会、1978年（イン

ナー・シティ問題の分析)。
〔5〕 *Policy for the Inner Cities*, HMSO, Cmnd, 6845, 1977.（「77年インナー・シティ白書」）
〔6〕 P. Hall (ed.), *The Inner City in Context, The Final Report of the Social Science Research Council Inner City Working Party*, Heinemann, 1981.（11冊の個別報告書が発行され、本書はその総括編となっている。）
〔7〕 A. Evans & D. Eversley, *The Inner City, Employment & Industry*, Heinemann, 1980.
〔8〕 G. Cameron (ed.), *The Future of the British Conurbations*, Longman Groups Ltd., 1980.
〔9〕 P. Lawless, *Britain's Inner Cities*, Harper & Row, 1980.
〔10〕 Department of the Environment（以下 DoE と略す）: *Inner Cities, Bibliography* No. 194.（1977年以来のビブリオグラフィ・シリーズ。Supplement は82年9月発行分で No. 6を数える）
〔11〕 小林昭「英国地方財政制度の新たな展開と英米両国のインナー・シティ問題をめぐる諸動向」北陸経済調査会『北陸経済統計月報』No. 231, 1983.（インナー・シティ問題と政策動向の実態にふれた）
〔12〕 S. Kennett, *Local Government Fiscal Problems*, SSRC, 1980.（〔6〕の The Inner City in Context シリーズの No. 6）
〔13〕 S. Kennett, *The Inner City in Context of the Urban System*, SSRC, 1980.（同上 No. 7）
〔14〕 P. M. Jackson, *Urban Fiscal Stress in the U. K. Cities*, 1981.（第37回国際財政学会報告）
〔15〕 C. D. Foster, R. Jackman & M. Perlman, *Local Government Finance in a Unitary State*, George Allen & Unwin, 1980.
〔16〕 R. J. Bennett, *Central grants to local governments, The political and economic impact of the Rate Support Grant in England and Wales*, Cambridge Univ. Press, 1982.（RSG に関する初の本格的研究書）
〔17〕 R. Rose & E. Page, *Fiscal Stress in Cities*, Cambridge Univ. Press, 1982.
〔18〕 N. P. Hepworth, *The Finance of Local Government*, 6th ed., George Allen & Unwin, 1980〔池上惇監訳『現代イギリスの地方財政』同文舘、1983年〕。
〔19〕 小林昭「地方財政支出統制と新ブロック・グラント」宮本憲一・大江志乃夫・永井義雄編『市民社会の思想』御茶の水書房、1983年。（本書第1章）（新包括補

助金構想の展開過程および初年度の運用実態を紹介。関連文献は同稿の注にゆずる）

[20] DoE：*Rates, Proposals for rate limitation and reform of the rating system*, HMSO, Cmnd. 9008, 1983.

[21] DoE：*Streamlining the Cities, Government Proposals for Reorganizing Local Government in Greater London and the Metropolitan Counties*, HMSO, Cmnd. 9063, 1983.

[22] その他——新包括補助金については、地方団体諸協会発行の *Rate Support Grant (England)* 各年度版、統計書は、Chartered Institute of Public Finance & Accountancyのシリーズ（*Local Government Trends, Finance and General Statistics, Local Government Comparative Statistics*などの各年版）。雑誌は、*Local Government Chronicle*（週刊）、*Public Money*（季刊）、*Local Government Studies*（隔月刊）などが基本文献といえよう。

第3章 イギリスにおける地方財政支出統制の強化と地方財政自治の危機

1 はじめに

　1970年代から80年代にかけてのイギリス地方財政の新たな動向は、経済・財政危機対策としての公共支出抑制政策の下で地方財政支出統制が進み、50年代なかばまでの「集中化過程」、それ以降20年間の「地方復位」現象[1]に対して、いわば再集中化過程ともいうべき地方財政支出の地位低下傾向と地方財政自治の後退が進行したことである。

　周知の如く、72年地方自治法にもとづく地方制度再編成と、ドル危機・石油ショック後のスタグフレーション深刻化の下で、地方財政対策は焦眉の課題となり、74年設立の地方財政調査委員会（レイフィールド委員会）は76年に報告書[2]を発表し、「中央責任」か「地方責任」かという地方財政改革の基本方向をめぐる二つの道の選択を政府に提起した。だが、当時の労働党政府は、77年グリーン・ペイパー「地方財政」[3]によってその解答を棚上げにする一方、地方財政支出抑制政策を展開し、この過程で地方財政支出の地位は低下し続けた。そして、79年成立の新保守党政権は地方支出削減政策を一段と強化し、80年「地方政府・計画・土地法」[4]（以下、80年地方法）にもとづく新包括補助金（the Block Grant）制度によって、超過支出団体（Overspenders）の補助金削減をペナルティとする個別地方団体経常支出統制を開始した。だが、度重なる制裁強化にもかかわらず地方支出は絶えず政府の削減目標を超過し、また補助金減額につれて地方税率が急上昇し納税者の不満も高まるに及んで、政府は地方税の統制を進め、84年6月の地方税法により大都市地域の高額超過支出

団体の税率規制に着手するとともに、大ロンドン（Greater London Council）および大都市カウンティ制度の廃止を求めるに到った。地方経常支出削減方法が労働党政府の補助金総額抑制を通じる間接的統制から直接的個別団体統制へと移行する中で、中央責任型財政構造が事実上発展し、イギリス地方財政は新たな段階を迎えたのである。

本稿は、70年代後半期以降のこのドラスティックな中央集権化の進展と地方財政構造へのインパクトをあとづけ、とくに、労働党政府の補助金改革構想の流れをくむサッチャー政権下の包括補助金制度と、その運用をめぐる諸矛盾の増大が、制裁措置の強化と地方税統制をもたらし、地方団体側の抵抗にもかかわらず地方財政自治の基礎が掘りくずされていく過程を考察する。さらに、この集権的な体制の不安定性が生じる一方、地方財政自治の擁護と再生への基盤構築もまた容易でないという、最近の流動的な政治状況の一端にもふれることとしたい。

2 70年代後半期地方財政改革の挫折と地方財政支出統制の展開

(1) 地方財政責任の後退と地方財政改革問題

60年代から70年代なかばにかけて地方財政支出が膨張し「地方復位」現象が進行する過程で生じた収入構造上の特徴的な変化は、地方税比率（レイト）の低下と国庫支出金依存度の上昇である。この「レイト・ギャップ」の拡大[5]は、大都市化現象の進行など社会経済状況の変化に旧来の地方税制度が対応しえなくなったことを反映していたといえよう。国庫支出金の増大は当面の地方支出、特に都市財政支出膨張のインパクトを吸収したものの、支出と地域住民の費用負担を連動させるという「地方財政責任」（Local Accountability）の原則を弱め、財政自主性を後退させた。財政改革を欠く74年の地方制度再編成は、事務処理施設・機構の近代化等の財政需要増大や地域間税率再調整問題などを通じて、むしろ矛盾を増幅させた。地方財政改革のあり方を探るレイフィールド委員会

の主要な検討課題も、まさにこの地方財政責任低下の問題にあった。

　すでに有効な地方財政支出抑制策が中央政府の重要な政策課題となっていた状況の下で、76年の同委員会報告は、補助金の増大と過度の中央政府干渉による地方財政責任の弱体化こそが有効な地方支出統制の基礎を侵害しているとの認識を示したのであった[6]。したがって、地方所得税導入等により地方税を強化し補助金依存度を低めて地方財政責任を再生・強化させ、「課税と支出の決定に際し地方議員の地方選挙民に対する責任をヨリ直接的にし」[7]て、財政と選挙のアカウンタビリティをリンクさせる「地方責任」型財政改革構想が、有効な地方支出抑制をも可能にするものとして提起された。同報告は、環境省の「統合補助金」(the Combined Grant) 構想にもとづく「単一補助金」(the Unitary Grant) を提案したが、それは主に「中央責任」型財政制度に最適の財源とされていたことを銘記しなければならない[8]。70年代後半期地方財政展開の焦点は、「統治構造上の問題」(Constitutional Problems) すなわち中央―地方政府間財政関係のあり方に関する根本的な検討が行なわれぬまま、地方財政支出統制が強化され、中央責任型財政制度の補助金構想が現実化していく所にあるからである。

　レイフィールド委員会の問題提起に対して、労働党政府見解たる77年グリーン・ペイパーは、中央―地方政府間財政関係を固定化すると社会的経済的変化への弾力的な対応ができなくなるとして、分権型・集権型の選択をさけ、その中間の道も非現実的とした。そして、地方所得税導入を時期尚早としつつ、環境省提案に沿った「単一補助金」制度を提唱した。この新補助金は、標準行政サービス供給の経費と標準税率による地方税収との差額を地方団体に交付するものだが、政府の支出指針を守らない超過支出団体への補助金削減装置がくみこまれていた。各地方団体の支出が団体種類ごとの支出ガイドラインを超過するにつれて補助金算定上の地方税率を累進的に高め、補助率を下げていく仕組みであって、これこそ後の新包括補助金における限界補助率低下（'Tapering'）方法への接近を示すものであった[9]。この提案は地方団体諸協会の猛反対により一応撤回されるが、地方所得税導入の見送りと相まって、労働党政府が後

の保守党政府と同様の統制政策に転じようとしたものと評価される[10]。

労働党政府のこのような対応は、地方財政支出抑制政策の展開と密接に関連していた[11]。石油危機後の物価急上昇に対する総需要管理政策の下で、地方財政支出も公共支出抑制の重要な対象となり、地方資本支出は74年以降公共支出計画と起債統制を通じて抑制が強化された。さらに公共支出の約4分の1を占める地方経常支出についても、公共支出計画に沿って抑制済みの支出目標額（'Target'）が設定され、77／78年度以降レイト援助交付金（Rate Support Grant. 以下RSG）の総枠補助率が引き下げられるとともに、年度中の物価変動等にともなう追加支出の制限措置が'Cash Limit'として導入された。グリーン・ペイパーの単一補助金構想における補助金削減装置の設定は、このRSG抑制政策の影響が政府の支出指針を守るか否かに関係なく全地方団体に及ぶことに対する不満の増大に対処するものであった。この時期の地方財政支出削減の政府目標は地方団体側の協力によりほぼ達成されるものの、それにともなう地方財政構造の変化は様々な問題を内包していたのであって、次に70年代後半期地方財政の変化とその問題点を素描することとしたい。

(2) 地方財政支出統制と地方財政構造の変化

74年地方制度再編成後の地方財政動向をめぐる最大の変化は、国民経済および公共部門における地方財政支出の地位低下である[12]。対国内総生産（GDP）比の割合において、公共支出総額と中央政府支出がともに77／78年度まで低下した後上昇に転じたのに対し、地方政府支出は74／75年度15.9％から78／79年度12.8％まで低下した後やや回復したものの、80年代に再び低下し続けている。75～78年の実質年平均支出増減率は、公共支出総額が1％増、中央政府支出が3.5％増だったのに対し、地方支出は4％の減少であって、その結果公共支出に占める地方支出の地位は低下の一途を辿った。表3-1は60～70年代半期ごとの会計別地方支出実質年平均増減率の推移であって、70年代後半期には経常会計支出の伸びが停滞するとともに資本支出が急減するなど、地方支出抑制政策の影響が現われている。この間、経常・資本両会計において教育および交通

表 3-1　1960～70年代半期毎の会計別地方支出実質年平均増減率の推移

(△は減少)

年度	経常会計	資本会計
1960/61～65/66	7.05	12.24
65/66～70/71	8.62	5.15
70/71～75/76	4.29	1.60
75/76～78/79	0.33	△11.80

出所：C. D. Foster, "How to Arrest the Decline of Local Government", *Public Money*, June 1981 による。

表 3-2　地方団体の収入構成変化（イングランド・ウェールズ）

(単位：%)

年度 収入項目	74/75	75/76	76/77	77/78	78/79	79/80	80/81
資本収入	25.6	21.9	20.1	17.8	16.9	17.0	15.6
借入れ	21.4	17.5	14.9	12.2	10.7	10.4	8.6
政府補助金	0.9	1.0	1.2	0.9	1.5	1.4	1.5
財産収入等	3.3	3.5	3.9	4.8	4.7	5.2	5.6
経常収入	74.4	78.1	79.9	82.2	83.1	83.0	84.4
地方税	18.4	19.2	19.0	20.2	20.1	20.4	22.1
政府補助金	35.5	38.7	39.6	39.5	39.3	39.4	39.2
雑収入	20.5	20.2	21.3	22.4	23.8	23.3	23.0
合　計	100.0	100.0	100.0	100.0	100.0	100.0	100.0

出所：CSO, *Annual Abstract of Statistics 1983 Edition* より作成。

輸送関係費の構成比が低下し、また資本会計で住宅費等の比率が低下するなど地方支出構成の変化が進み、特に住宅関連資本支出は80年代保守党政権の下で一層削減されていくこととなった。

　第二の主要な変化は、地方経常会計収入における RSG の構成比低下と地方税および特定補助金の比率上昇である。経常・資本両会計を合わせた地方収入構成では、表3-2の如く資本収入の割合が低下する中で借入れの構成比低下と財産収入等の比率上昇が進む一方、経常収入において77／78年度以降政府補助金の下降に対し地方税とその他収入の割合が上昇した。表3-3は経常収入のみの構成変化であって、RSG の比率低下と特定・補充補助金、地方税および使用料等の構成比上昇が一層鮮明である。周知のように、地方経常会計の

表3-3　地方経常会計収入構成の推移（イングランド・ウェールズ） (単位：％)

年度	74/75	75/76	76/77	77/78	78/79	79/80	80/81	81/82
特定・補充補助金	7.8	7.7	8.2	8.9	8.7	9.2	9.3	9.5
レイト援助交付金	43.9	45.8	43.8	41.1	39.9	38.1	37.1	35.1
住宅減税要素	4.6	4.9	4.4	4.2	3.8	3.3	2.8	2.5
需要・財源要素	39.4	41.0	39.3	36.9	36.1	34.8	34.3	32.6
地方税収入	29.4	27.0	27.8	29.4	30.0	31.1	32.4	34.0
財産収入	1.6	1.6	1.5	1.6	1.7	1.6	1.4	1.3
使用料・手数料等	4.6	4.6	5.0	5.5	6.2	6.6	6.6	6.9
その他収入	12.6	13.2	13.8	13.5	13.5	13.4	13.2	13.2
合　　計	100.0	100.0	100.0	100.0	100.0	100.0	100.0	100.0

出所：CIPFA, *Local Government Trends 1983* より作成。

「基準支出」（Relevant Expenditure）に総枠補助率を乗じて補助金総額が算定され、特定・補充補助金を控除した残余がRSG総額となり、それが需要要素、財源要素、住宅レイト減税補塡要素に分割された。基準支出は使用料等を除きほぼ地方税・政府補助金充当の経常支出にあたるから、補助金の動向は地方税徴収必要額を左右する。経常支出規模抑制策の下で表3-4のように、基準支出額が76/77年度以降実質減少または低迷すると同時に総枠補助率も低下し続けて政府補助金総額は減少し、さらに特定・補充補助金の増大と追加支出制限装置（キャッシュ・リミット）の作用も加わって、RSGの地位は低下したのである。

　第三は地方税率の上昇である。地方税徴収必要額の増大と5年毎の課税資産再評価の見送りによって、地方税率は上昇し続けた。地方団体に課税自主権のあるイギリスでは地方団体間で税率が異なるけれども、イングランド全体の平均では、75/76〜78/79年度にかけて、営業用資産の税率は課税評価額1ポンド当り80p（ペンス）から116.2pへ、居住用資産では住宅減税補塡要素の適用後も43.4pから80.4pへと上昇した。このような地方税負担の急増は、すでに深刻な社会問題になりつつあったといえよう。

　補助金依存度の低下と地方税の比率上昇は、しかし、地方財政責任の回復を意味するものではなかった。当時地方税収入の約6割は非居住用資産課税分であったが、レイフィールド報告も指摘したように、事業者に地方選挙の投票権

表3-4　国庫補助金の総枠補助率および内訳等の推移

(単位：百万ポンド、％)

年度	RSG基準地方支出の伸び率 (75/76=100)	総枠補助率 (％)	国庫補助金総額(最終決定) A	RSG総額 B	B/A×100 (％)	Aのうち特定・補充補助金 (％)
1974/75	86	60.5	9,978	9,198	92.2	7.8
75/76	100	66.5	11,914	10,384	87.2	12.8
76/77	93	65.5	10,659	9,203	86.3	13.7
77/78	86	60.9	9,334	8,009	85.8	14.2
78/79	85	60.6	9,186	7,844	85.4	14.6
79/80	92	58.1	9,517	7,966	83.7	16.3
80/81	93	58.8	9,773	8,180	83.7	16.3

出所：R. J. Bennett, *Central Grants to Local Governments*, Cambridge Univ. Press, 1982より作成。ただし、国庫補助金のうちRSGおよび特定・補充補助金の比率は再計算を行ない、一部数値を修正した。

注：(1) 金額は1978年価格ベースである。
　　(2) 1980/81年度は第一次増額補正時の数値による。

がなく事業所所有者が当該区域外住民でもありうるため、地方団体の行政サービスと営業活動との密接な関係にもかかわらず、営業用資産納税者と地方団体との間に選挙上の直接的関係が欠落し、地方税を通じる財政責任が低下していると批判されていた[13]。この観点からすれば、投票権のある住宅資産納税者は経常会計支出の10％以下について責任をもつにすぎず[14]、地方税の地位が多少上昇しても財政責任は比例的に高まりはしない。財政上と選挙上の責任（アカウンタビリティ）の連関の弱さは、地方選挙が国政問題によって争われがちであり、かつ投票率も低いという地方「選挙への無関心」（Electoral Apathy）の現実によって増幅される[15]。

　さらに、RSGの地域配分とその機能をめぐる問題も、地方財政責任にからむ重要な論争点となった。表3-5のように、RSGの三要素配分では住宅減税要素の割合が低下し財源・需要両要素が9割以上を占めるに到ったが、両要素の地域配分では非大都市地域の割合が低下し続け、ロンドンおよび特別都市対策事業団体への配分割合が上昇した。大都市地域中心部の経済基盤衰退、環境悪化そして各種貧困・社会問題累増への総合的対策は、個別都市対策事業の後をうけて、77年政府白書「インナー・シティ政策」にもとづく「中心都市地域法」により開始され、7つの'Partnership'地域、15の'Programme'地域、

表3-5 RSGの三要素配分および財源・需要両要素の地域間配分の推移 (単位:%)

	年度	75/76	76/77	77/78	78/79	79/80	80/81
三要素への配分割合	住宅減税要素	10.7	10.2	10.2	9.5	8.9	8.8
	財源要素	29.0	29.2	29.2	29.4	29.6	29.7
	需要要素	60.3	60.6	60.6	61.1	61.5	61.5
財源・需要要素の地域配分	非大都市地域	57.3	56.1	54.8	53.7	53.4	53.6
	大都市地域	29.4	29.0	30.1	29.6	29.6	29.7
	ロンドン	13.3	14.9	15.1	16.7	17.0	16.7
	PP事業団体*	21.8	22.1	22.9	23.1	23.5	22.3

出所:*Rate Support Grant 1980/81* および *Rate Support Grant (England) 1982/83* より作成。
注:＊特別都市対策事業の対象たる Partnership & Programme authorities をさす。大都市地域のディストリクトおよびロンドンのバラーの分のみをふくむ。

その他14地域に対する諸事業が特定補助金など財政援助の下に行なわれることとなった[16]。同表の特別都市対策事業団体は上記前二者の指定団体であって、これらインナー・シティ問題の深刻な地域では特定補助金とともにRSGの配分も増大したことが示されている。

　やや単純化すれば、RSGの財源要素は住民1人当たり全国標準支出の維持に必要な地方税課税資産額の不足分を補ない、需要要素はそれ以上の支出水準の地域差を補塡する[17]ことによって、行財政需要の多い地方団体の総費用が地方税にかかることを防ごうとするものであった。財源要素の場合、74年改正により全国平均に対する当該団体の1人当たり課税評価額の不足額に人口と税率を乗じたものが配分基準となったため、大都市の産業・人口の衰退とともに課税資産額が減少し税率が上れば、財源要素の交付が増大し従来の支出水準維持が可能になったとの見方もあるが、大都市地域中心部では課税評価額より人口の方が急速に減少するため1人当たり課税評価額は増大して財源要素の配分上不利になったとの評価が多い[18]。だが需要要素は、74年改正における人口減少要因の強化や76年ロンドン特例措置等によって、大都市に有利となった。いずれにせよ両要素の合計では、労働党政権下のRSG配分は大都市団体に有利だったのである[19]。しかし当時の分析によれば、財源要素の交付を通じて地方団体間の1人当たり課税評価額均等化はある程度達成されたものの、需要

要素配分を多くうけた大都市地域の高額支出団体はそれを地方税負担の軽減ではなく支出に充当したため、標準行政サービスに関する家計の地方税負担の地域間格差は解消されなかったし[20]、他方で都市対策事業等による大都市団体への特定補助金の増大も資本支出財源の減少を補塡する程度の効果しかなかったといわれる[21]。しかも、支出増加や地方税率上昇を追って流れる RSG 配分の方法は、地方支出抑制のための補助金政策と矛盾し、高額支出団体への制裁措置が登場するに到る。かくして、大都市問題深刻化の中で補助金依存の度を深めた大都市団体は、増大する行財政需要を抱えつつ、80年代の補助金・地方税の統制の下でこの上なく厳しい財政状況に直面することとなるのである。

3 80年代個別地方団体財政統制の展開と地方財政自治の危機

(1) 80年地方法と新包括補助金のメカニズム

新保守党政府は、79年5月就任と同時に地方財政支出削減強化の方針を表明した。それは、マネタリズムと新自由主義にもとづき、インフレ抑制と民間企業活動の強化・市場機能の活性化によるイギリス経済再生をめざすサッチャー政権公共支出削減政策の一環であった[22]。同年11月、地方財政諮問委員会において新環境大臣が RSG の改革と新包括補助金の導入を公式発表した後、この改革案をふくむ「地方政府・計画・土地法案」が国会に上提され、地方団体諸協会の反対[23]や研究者の批判にもかかわらず、80年11月上院を通過し、一連の地方財政改革が行なわれることとなった。

19部からなる「地方政府・計画・土地法」（以下、80年地方法）は、中央省庁の地方団体統制の緩和、地方団体の情報公開、直営労働組織の財務改革、都市・地域計画および土地・ニュータウン・都市開発に関する諸改革など多様な内容をもりこんでいた[24]。このうち、労働党政権の下で開発による土地増加益の吸収と計画的な土地利用の強化をはかった「コミュニティ土地法」の廃止、地方団体の開発諸機能を集中し環境大臣が地区指定を行なう「都市開発公社」

の設立、同様に環境大臣が地区を選定し商工業用資産への地方税等各種減免税によって開発を促進する「特別事業ゾーン」(Enterprize Zone)の設置、さらに直営労働組織の企業特別会計化と民間企業なみの利潤取得の義務づけなどは、地方公共部門の活動と権限を規制しつつ民間企業活動の活性化をはかるものであった(25)。だが、同法の最大の狙いは地方支出削減促進のための財政改革にあったといえよう。約300件の中央統制撤廃には補助金削減への代償という性格があり、財政状況など情報公開も支出削減の住民監視強化が基調であって(26)、この狙いと無縁ではない。

　主な地方財政改革は、地方税、RSGおよび資本支出統制方法の三点である。地方税改革では、5年ごとの資産再評価を廃止して再評価時期決定の権限を環境大臣に賦与したほか、非居住用資産への分割納税方法の拡大と累進超過課税の緩和、住宅・事業混合資産や養漁場への減免措置など一種の企業減税が行なわれ、総じて地方団体課税権の抑制となった。定期的な資産再評価の廃止は、当時進行中の住宅課税廃止構想にからみ、また課税評価額の操作を通じ間接的に新包括補助金の支出削減効果を高めるためであったといわれる(27)。次に資本支出については、従来の起債許可制から各地方団体資本支出の総枠配分へと統制方法が変わり、投資内容・規格等細かな統制の緩和によって地方の裁量が増大した反面、それまで起債充当支出に限られた統制が全資本支出に拡大され、統制は実質的に強化された。そしてRSG改革では、従来の三要素が新包括補助金と「住宅レイト減税補助金」(Domestic Rate Relief Grant)の二本に組みかえられ、前者が新たな地方経常支出統制手段となるに到った。包括補助金による個別地方団体支出統制は80／81年度RSG運用の「暫定措置」から開始されたが、ここでは全面適用の初年度たる81／82年度を中心にその基本的メカニズムを素描しておくことにしたい(28)。

　新包括補助金の目的は、標準行政サービスの供給に必要な地方税率を均等化させるとともに、超過支出団体の支出抑制装置を設定することにあった。このため地方団体への配分方法は著しく変わった。初年度の場合、表3-6の如く、まず公共支出計画にもとづく対前年度比3.1％減の地方経常支出規模をベース

表3-6 レイト援助交付金算定の推移（イングランドのみ）

(単位：百万ポンド、%)

		1981/82年度				1982/83年度		1983/84年度		84/85年度
		当初決定	一次補正	二次補正	三次補正	当初決定	一次補正	当初決定	一次補正	当初決定
基 準 支 出 額		18,423	18,673	18,673	18,639	20,463	20,362	22,307	22,309	22,883
補 助 金 総 額		10,895	11,044	10,843	10,900	11,484	11,119	11,782	11,503	11,872
総 枠 補 助 率		59.1	59.1	58.1	58.5	56.1	54.6	52.8	51.6	51.9
内訳	特 定 補 助 金	1,447	1,470	1,470	1,470	1,662	1,675	1,911	1,913	2,143.5
	補 充 補 助 金	421	421	421	421	462	462	455	455	405.5
	住宅減税補助金	663	663	663	663	678	678	686	686	692
	包 括 補 助 金	8,364	8,490	8,289	8,346	8,682	8,304	8,730	8,449	8,631
	（補助金撤回分）			201	124		308		280	
構成比		%	%	%	%	%	%	%	%	%
	特 定 補 助 金	13.3	13.3	13.6	13.5	14.5	15.1	16.2	16.6	18.1
	補 充 補 助 金	3.9	3.8	3.9	3.9	4.0	4.2	3.9	4.0	3.4
	住宅減税補助金	6.1	6.0	6.1	6.1	5.9	6.1	5.8	6.0	5.8
	包 括 補 助 金	76.7	76.9	76.4	76.5	75.6	74.6	74.1	73.4	72.7

出所：Rate Support Grant (England) 1984/85による。

に基準支出額が算出されたが、そこには、従来の追加支出制限措置を継承して、年度中の物価・給与・年金上昇率の政府予測値による支出増加分が組みこまれた。従来と同様の「総枠配分方式」で補助金総額とRSG総額が決まり、住宅レイト減税補助金を控除した分が包括補助金総額となった。そしてこの総額は、地方団体にサービスを供給する特定機関への補助分を除き、各地方団体の支出総額（Total Expenditure. TE）と地方税収入査定額との差額を基準として、各団体に配分された。

課税評価額（Rateable Value）をRVとすれば、各団体への交付額は〔TE − RV × GRP (Grant Related Poundage. 補助金関連税率) × M (Multiplier. 乗数)〕である。このうちGRPはTEと「補助金関連支出」（Grant Related Expenditure. GRE）との関係によって変動し、GREに設けられた「超過閾」（Threshold）をTEが越えると支出増加に対するGRP増加率が上昇し、逆に限界補助率が低下する。GREは、主要行政目的ごとに測定指標（Indicators）を決め、その数量に地方団体種類別の単位費用を乗じて各団体の財政需要額を集計するものだが、全国平均1人当たりGREを10%越えた水準に超過閾が設けられ、GRE水準に必要なGRP（以下GRP*）が求められて、表3-7の如く、

表 3-7　団体別 GRP*、GRPt 配分（1981／82年度）

(単位：ペンス)

	GRP*	GRPt
非大都市カウンティ	116.92	134.80
非大都市ディストリクト	17.50	20.18
大都市カウンティ	24.72	28.50
大都市ディストリクト	109.70	126.48
大ロンドン（GLC）	17.27	19.91
ロンドン内部教育庁（ILEA）	57.14	65.88
ロンドン首都警察（MPA）	11.41	13.16
シティ・オブ・ロンドン	60.01	69.19
ロンドン内部区	48.60	56.03
ロンドン外周区	105.74	121.91
シリー諸島	134.42	154.98
イングランド	134.42	154.98

出所：CIPFA, *Financial General & Rating Statistics 1981/82* による。

　超過閾およびそれに対応する GRP（以下、GRPt）とともに、GRE のシェアに比例して大都市・非大都市地域別に各層の地方団体に分割された。問題は支出増加と GRP 上昇の関係であって、81／82年度の場合、超過閾以下の支出については支出増加10ポンドに対する税率上昇は5.6ペンス（1人当たり全国標準 RV178ポンドに対応）だが、超過閾以上の税率上昇は7ペンスとなった。図3-1はこのメカニズムに関する概念図であって、地方団体の1人当たり支出総額が超過閾を越えると GRP の勾配が高まる関係を示している。その結果超過閾以上の支出に対する限界補助率は低下するが、その度合いは上記公式から当然 RV の多い団体ほど強く、負の限界補助率の作用が加わって、大都市団体の立場は不利となった。同年度は、1人当たり RV が142ポンド以上の団体は超過閾以上の支出について、同178ポンド以上の団体は全支出水準について負の限界補助率が適用されたのである。

　新包括補助金の機構と機能を図3-2によって補足・再整理しておくことにしよう。包括補助金は、地方の実支出の如何に関係なく中央政府が査定する1人当たり標準支出需要の均等化に充当される「固定要素」(Fixed Element)

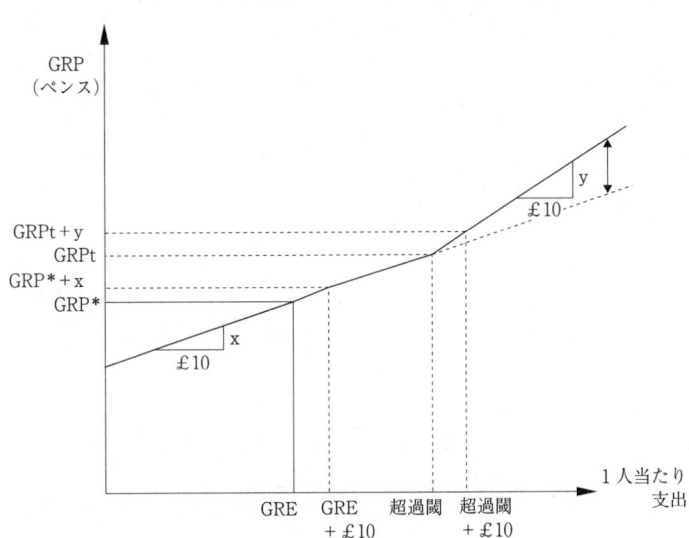

第3章　イギリスにおける地方財政支出統制の強化と地方財政自治の危機　73

図3-1　支出増加と GRP との関係（概念図）

出所：*Rate Support Grant*（*England*）*1984/85*より作成。
注：x, y＝支出10ポンド当たり GRP 増加額。

と、地方団体の支出水準および課税評価額の如何に依存する「可変要素」（Variable Element）からなり[29]、前者は旧 RSG の需要要素、後者は財源要素に対応するとされる[30]。1人当たり GRE にもとづく固定要素の場合 GRP はゼロであって、GRP と GRE の上記連動関係は可変要素にかかわっている。固定要素の水準（FE）は地方団体の種類により異なるので、図3-2では団体 B のほかに A、C 2団体を加え、RV 水準の相違が組み合わされている。1人当たり GRE の多い団体 A は同 RV 水準も高いため負の限界補助率による補助金減少が固定要素分までくいこんでいるのに対して、団体 C は1人当たり RV が多いものの全国標準以下であるため、超過閾以上の支出について負の限界補助率が作用し、団体 B は RV 水準が低くその作用をまぬがれている。このうち A はロンドン内部区のイズリントン、B は平均的な大都市カウンティ、C は西サセックスだとされるが、このモデルでは後述の支出目標額や補助金撤回などにからむ新たな制裁装置の作用は省かれており、大都市団体への影響はそ

図3-2　包括補助金の二要素および支出・課税資産(RV)水準と補助率低下との関係(概念図)

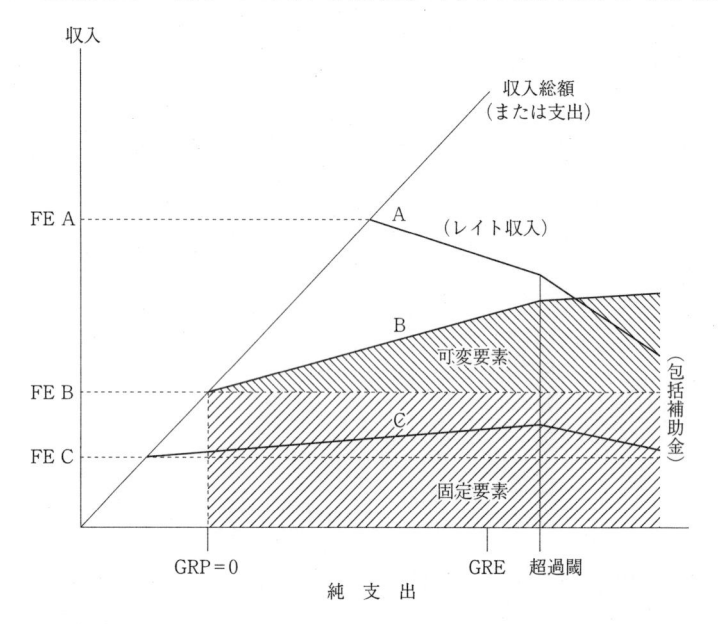

収入

収入総額
（または支出）

FE A ─────────── A
（レイト収入）

B
可変要素
（包括補助金）

FE B ───────
C

FE C ───────
固定要素

GRP＝0　　GRE　超過閾
純　支　出

出所：*Rate Support Grant (England) 1983/84* より作成。
注：固定要素と可変要素の関係は団体Bについてのみ示した。

れを加えて評価しなければならない。いずれにせよ、このようなGREの中央査定と超過閾以上の支出に対する補助率低下装置（'Tapering'）および負の限界補助率の適用こそ、個別地方団体支出統制手段の要であるといえよう。

　新包括補助金の機構については、なお二つの補足が必要である。第一は交付額算定における乗数の機能であって、1以下の乗数は地方税収査定額の切下げしたがって補助金交付額の増大をもたらし、1以上の乗数はその逆を意味する。81／82年度の乗数は、ロンドン内部区・外周区間の課税評価額均等化のために用いられたほか、補助率低下装置の作用にもとづく交付額減少を緩和する「安全網」（Safety Nets）および逆に交付額増加のシーリングを設定するために使用されたが、さらに運用の過程で超過支出団体からの補助金撤回にも利用されることとなった。第二は交付額再調整の問題である。前年秋のRSG当初決定

における交付計画額を翌年春の地方団体予算にもとづく交付算定額が超過する場合、均一税率の GRP 引き上げによる「減額調整」（Close-Ending）が行なわれるほか、二次・三次「追加報告」段階でも GRP 再調整を通じて補助金プール総額と交付総額の調整がはかられる。この措置もまた、補助金削減上重要な機能を担うものであった。

けれども、超過支出に対する包括補助金の制裁措置は以上に留まらない。個別地方団体統制への移行にともなう中央—地方政府関係の急速な悪化の下で、政府の地方支出削減目標はたえず破られ、その度に制裁が強化されて、いわば悪循環的な地方財政統制の強化が進行する。次にその過程を辿ることにしたい。

(2) 支出超過と制裁措置強化の悪循環

81/82年度地方団体経常支出予算額は、年度中改訂命令の後もなお政府目標額を大幅に超過し、政府は、GRP*一律4.92p（ペンス）引き上げの減額調整と同時に、超過支出団体の GRP*を9.03p 引き上げ、また支出10ポンド当たり税率上昇額を超過閾以下で5.6pから6pへ、超過閾以上は7pから7.5pへ引き上げる「補助金撤回」（Holdback）措置を導入した。これら GRP*増加分は GRP 配分と同じ方法で各層の地方団体に分割されたが、補助金撤回措置の適用は支出目標額超過の程度に応じて、全面適用（超過率4％以上）、60％適用（同2〜4％）、25％適用（同2％まで）の三段階が設けられた[31]。82年7月の地方財政法によってこの撤回権限が環境大臣に与えられ、補助金撤回は翌年度以降も「補助金減額」（Grant Abatement）として続けられた。

個別団体支出統制の下で、80年代イングランド地方団体経常支出予算の対前年度実質増加率はきわめて低い。表3-8のように、81/82年度は GLC 等ロンドンの地方税徴収委任（precepting）団体と大都市カウンティを除く諸団体が実質減少し、全体で2.6％の減少となったが、それ以降の諸年度も0.5％、1.7％、0.4％と実質増加率は低水準を保っている。この間平均増加率を越えたのは上記大都市団体とロンドン内部区だが、保守党の強い非大都市地域でも低率とはいえ増加傾向が続いたことは注目される。だが、こうした支出規模の停滞状況

表 3-8 地方団体経常支出予算の対前年度比増減率 (△減) (単位：%)

	81/82年度		82/83年度		83/84年度		84/85年度	
	実質	名目*	実質	名目*	実質	名目*	実質	名目*
ロンドン	△2.6	14.5	3.0	11.9	4.2	9.2	1.6	4.7
レイト徴収委任団体	1.0	19.1	8.5	21.8	6.4	14.4	2.2	6.4
内部区	△5.8	9.3	△1.5	4.5	5.1	7.4	3.9	5.9
外周区	△5.2	12.6	△1.6	4.8	0.7	3.5	△0.4	1.7
大都市地域	△2.0	12.6	△0.4	8.0	1.2	3.7	0.0	2.3
カウンティ	0.8	13.5	4.0	8.8	2.0	4.4	0.2	1.4
ディストリクト	△0.3	12.4	△2.0	7.7	0.9	3.5	△0.1	2.7
非大都市地域	△2.9	10.5	—	8.4	0.9	3.9	0.1	3.2
カウンティ	△2.3	11.3	0.5	8.8	1.3	3.7	0.5	2.6
ディストリクト	△7.4	5.8	△3.2	5.5	0.9	5.6	0.1	6.5
イングランド合計	△2.6	11.9	0.5	9.1	1.7	5.0	0.4	3.3

出所：CIPFA, *Finance and General Statistics* 各年度版より作成。
注：(1) *名目増加率は当該年度中の物価上昇分を加えた Cash Expenditure の総額に関する伸び率である。
　　(2) ロンドンのレイト徴収委任団体は、GLC、MP、ILEA 等である。

にもかかわらず、地方予算はたえず政府目標を超過し続けた。表3-9の如く、RSG当初決定時の地方経常支出規模に対して地方予算規模は毎年度3～5％台の超過となり、さらに地方団体の年度中物価等上昇見込額が政府予測を大幅に越えたため、目標額超過率は一層拡大した。諸制裁措置の下でなおこうした支出超過が続く事態に直面して、政府は制裁措置の強化をもって応じた。

その第一は地方経常支出目標額（Target）の強化である[32]。81/82年度は各団体とも78/79年度実支出額比5.6％減が目標額となったが、82/83年度は前年度各団体の最小規模予算額（Minimum Volume Budget. MVB）をベースとして、前年度の予算規模と目標額の対比、または82/83年度価格改訂後の前年度MVBと82/83年度GREの対比を行ない、各々支出予算の超過１％につき前年度MVB改訂額を0.2％減額し、逆に過少１％ごとに0.2％増額して目標額とした。減額の限度は１％、増額は７％以内との制約はあったが、要するに目標額設定上過少団体を優遇し、超過支出団体に厳しい歯止めをかけたのである。この差別的待遇は翌年度も明瞭であって、前年度「有効目標額」（同目標額またはGREの多額な方）超過率が１％以内の団体は前年度予算額＋４％、

第3章 イギリスにおける地方財政支出統制の強化と地方財政自治の危機　77

表3-9　RSG決定時点での地方経常支出額に対する地方団体予算の超過状況

(単位：百万ポンド、％)

		地方団体経常予算総額* ①	年度中物価上昇見込額* ②	実支出見込額 (Outturn) ①+②	(参　考) 基準支出の超過額、率
81/82年度	超　過　額 超　過　率	899 5.6%	508 46.7	1,407 8.2	1,710 8.7
82/83年度	超　過　額 超　過　率	787 4.3%	525 53.8	1,312 8.7	1,530 8.9
83/84年度	超　過　額 超　過　率	593 3.0%	291 33.8	884 4.2	780 3.0
84/85年度	超　過　額 超　過　率	816 3.9%	265 33.3	1,082 5.0	935 3.8

出所：CIPFA, Finance and General Statistics 各年度版より作成。
注：＊地方団体経常予算とRSG決定時の地方経常支出額の対比は、前年11月価格ベースによる。また物価上昇見込額の超過は政府予測と地方団体予測との相違にもとづく。

　超過率１％以上の団体は前年度「有効目標額」＋５％が83/84年度目標額となり、超過率が高いほど目標額は不利となった。そして、84/85年度にはさらに新たな差別措置が導入された。目標額は、(前年度のGREか目標額の高い方)＋2.5％となり、過少支出団体の目標額増加限度は前年度予算額に対し３％、超過支出団体の最高限減少率は同６％となったが、前年度予算額等については幾つかの調整が加えられた。この調整の一環として、前年度予算額が目標額より２％以上低かった団体は同予算額を目標額過少２％で算定するものとしたから、支出過少率の大きい団体は目標額の増額算定上有利になった。110団体がその恩恵に浴したが、内訳は非大都市カウンティ107団体、大都市ディストリクト２団体、ロンドンのバラ１団体であり、受益は保守党系の地方団体に集中した[33]。最大の受益者は、82年地方選挙以降保守党の支配する大都市バーミンガム市である。

　第二は、差別的な「補助金減額」措置の強化である。82/83年度は支出予算額が有効目標額以下の団体は免除する一方、支出超過率５％まで１％ごとにGRP＊を３ｐ追加し、追加限度を15ｐとしたが、翌83/84年度には初めの支出

超過2％まで1％ごとに1p、それ以上は1％超過ごとに5pを無限に追加することとなり、全補助金を撤回される団体もありうるようになった。だが同年度に2％超過をのんで目標額を無視する団体が多かったとの反省から(34)、84／85年度は無限の補助金減額方式を継続しつつ、初めの3％およびそれ以上の支出超過に対する税率追加額を拡大した。しかも、一端適用されるとその分が税率に組みこまれ次年度以降の制裁効果が一層厳しくなるという「ラチェット効果」(35)が強調された。以上の税率追加額は全国値であって、乗数により各層の地方団体に分割されるが、いずれにせよ、このような支出目標額と補助金減額を通じる二重の差別的制裁の強化は、超過支出団体に苛酷な統制を収れんさせるものであった。

　第三は限界補助率低下装置の強化である。表3-10のように、支出増加税率コストは81／82年度補助金撤回措置の引き上げ額が翌年度以降のベースとなり、また負の限界補助率の適用基準たる1人当たり課税評価額も82／83年度以降引き下げられ、適用団体が増加した。負の限界補助率は過少支出団体でも適用されるが、超過支出団体の場合には超過閾を境とする支出増加税率コストの相違と補助金減額措置が相互に作用して補助率は複雑になり、84／85年度は理論上八通りの限界補助率が存在するうえ、目標額超過1％以上では正の限界補助率はありえないこととなった(36)。また82／83年度以降、地方団体自らの責任にもとづく補助金減少には「安全網」が適用されず、補助金増額(ゲイン)へのシーリングも撤廃されるなど、補助金増減緩和措置についても差別的な修正が行なわれた。

　では、これら差別的制裁の強化にもかかわらず支出目標額の超過が続いたのは何故であろうか。80年地方法体制下の中央―地方政府関係の急速な悪化、特に深刻な都市問題を抱える労働党系大都市団体の反撥は、むろんその一因だが、ギブソンはむしろ包括補助金政策の内部矛盾を指摘している(37)。「目標額」の支出水準に必要な地方税増徴規模が物価上昇率や地方経費増加率以上であれば目標額や制裁措置はタフだったことになるが、81／82年度RSG当初決定の場合、物価上昇率12％に対し地方税増加率は0.9％にすぎなかった。つまり、目

表3-10 GRE、GRP の全国値および支出増加税率コストの推移

	単位	年度			
		81/82	82/83	83/84	84/85
1人当たり GRE	ポンド	366.0	398.45	410.98	424.84
〃　　超過閾	〃	402.6	438.29	452.08	467.32
GRP*（GRE レベル）	ペンス	134.42	151.37	160.00	169.44
GRPt（超過閾レベル）	〃	154.98	175.22	184.66	194.93
支出増加の税率コスト					
超過閾以下 (x)	〃	5.6	6.0	6.0	6.0
〃　以上 (y)	〃	7.0	7.5	7.5	7.5
負の限界補助率適用基準					
全支出水準	ポンド	178	167	167	167
超過閾以上	〃	142	133	133	133

出所：*Rate Support Grant (England)* 各年度版より作成。
注：(1) 支出増加税率コストは支出10ポンドに対するもの。
　　(2) 負の限界補助率適用基準は1人当たり課税評価額である。

標額は地方税負担の実質増加なしに達成可能な水準であり、地方団体の支出超過はむしろ当然であった。また83／84、84／85年度は前年度予算額が目標額のベースとなったため、多くの団体は翌年度をみこして目標額以上の予算を組んだという。ギブソンは、元来遥かに厳しい目標額と制裁措置が直接的支出統制方法に不可欠だったにもかかわらず、政府が、地方税負担急増の回避、保守党系過少支出団体の優遇その他政治的理由から「滑稽なほどゆるい決定」をして包括補助金の支出削減効果を減殺し、自らの責任で直接的規制に失敗して、終には地方税規制の強化に向かうという自己矛盾をついたのである[38]。我々は次に、支出超過と制裁強化の悪循環の中で地方財政構造が悪化し、地方税統制が進行する、この矛盾の展開を追うこととしたい。

(3) 地方財政構造の悪化と地方税統制の進行

　個別地方団体支出統制の下で、80年代地方財政支出の地位は一層低下した。対 GDP 比率は70年代末の13％台から12％台へ、公共支出中の割合は28％から82／83年度25.6％へと下がり、特に後者のうち地方資本支出は5％台から2.6％

表 3-11　包括補助金の地域別団体別配分（イングランド）

(単位：%)

		1981/82年度					1982/83年度			1983/84年度			84/85年度
		当初決定	二次補正	三次補正	補助金撤回額の配分		当初決定	一次補正	撤回額の配分	当初決定	一次補正	撤回額の配分	当初決定
					二次	三次							
大都市地域	カウンティ	5.7	5.7	5.6	18.5	27.9	5.8	5.8	12.6	6.2	5.7	23.8	6.4
	ディストリクト	24.1	24.7	24.6	23.2	26.0	23.8	24.5	21.4	24.3	25.0	15.5	24.4
	計	29.8	30.4	30.2	41.7	53.9	29.6	30.3	34.0	30.5	30.7	39.3	30.8
非大都市地域	カウンティ	47.4	47.7	48.0	32.4	24.6	46.1	47.7	37.1	46.1	47.4	35.5	46.3
	ディストリクト	7.0	7.2	7.1	5.4	6.0	7.2	7.2	4.4	7.2	7.4	4.0	6.9
	計	54.4	54.8	55.1	37.8	30.7	53.3	54.9	41.5	53.4	54.8	39.5	53.2
ロンドン	G.L.C.	1.6	1.6	1.6	2.5	—	2.2	0.3	9.6	1.5	—	—	1.8
	I.L.E.A.	0.8	—	—	4.4	—	0.1	—	—	—	—	—	—
	首都警察	1.2	1.2	1.2	—	—	1.6	1.6	—	1.6	1.6	—	1.6
	内部区	3.6	3.5	3.6	5.0	2.8	3.9	3.8	4.5	4.1	3.8	11.4	3.8
	外周区	8.5	8.4	8.3	8.5	12.6	9.2	9.1	10.4	9.0	9.0	9.8	8.8
	計	15.8	14.8	14.7	20.4	15.4	17.1	14.7	24.5	16.1	14.4	21.2	16.0
シリー諸島		0.0	0.0	0.0	—	—	—	0.0	—	0.0	0.0	—	0.0
イングランド合計		100.0	100.0	100.0	100.0	100.0	100.0	100.0	100.0	100.0	100.0	100.0	100.0

出所：*Rate Support Grant* (*England*) *1984/85*より作成。
注：(1) 補正額の構成比は「補助金撤回」(Holdback) 後のものを用いて算出した。
　　(2) 特別都市対策事業対象団体のシェアは次の通り（カッコ内はHoldback後）。81／82：18.3%（18.6%）、82／83：18.5%（18.7%）、83／84：22.6%（22.6%）、84／85：22.4%。

へと低下した。また前掲表3-6の如く、RSG総枠補助率と包括補助金のシェアの低下が続き、経常会計収入構成においてはRSGの比率低下と特定補助金、地方税、使用料等の比率上昇が一層進んだ（表3-3参照）。だが、包括補助金の地域配分においては、70年代後半期とは異なる傾向が現われた。

表3-11は包括補助金の地域別団体別配分動向である。70年代末の水準に較べ、RSG当初決定ではロンドンのシェア低下が目立つ一方、大都市・非大都市地域の割合に大きな変化はないが、補助金撤回後の補正額では非大都市地域のシェアが当初分より増加するのに対し、ロンドンでは低下している。補助金撤回額の配分は毎年度6〜7割がロンドンと大都市地域に集中し、両地域では補助金配分割合よりも撤回額の配分率が高く、非大都市地域とは対照的である。表3-12は83／84年度の超過・過少支出団体の分布状況であって、ロンドンの61%、大都市地域の69%の団体が支出超過だったのに対し、非大都市地域は

第3章 イギリスにおける地方財政支出統制の強化と地方財政自治の危機 81

表3-12 1983/84年度超過・過少支出団体の分布状況（イングランド）

			ロンドン		大都市地域		非大都市地域		合　計	
			団体数	構成比	団体数	構成比	団体数	構成比	団体数	構成比
目標額超過	超過率	15％以上	3	8.3	0	—	0	—	3	0.7
		10〜14.99	1	2.8	0	—	3	0.9	4	1.0
		5〜9.99	6	16.7	7	16.7	9	2.7	22	5.3
		2〜4.99	5	13.9	14	33.3	43	12.8	62	15.0
		0.01〜1.99	7	19.4	8	19.0	52	15.5	67	16.2
	小　計		22	61.1	29	69.0	107	31.8	158	38.2
目標額レベル			6	16.7	4	9.5	89	26.5	99	23.9
目標額以下	過小率	0.01〜1.99	7	19.4	7	16.7	88	26.2	102	24.6
		2〜4.99	1	2.8	2	4.8	20	6.0	23	5.6
		5〜9.99	0	—	0	—	21	6.3	21	5.1
		10〜14.99	0	—	0	—	6	1.8	6	1.4
		15％以上	0	—	0	—	5	1.5	5	1.2
	小　計		8	22.2	9	21.5	140	41.7	157	37.9
合　計			36	100.0	42	100.0	336	100.0	414	100.0
団体数分布％	地方団体数		8.7		10.1		81.2		100.0	
	超過団体数		13.9		18.4		67.7		100.0	
	過少団体数		5.1		5.7		89.2		100.0	

出所：T. Travers: Spending figures-do they support or refute changes? *Local Government Chronicle* 1, July 1982 所収の表より作成。

32％にすぎない。制裁の厳しい2％以上の超過は大都市地域50％、ロンドン42％に対し、非大都市地域は16％であり、団体数分布欄でも超過団体のロンドン・大都市地域集中と過少団体の非大都市地域集中傾向が明らかである。大都市に有利な70年代後半期のRSG配分から一転して、包括補助金の差別的制裁機構は大都市団体の財政に深刻な打撃を加えたのである[39]。表3-13はインナー・シティ問題を抱える大都市団体の一般財源支出、包括補助金交付額等の増減動向であって、旧RSG二要素よりも包括補助金交付額が減少し、支出とのギャップが拡大して一般財源支出に対する同補助金の割合が低下し、地方税徴収必要額が急増し続けている。バーミンガムのみは保守党支配に転じて以降この趨勢が弱まりつつあり、包括補助金運用の政治性が現われている。ともあ

表3-13 大都市団体における一般財源支出・包括補助金交付額・レイト徴収必要額の増減情況等

		増減指数（1980/81年度＝100）												一般財源支出に対する包括補助金の割合(%)		
		一般財源支出				包括補助金交付額				レイト徴収必要額						
		81/82	82/83	83/84	84/85	81/82	82/83	83/84	84/85	81/82	82/83	83/84	84/85	80/81	82/83	84/85
ロンドン内部区	ハックニー	108	130	136	142	96	100	101	97	152	167	185	211	73.7	56.7	50.7
	イズリントン	110	111	124	141	74	80	66	15	125	140	174	196	65.8	47.5	7.1
	ランベス	111	144	124	131	97	102	87	67	133	134	159	182	63.1	56.1	32.0
大都市ディストリクト	マンチェスター	116	115	120	122	90	81	75	70	137	153	167	172	56.9	40.5	33.0
	リバプール	114	119	126	―	86	86	86	―	120	141	152	―	67.2	48.4	―
	シェフィールド	122	128	135	135	82	76	72	72	139	164	181	190	65.3	38.6	38.9
	ニューカッスル	111	117	120	122	76	71	62	58	129	143	156	165	52.9	32.3	25.2
	バーミンガム	113	119	120	126	86	84	92	94	138	161	149	142	57.8	40.8	43.0

出所：CIPFA, *Financial, General & Rating Statistics 80/81, 81/82*および、同じく*Finance and General Statistics 82/83, 83/84, 84/85*より算出。
注：(1) レイト徴収必要額はカウンティ等の委任徴収分をふくむ。
　(2) 包括補助金増減指数は、80/81年度 RSG 財源・需要要素との対比である。包括補助金交付額は当初決定分でなく、地方団体予算上の予定額を用いた。したがって補助金減額やロンドン内部財源均等化措置等の影響がふくまれている。
　(3) 包括補助金の一般財源支出に対する割合は、ディストリクトおよびバラのレイト・補助金充当支出に対するものである。

れ、この補助金削除にともなう地方税負担の増大こそ、80年代地方財政問題の焦点といえよう。

　表3-14は、イングランド諸地域の地方税負担等の増加状況である。地方税徴収必要額が急増しても、資産再評価の見送りや地域経済の停滞から課税評価額はふえず、住宅資産のシェアも変わらぬまま、平均住宅レイト税率が急上昇している。この税率は住宅減税措置後の数値だが、減税額は75/76年度以来すえおきのままなので、非居住用資産税率との差も縮小している。80/81〜84/85年度間の住宅税率上昇は、非大都市地域の50％ポイントに対して、ロンドン内部区は2倍、同外周区および大都市地域は、約70％ポイントと、やはり大都市圏で急激であり、非大都市地域との税率格差は急速に拡大した。また資産当たり平均納税額では、居住用・非居住用資産ともに、初年度はロンドンと大都市地域の増加が急速であったものの、2年目は非大都市地域でも増加率が高まり、その後はロンドン内部区を除き、やや平準化の様相をみせている。大都市圏の地方税負担が限界に近づきつつあることを示すものであろうか。

第3章 イギリスにおける地方財政支出統制の強化と地方財政自治の危機 83

表3-14 レイト納税負担の増加状況（イングランド）

		年度	単位	ロンドン 内部区	ロンドン 外周区	大都市地域	非大都市地域	全団体
1人当たり課税評価額の対前年度増加率		81／82	％	0.7	0.7	0.4	△0.7	△0.3
		82／83	〃	6.6	1.7	2.7	1.8	2.1
		83／84	〃	△0.04	0.4	0.5	1.2	0.9
		84／85	〃	2.9	1.0	0.7	0.9	E 1.0
居住用資産の割合		81／82	％	25.9	55.6	49.5	54.2	48.9
		82／83	〃	26.0	55.5	49.4	54.1	48.8
		83／84	〃	25.9	55.4	49.5	53.9	E 48.7
		84／85	〃	25.9	55.4	49.5	53.8	E 48.7
平均住宅レイト税率（対資産1ポンド）		80／81	ペンス	94.19	91.16	108.40	99.60	99.78
		81／82	〃	131.81	119.11	137.97	111.49	119.73
		82／83	〃	149.33	135.42	165.32	132.18	140.96
		83／84	〃	171.86	148.21	173.58	139.76	E 150.29
		84／85	〃	187.18	154.94	182.17	149.40	E 159.80
資産当たり平均レイト納税額の対前年度増加率	居住用資産	80／81	％	37.3	27.3	31.0	25.6	28.0
		81／82	〃	36.5	30.5	26.7	12.0	19.5
		82／83	〃	9.7	12.9	16.6	16.1	15.4
		83／84	〃	15.4	9.6	5.6	6.3	E 7.3
		84／85	〃	9.2	4.6	5.4	7.4	E 6.7
	非居住用資産	80／81	％	27.0	22.0	24.0	20.0	22.0
		81／82	〃	26.3	25.9	23.3	10.1	16.9
		82／83	〃	10.0	10.5	13.9	13.6	12.3
		83／84	〃	11.3	8.2	4.5	5.0	E 6.2
		84／85	〃	5.5	4.2	4.4	6.1	E 5.4

出所：表3-13に同じ。
注：(1) 平均住宅レイト税率は減税措置適用後のものであって、非居住用資産の方が税率は高い（例：84／85年度大都市地域202.13）。
(2) 全団体欄のEはイングランドを指す。他はイングランドおよびウェールズについての数値である。

　こうした状況の中で地方税率上昇をさけるには、支出削減しかないであろう。超過支出を重ねたとはいえ、地方団体はその努力を続けており、表3-15のように、79年3月から82年12月にかけて教育、建設、ゴミ収集その他の行政分野で教員・事務職・現業労働者など約11万人の常勤職員が減少し、警察・社会サービス・住宅などの増員と合わせて、約9万人の純減少となった[(40)]。地域別にみると、最も減少率が高いのは非大都市カウンティだが、ロンドンや大都市地域も減少数の半分以上を占め、常勤の減員をパートで補うケースがある一

表3-15 地方職員減少数の分野別・都市団体別状況（1979年3月〜1982年12月）

行政分野別				都市団体別の例			
	常勤職増減数	減員構成	増減率		常勤職		パート増減率
					増減数	増減率	
	千人	%	%		人	%	%
教育 ┌ 教師	△28.4	25.3	△4.9	G L C	△6,443	△23.8	△15.2
└ 事務職	△46.7	41.6	△10.8	I L E A	△1,209	△2.9	2.8
社会サービス	7.1	—	3.4	ハックニー	424	7.9	△7.5
建　　　　設	△18.6	16.6	△13.7	イズリントン	205	4.5	10.0
警　　　　察	10.2	—	9.2	ランベス	599	7.8	△23.8
余 暇 ・ 公 園	0.2	—	0.3				
住　　　　宅	3.8	—	7.7	マンチェスター	△4,417	△15.7	△16.3
ゴ ミ 収 集	△5.9	5.3	△11.9	リバプール	△683	△3.1	△0.5
そ の 他	△12.6	11.2	△2.7	シェフィールド	9	0	6.6
				ニューカッスル	719	△5.5	2.1
計	△90.9	100.0	△4.3	バーミンガム	△4,672	△13.3	△11.7

出所：'Local Government De-Manning'. *Public Money*, June 1983より作成。
注：減員構成比は減少数合計112.2に対するものである。

表3-16 地方経常支出構成の推移 （単位：百万ポンド、%）

	1981/82年度		1982/83年度		1983/84年度		84/85年度
	当初決定	決算	当初決定	決算見込	当初決定	決算見込	当初決定
	%	%	%	%	%	%	%
教育（給食をふくむ）	51.5	50.9	51.1	50.3	47.9	49.3	48.0
図書館・美術館・博物館	1.6	1.8	1.7	1.8	1.6	1.8	1.6
対人社会サービス	9.6	10.3	10.3	10.3	10.3	10.5	10.6
法・秩序関係費	15.3	14.8	15.3	15.0	15.3	15.3	15.7
地方交通・輸送	7.9	8.8	7.9	9.1	7.4	9.3	7.6
環境サービス	13.0	12.3	12.6	12.2	11.9	12.5	11.7
住宅費（住宅事業会計以外）	0.5	0.5	0.5	0.5	0.4	0.6	0.4
住宅給付	—	—	—	—	—	—	0.4
その他	0.6	0.6	0.6	0.6	*5.2	0.6	*3.9
合　計	100.0	100.0	100.0	100.0	100.0	100.0	100.0

出所：*Rate Support Grant（England）1984/85*より作成。
注：*の「その他」には、当初決定における配分留保分がふくまれる。

方、常勤の増員をパート減員でカバーするパターンがロンドン内部区で目立つ。この地方職員減少動向は、公共施設の維持管理や清掃作業等に関する政府の民間委託政策とも関連しており[41]、地方経常支出構成においても、表3-16の如

く、教育や環境サービスなどの構成比が低下している。また、経常支出外の基準支出項目の中で、住宅事業会計、直営労働組織および特別資本基金等への繰出しが減少しているのも重要な変化といえよう。

だが、これら支出削減とは逆に、79年以降の失業者激増と社会不安増大の中で対人社会サービスや法・秩序関係費は増加せざるをえず、また公共住宅の建設抑制と売却政策にもかかわらず大都市地域中心部の老朽住宅維持・再生の要請が増大し、経常部門の住宅費は減少させえない。建設・教育部門をふくめ地方職員数は今後むしろ増加に転じるのではないかとも推測されている[42]。各種の都市問題対策を抱えかつ1人当たり行政コストの高い大都市団体にとって、政府の支出削減目標は対応の限度を越え、地方税率の急上昇をよぎなくされたのだといえよう[43]。

大都市の高率な支出超過と地方税率の急上昇に直面して、政府はついに地方税統制強化の道を選んだ。その第一段階は81年10月の地方財政法案(第一次)[44]である。包括補助金初年度の誤算と混乱の中で、政府は地方税増徴につき住民投票による納税者の同意を義務づけ、同意なき場合の借入れ財源を環境大臣の特別監督下におこうとした。だがこの法案は多くの反対により翌月撤回され、翌12月に、年度中の地方税追徴禁止と環境大臣への補助金撤回権限の賦与をもりこんだ第二次法案が上程され、翌年7月に成立した[45]。またこれと併行して政府は、81年11月にグリーン・ペイパー「住宅レイトの代替財源」[46]を発表し、すでに74年総選挙直後にシャドウ内閣環境大臣サッチャー女史が公約していた住宅レイト廃止構想を具体化させた。この改革案は、地方団体の支出および地方税負担抑制のため中央政府の影響力増大が不可欠であり、地方税制度の支出抑制力が弱い場合には地方団体の収支に対する法的規制も必要になりうる、との基本認識にもとづいていた[47]。しかし、82年3月に始まる下院環境委員会の審議においては、地方団体諸協会や研究者からの厳しい批判・反論とともに、レイフィールド報告の「地方責任型」構想の流れをくむ対案も提出された。個人・企業等納税者の負担は不変のまま、非居住用資産課税は中央に移管し補助金を削減する一方、住宅レイトは存続させつつ地方所得税を新設

し、地方財政の自主性を強化する構想である[48]。源泉徴収制度の扱いをめぐる見解の相違はあるものの[49]、地方所得税導入は地方自治擁護論者に共通の主張であった。これら批判・対案続出の中で、政府は当面住宅レイト廃止を断念せざるをえなくなった。だが、保守党は83年6月総選挙において二つの地方行財政対策を公約し、政府は同年8月および10月発表の白書「地方税」[50]および「都市の簡素化」[51]にそれらを具体化させた。前者は'Rate Capping'とよばれる地方税統制案であり、後者はGLCおよび大都市カウンティ廃止構想である。

　白書「地方税」は、超過支出の主な責任が少数の高額支出団体の行政非効率と高水準のサービス供給にあるとし、これら団体に法定最高制限税率を賦課して超過課税を禁じ、また必要に応じて他団体への一般的な地方税増徴規制をも行ないうるものとした。高額支出団体の場合、2年計画の初年度に対象団体を選定して次年度の支出水準と最高税率を決定し、団体の選定はGRE超過の程度を基準とするほか、最近の支出増加動向、支出目標額に対する成績、人員および地方税率の水準などを加味することとした。対象団体は適用の猶予を申請できるが、それが認められても支出抑制計画について環境大臣の監督規制下におかれる。一般的な地方税規制の場合には、全団体または団体の種類ごとに支出水準が決定される。同白書はまた、資産再評価の必要を認めながら80年代末まで住宅資産再評価は不可能とする一方、事業用資産については事業者との事前協議や地方団体の遊休資産課税権の撤廃など重大な改革を提起した。だが最も重大な論点は、この地方税統制の論拠として、補助金充当以外の支出は地方納税者に決定権があるという地方財政責任論を否定し、地方団体の行動は国家の経済社会政策つまり中央政府決定の枠内にあるべしと主張したことであろう[52]。地方団体側はRate Cappingに対し保守党系の地方団体協会をふくめて激しい反対運動を展開したが、この論戦の渦中で環境大臣は、単一国家の「地方自治は国家の一部」であり「政府指針の枠内において可能な限りの地方自治」こそ望ましいとの表明[53]をくりかえしたのであった。

　だが、84年6月新地方税法はついに成立し、7月末には85／86年度RSG決

第3章　イギリスにおける地方財政支出統制の強化と地方財政自治の危機　87

表3-17　Rate Capping　適用18団体の支出超過率等

	84/85年度GRE超過率	84/85年度目標額超過率	85/86年度支出水準 (百万ポンド)
ロンドン内部教育庁	73.17	15.63	900.36
大ロンドン (GLC)	80.90	65.65	785.233
グリニッジ	79.16	16.20	66.584
バジルドン	70.62	17.23	13.662
ブレント	21.05	5.11	140.021
カムデン	86.44	16.36	117.429
ハックニー	40.79	4.92	82.315
ハリンゲイ	34.15	6.10	128.658
イズリントン	49.86	22.21	85.564
ランベス	46.89	12.83	113.558
レスター	27.72	4.94	24.392
ルイシャム	60.70	6.99	79.301
マーシーサイド	23.78	8.72	205.180
ポーツマス	34.57	5.26	16.751
シェフィールド	21.13	4.68	216.573
サウスウォーク	51.91	16.79	108.437
南ヨークシャー	66.72	6.31	178.291
テームズダウン	90.26	5.05	14.199

出所: *Local Government Chronicle*, 27, July 1984による。

定とともに適用18団体も発表された。前年度の支出規模1千万ポンド以上、GRE超過率20％以上、かつ目標額超過率4％以上の団体である。適用団体は85／86年度予算を前年度水準に凍結したうえ新年度物価上昇見込分4.25％の支出削減を求められるが、ワースト3団体の予算は前年度比3％カットとなった[54]。単年度実質削減率は5％程度と環境大臣は言明したが、対象団体が制裁回避に利用した特別基金による支出が予算額査定外となるため、現実の削減率は12〜20％になるといわれる[55]。表3-17のように、ワースト3団体をふくめ多くはロンドンの諸団体であり、他は二大都市カウンティ、4ディストリクトであって、ポーツマスを除き労働党系の大都市団体に集中している。

しかも、GLCおよび大都市カウンティの場合には、その廃止を求める「地方政府（暫定条項）法案」[56]が審議中である。これら大都市団体を解体して、地域計画・交通・ゴミ処理・文化スポーツ施設・歴史的建物等の行政機能をバ

ラとディストリクトに降ろし、警察・消防・教育・交通などは広域連合機関（joint board）で運営するという白書「都市の簡素化」の構想は、大都市制度の存在意義の消滅を第一の理由に挙げながら、これら団体の著しい超過支出と税率急上昇の弊害を強調しており、政府の支出削減政策に対抗する労働党系大都市団体への政治的制裁という性格を帯びている。地方団体関係者の多くは、大都市の現実を無視し地方自治の後退とディストリクトの財政困難を増大させるものと批判を続けているが[57]、近年の中央—地方間の政治的力関係からみて楽観はできない。いずれにせよ、80年地方法体制下の個別地方団体財政統制は、最大の抵抗を示した大都市団体の地方税統制と制度改廃に矛盾を収れんさせつつ、イギリス地方自治の根幹をゆるがすに到ったといえよう。

4 地方財政自治の危機と再生の課題

70年代後半期労働党政府のRSG規模抑制に通じる地方経常支出総額の間接的統制から、サッチャー政権下の包括補助金による個別地方団体支出直接統制への転換は、支出超過と制裁強化の悪循環の中で地方税統制を招来し、課税自主権と地方税収充当支出の自主決定権という伝統的なイギリス地方財政自治の基礎を掘り崩した。この過程における中央政府の至上命題は地方経常支出の削減であり、労働党系大都市超過支出団体の処罰であった。だが、85／86年度RSG決定には目標額の緩和という注目すべき変化が現われた。前年度の対GRE過少支出団体は前年度GRE＋3.75％、同超過支出団体は前年度目標額＋3.75％が85／86年度目標額となり、物価上昇率以上の増加は抑えられたものの、対前年度比予算増56％の過少支出団体すら生まれる一方、高額支出団体の目標額も緩和され、全体として目標額が地方予算水準に接近した。だが制裁措置は、最初の1％超過は7p、2％目は8p、3％目以上は1％ごとに9pの追加となり、前年度よりも強化された。この変化についてトレイバーズは、政府が支出削減のための統制よりむしろ支出統制そのものを求めるに到ったのだと評している[58]。

この変化の意味は重要であろう。政府はこの措置により過去数年間の目標額

の不合理を認めたことになるが、その緩和という現実的妥協をはかって多くの地方団体支出を政府指針の枠内に留めれば、集権的な地方自治の体制は前進しうるのである。85/86年度の総枠補助率は48.8％へとさらに低下した。地方税率統制後は特定補助金依存の圧力がさらに強まり[59]、包括補助金のシェアはなお低下するであろう。地方税統制の強化、包括補助金の制裁強化および特定補助金の機能増大によって、中央政府による地方団体経常支出統制の必要条件は確保され、他方で新たな資本支出統制はすでに効力を発揮している。地方政府の収支がほぼ中央政府の統制装置の射程圏内に収まったという意味で、イギリス地方財政は新たな段階に入ったといえよう。いうまでもなくそれは「中央責任」型財政制度の発展であり、地方財政責任の大幅な後退である。

だが、政府の集権的統制政策への批判はその後も活発に展開され、注視すべき動きが現われている。その第一は、保守党政府の設立した監査委員会が、84年8月の報告において包括補助金の矛盾と弊害を指摘し、個別統制の緩和を求めたことである[60]。同報告は、包括補助金が、地方団体の財政需要と財源を反映する配分方法の確立、支出総額の統制、個別団体の超過支出の抑制、地方税率上昇の抑制という四つの異なる目的を与えられながら、現実には財政需要と財源の査定方法が実態に合わず、過去の実績ベースの目標額が補助金増額を図る団体の支出を却って助長し、さらに目標額とGREのギャップの拡大や複雑な配分方法の理解困難によって深刻な混乱が生じていると批判し、その改善策を提唱した。すなわち、補助金運用の3年計画化、地方税課税資産評価方法の改善、財政需要査定方法の簡素化、RSG関連支出総額抑制による間接的地方支出削減方法への転換、支出目標額の廃止、年度中補助金額調整の廃止、包括補助金財源配分上の細かな干渉の排除、などである。包括補助金制度に対する全面的な批判といえよう。同委員会はまた、最も財務管理の優れた団体としてRate Capping対象団体のシェフィールド市を挙げ、波紋をさらに広げた[61]。

第二は84年地方選挙の結果である。新地方税法成立直後7～8月の地方選挙において、保守党は5団体維持、2団体獲得、11団体喪失と計9団体純損失の敗北だったのに対し、労働党は純増4団体、自由党は純増7団体、社会民主党

も純増2団体と野党が大勝し、保守党への批判増大が明らかとなった[62]。これら党内批判や党勢減退の動向は、サッチャー政権の集権化政策の基盤が新地方税法成立の後も不安定であることを示すといえよう。

けれども、地方団体をめぐる政治状況の流動化は労働党内部にも生じている。法定地方税率を拒否した同党支配下のリバプール市に対して、シャドウ内閣担当相が環境大臣との仲裁に入り法定税率設定に結着させて以降、新地方税法の撤廃と支出目標額および制裁措置の廃止を要求する労働党系 Rate Capping 対象団体と、現実的対応を求める労働党指導部との対立が表面化した[63]。労働党内の不統一は、自由党、社会民主党との関連をふくめて、反集権化勢力の団結の難しさを物語る。しかもジョーンズらによれば、左右を問わず地域内外の政治的党派的集団の動きが地方団体政策決定の焦点となり、伝統的な委員会制度の機能が弱まりつつあるなど[64]、地方団体の運営にもこれら政治状況の影響が及んでいる。

わずか10年足らずの短期間にかくも急速な集権化を進展させた地方財政統制は、石油ショック後の経済危機に対する公共支出抑制政策から出発した。インフレ対策の結果高失業率が定着して経済の矛盾が深化し、また集権化政策の政治的基盤の不安定にもかかわらず反集権化勢力の不統一が続く状況の下で、地方財政自治再生の道は未だけわしい。けれども、地方自治のあり方をめぐる中央―地方間の攻防戦は、今後もイギリス経済の再生＝国民経済管理の方法と深くかかわりつつ展開され、その中で地方責任型財政構造や行政機能配分・運営機構の民主的改革を求める運動もねばり強く続けられるに違いない。80年地方法、82年地方財政法、84年地方税法と地方団体側の抵抗が押し切られるたびに、その政治的対抗力の弱さの基盤として、上下両院のみならず政党・マスコミ・国民大衆における地方政府・地方自治・地域問題への敬意と関心の低さが指摘されてきた。この認識は政治的立場の如何を問わず、地方団体関係者に共通する[65]。この状況を打破し、民主的地方自治の国民的基盤を構築することが、集権化に抗する地方政府の課題だといえよう。

〔追記〕

　GLC および大都市カウンティ（MCCs）廃止の法案は84年12月に下院、翌年7月に上院を通過し、これら団体は86年3月末をもって廃止されることになった（この大都市制度改廃をめぐる諸問題については、N. Flynn, S. Leach, C. Vielba, *Abolition or Reform,* George Allen & Unwin, 1985を参照）。同時に86／87年度 RSG 決定において、Target と補助金撤回（減額）のペナルティが除去される一方、超過閾と補助率低下装置が大幅に強化された。従来の GRE 超過率10％レベルの超過閾に加え、5％超過レベルの超過閾が新設され、後者までの支出10ポンド当たり税率上昇は11p(ペンス)、両超過閾間では13p、GRE 超過10％以上は15pとなった。前年度の超過閾以下6.9p、超過閾以上8.625pと較べ飛躍的な上昇である。GLC・MCCs 廃止とともに包括補助金本来の制裁機構を強化したものといえよう（"New grant system benefits counties", *Local Government Chronicle*, 2 Aug. 1985, p. 869参照）。だが、85年4月に方針が発表され86年初め政府白書 *Paying for Local Government* に具体化された住宅レイトの廃止と人頭税（a Community Charge. 成人1人当たり均等割）の導入、中央政府による均一税率の営業用資産課税と税収の地方譲与（成人数にあん分）および地方附加税率の賦課の構想においては、補助金も大幅に簡素化されて財源均等化機能が後退し、支出需要の均等化が主な機能になろうと伝えられる（T. Travers, "Two views of the government's rates intention", *Local Government Chronicle*, 7 Feb. 1986, p. 152）。中産階級や企業の地方税負担増大への抵抗を背景として、納税者と投票者のリンクの強化による地方財政責任の強化を標榜するこの改革構想は、80年代後半期のイギリス地方財政改革をめぐる最大の争点となりつつある。その中で、包括補助金もまた重大な転機にさしかかっているといえよう。

（1）　高橋誠『現代イギリス地方行財政論』有斐閣、1978年を参照。
（2）　*Local Government Finance, Report of the Committee of Enquiry, Chairman F. Layfield,* 1976. HMSO. Cmnd. 6453.

（3） *Local Government Finance*, 1977. HMSO. Cmnd. 6813.
（4） *Local Government Planning and Land Act 1980*. HMSO.
（5） 高橋誠・前掲書を参照。
（6） C. D. Foster & R. Jackman, "Accountability and Control of Local Spending", *Public Money*, Sept. 1982, p. 11.
（7） *Local Government Finance*, Cmnd. 6453, p. 301.
（8）（9） 小林昭「地方財政支出統制と新ブロック・グラント」『市民社会の思想』水田洋教授退官記念論集、御茶の水書房、1983年（本書第1章）を参照。
（10） T. Travers, "The Block Grant and the Recent Development of the Grant System", *Local Government Studies*, vol. 8, No. 3, May/June 1982, pp. 13-14.
（11） この項の論述は主に次の論文に負う。前掲の拙稿をも参照。R. Greenwood, "The Politics of Central-Local Relations in England and Wales 1974-81", *West European Politics*, vol. 5, No. 3, July 1982.
（12） この時期の地方財政構造の変化については次の二論文をも参照。高橋誠「イギリス『1980年地方政府法』の財政的意義」『経済志林』第49巻3号、1981年、同「イギリス地方財政の現状分析」岩元和秋編『現代日本の地方財政』有斐閣、1982年。
（13） *Local Government Finance*, Cmnd. 6453, p. 153, pp. 259-260.
（14） C. D. Foster, "How to Arrest the Decline of Local Government", *Public Money*, June 1981, p. 31.
（15） C. D. Foster & R. Jackman, *op. cit.*, p. 11.
（16） インナー・シティ政策とその実態については次の論稿で紹介した。小林昭「英国地方財政制度の新たな展開と英米両国のインナー・シティ問題をめぐる諸動向」北陸経済調査会『北陸経済統計月報』No. 231. 1983年4月。
（17） 高橋誠・前掲書、228ページ。
（18） S. Kennett, *Local Government Fiscal Problems*. S. Kennett, *The Inner City in Context of the Urban System*. (The Inner City In Context Series, No. 6. & No. 7., Social Science Research Council, 1980.)
（19） G. Cameron (ed.), *The Future of the British Conurbations*, Longmans Group Ltd., 1980. 所収のR. M. Kirwan論文およびP. M. Jackson, "Urban Fiscal Stress in the U. K. Cities. 1981". (第37回国際財政学会報告) を参照。
（20） R. Jackman & M. Sellars, "Why Rate Poundages Differ, the case of metropolitan districts", *CES (Centre for Enviromental Studies) Review*, No. 2, Dec. 1977.

(21) P. Lawless, *Britain's Inner Cities*, Harper & Row Publishers, 1981, p. 105.
(22) 中谷武雄「サッチャー政権の『実験』」島恭彦・池上惇他編『行政改革』青木書店、1982年参照。
(23) さしあたり次の文献を参照。G. Gyford & M. James, "The Development of Party Politics on the Local Authority Associations", *Local Government Studies*, vol. 8, No. 2, March/April 1982.
(24) 同法の批判的検討として、J. Raine, T. Mobbs & J. Stewart, *The Local Government Planning and Land Act, 1980 in Perspective*, Institute of Local Government Studies (INLOGOV), Dec. 1980. を参照。
(25)(26) 前掲、高橋誠「イギリス『1980年地方政府法』の財政的意義」を参照。
(27) J. Raine, T. Mobbs & J. Stewart, *op. cit.*, p. 4.
(28) 前掲、小林昭「地方財政支出統制と新ブロック・グラント」をも参照されたい。以下、出典はそれにゆずる。
(29) Local Authority Associations (ACC, AMA, ADC, LBA, GLC), *Rate Support Grant (England) 1983-84*, pp. 85-86.
(30) R. J. Bennett, *Central Grants to Local Governments*, Cambridge Univ. Press, 1982, pp. 113-114.
(31) *Rate Support Grant (England) 1982-83*, pp. 103-106.
(32) 各年度 *Rate Support Grant (England)* の Target に関する記述にもとづく。
(33) *Rate Support Grant (England) 1984-85*, p. 38.
(34)(35) *Ibid.*, pp. 39-40.
(36) *Ibid.*, p. 37.
(37) J. Gibson, "Local 'Overspending'; Why the government have only themselves to blame", *Public Money*, Dec. 1983, pp. 19-21.
(38) Target と Penalty の設定方法の矛盾から支出抑制機能が有効に働かず、保守党系地方団体はむしろ限度いっぱいまで支出を増加する傾向があるとの指摘は、次の論稿にもみられる。J. Gretton & P. Gilder, "Local Authority Budget 1982: responding to incentives", *Public Money*, Dec. 1982, pp. 45-51.
(39) 限界補助率低下装置や補助金撤回措置など包括補助金制裁機構の大都市財政に対する作用については、小林昭「イギリスの都市財政――地方財政統制の強化と大都市財政」柴田徳衛編『都市経済論』有斐閣、1985年（本書第2章）をも参照。
(40) T. Travers, "Local Government De-Manning", *Public Money*, June 1983, pp. 63-67.

(41) 83/84年度実態調査（地方団体の69％対象）によれば、民間委託の実施または検討中の団体は前年度より半減し、実施団体数はカウンティ10団体、ディストリクト24団体、そのほとんどが保守党系であり、対象はゴミ収集から校舎等の清掃などに移っている（LGC's Privatisation Survey 1983-84. *Local Government Chronicle*, 22 June 1984, pp. 703-708, p. 711)。

(42) T. Travers, *op. cit.*, p. 65. 但し1984年6月の調査では地方職員数は1年前より1050人減少した（*Local Government Chronicle*, 5 Oct. 1984, p. 1102)。

(43) 大都市団体の超過支出は、保守党政府への政治的対抗によるというより、各団体の長期的構造的な支出要因にもとづくとの分析結果が出ている。S. Bailey & J. Meadows, "High Spending Cities: an historical perspective", *Public Money*, June 1984, pp. 21-26 を参照。

(44) *Local Government Finance Bill*, 1981.

(45) *Local Government Finance Act 1982*, 13th July 1982.

(46) *Alternatives to Domestic Rates*, Dec. 1982. HMSO, Cmnd. 8449.

(47) *Ibid.*, p. 3.

(48) Memorandum Submitted by Professor John Stewart: The Way Ahead for Local Government Finance. A Response to the Green Paper, Alternatives to Domestic Rates, Cmnd. 8449. by George Jones, John Stewart, Tony Travers. (*House of Commons Environment Committee, Session 1981-82, Enquiry into Methods of Financing Local Government in Context of the Government's Green Paper* (*Cmnd. 8449*), *Minutes of Evidence*, Tuesday 30 March 1982. HMSO, pp. 114-130.)

(49) R. Jackman が年末査定への改組を主張（下院環境委員会の上掲 *Minutes of Evidence*, Tuesday 2 March 1982) するのに対し、J. Stewart らは源泉徴収制度の存続を肯定する。

(50) Department of the Environment, Welsh Office, *Rate: Proposals for rate limitation and reform of the rating system.* August 1983. HMSO. Cmnd. 9008.

(51) Department of the Environment, *Streamlining the Cities: Government Porposals for Reorganizing Local Government in Greater London and the Metropolitan Counties.* October 1983. HMSO. Cmnd. 9063.

(52) *Rates*, Cmnd. 9008, p. 2.

(53) *Local Government Chronicle*, 9 Sept. 1983, pp. 980-981.

(54) C. Derby, "Rate Capping Latest", *Local Government Chronicle*, 27 July 1984, p.

841. T. Travers, "Rate Capping-how the victims will be chosen", *Local Government Chronicle*, 13 July 1984, pp. 800-801.

(55) Anne Jacobs, "Rate caps 'unrealistic' say treasurers", *Local Government Chronicle*, 10 August 1984, p. 892. A. Jacobs, "A Problem of Tactics", *Local Government Chronicle*, 17 August 1984, p. 924.

(56) *The Local Government (Interim Provisions) Bill.*

(57) *Local Government Chronicle* 誌の1983年11月の地方団体関係読者アンケート調査の結果では、9割以上がGLCと大都市カウンティの廃止にNoと答えている (*Local Government Chronicle*, 29 June 1984, p. 727)。

(58) T. Travers, "Rate Capping Review", Easier targets, harder penalties", *Local Government Chronicle*, 10 August 1984, p. 896.

(59) 教育・衛生・社会保障など中央省庁の行政サービス執行上も、この圧力が強まるであろうと指摘される (B. Jackson, "Will there be life after the Rate Act?", *Local Government Chronicle*, 13 July 1984, p. 799)。

(60) A. Jacobs, "Audit Commission slams grant system", *Local Government Chronicle*, 31 August 1984, p. 968.

(61) C. Derby, "'Simplify damaging grant system' call", *Local Government Chronicle*, 5 October 1984, p. 1117.

(62) C. Rallings & M. Trasher, "Election battles show swing against Tories", *Local Government Chronicle*, 24 August 1984, pp. 952-953.

(63) A. Jacobs, "A Problem of Tactics", p. 924.

(64) G. Jones & J. Stewart, "Time for self appraisal", *Local Government Chronicle*, 21 Sept. 1984, p. 1060.

(65) ノッティンガム・カウンティの保守党指導者は、中央政府と地方有権者の地方政府に対する関心の低さを嘆き、80年代はもはや見込みはないが、21世紀の地方政府にはその回復が不可欠だと語っている (M. Spungin, "A new world identical to the old world", *Local Government Chronicle*, 7 Sept. 1984, p. 1002)。

第4章　イギリス地方財政改革の争点をめぐって

1　はじめに——1988年地方財政法成立の意味するもの——

「1988年地方財政法」（Local Government Finance Act 1988）の成立によって、89年スコットランド実施に続きイングランド・ウェールズでも90年4月から、伝統的な地方税＝レイト（Rates）の改廃と人頭税（Poll Tax）導入を骨子とする地方財政の大改革が実施されることとなり、89年11月にはすでに人頭税制を前提とした90／91財政年度補助金運用方法に関する環境省文書が発表されている(1)。また「88年教育改革法」（Education Reform Act 1988）、「88年住宅法」（Housing Act 1988）、「88年地方自治法」（Local Government Act 1988）は地方行政の領域を大幅に縮小し、同年3月の政府文書"City Grant"が大都市中心部対策にかかわる特定補助金を統合し、自治体を迂回して直接業者に交付する構想を発表するなど、88年のすさまじい改革ラッシュによって、イギリス地方行財政は重大な変容を迫られている(2)。これら一連の改革は、10年余におよぶ現保守党政府の地方支出削減・支出統制の強化と自治体の権限縮小、「地方民主主義攻撃」(3) 政策の一環にほかならない。だが、80年代なかばまでの改革が、少なくとも86年3月の大ロンドン（Greater London Council）・大都市カウンティ（Metropolitan County Councils）廃止までは72年地方自治法にもとづく地方制度と地方行政機能配分の枠組みを保ち、また財政的には70年代後半期労働党政権期以来の地方財政統制政策の路線上にあって、レイトにもとづく地方財政の基本的枠組みと Local Accountability（地方財政責任）の原則はなお保たれていたのに対して、88年の諸立法はそれらを一気につき崩す

内容をもっている(4)。イギリスの地方行財政は、明らかに新たな段階に移行したのである。

だが、86年のグリーン・ペイパー Paying for Local Government (5)(以下86GP と略す)発表から88年地方財政法成立に到るまで、今回の改革構想に対しては野党、地方自治体関係者、研究者のみならず経済界や保守党内部からもぼう大な批判が展開され、数々の矛盾の指摘や対案の提示が行われるとともに、人頭税制にもとづく新地方財政システムの不安定と短命さが予測されている。おそらく90年代は、新制度の生む新たな矛盾の解決を図りながら、改めて本格的な地方行財政の再改革を模索する流動的な時期とならざるをえず、その過程で改革の争点と対案も再浮上することとなるであろう。したがって、新地方財政制度の発足にあたり、様々な批判や対案の諸論点を整理・確認しておくことは、今後の展開を占ううえで重要な意味をもちうると思われる。けれども、関連する文献はぼう大であり、論点や見解も多岐にわたるので、本章では、まず86GP と地方財政案における改革構想の骨子とその論理を確認したのち、基本原則、地方税改革および補助金改革をめぐる批判の主要論点や対案を代表的な文献にもとづいて整理し、あわせて新制度発足の動きについても若干の言及を試みることにしたい。なお、本章の論述は主にイングランドに関するものであることを、あらかじめお断りしておきたい。

2　86年グリーン・ペイパーおよび地方財政法案における改革の構想と論理

(1) 86年グリーン・ペイパーの改革構想と論理

86GP: *Paying for Local Government* は、79年以前から生じていたレイトにもとづく地方財政制度の矛盾が80年代に累増し、根本的改革が不可避になったことを強調する。――既存制度の欠陥は主に三つの分野で発生している。第一に、地方支出のうち営業用資産レイト（Non-Domestic Rates. NDR）に依存す

る割合が上昇し、住宅レイト（Domestic Rates, DR）納税者むけのサービスが営業用資産レイト納税者の犠牲において増大している。しかも第二に、営業用資産レイト納税者に対して特に投票権は賦与されぬため、地方有権者、地方行政サービスの受益者および地方税納税者の間のミスマッチが増大し、Local Accountability が著しく低下している。第三に、包括補助金（Block Grant）運用の不確実・不安定性の増大ゆえに、地方税源均等化の機能が低下し、地方団体間の地方税負担の格差拡大や上記矛盾の増幅が進行している、と[6]。

この状況を打開するため、86GP は、(1)地方行政機構の再編成＝行政機能再配分、(2)レイトの全面的統制、一部地方行政機能の中央移管など地方財政統制の強化、(3) Local Accountability の強化という三つの改革方向を提示して、第三の道を選択する。――公共支出と地方支出水準を経済状況に適合させるという政府の責任を遂行するためには、有権者に対する地方団体の責任を強化して民主的地方行政システムを保証し、中央・地方政府間の緊張を緩和し、地方団体と地域住民とのリンクを強化することが望ましく、この「Local Accountability は、地方サービスへの支払いと地方選挙における投票との関係に決定的にかかっている」[7]、と。そして GP は、Local Accountability の改善に依拠した新地方財政システムの三要素をあげ、具体的な改革構想の検討に入っていく。三要素とは、(1)営業用資産レイト納税者への課税の改善、(2)投票と納税とのリンクの直接化・公平化、(3)支出の増減と地方税負担変化との関係を納税者にみえやすくする補助金改革である。

改革構想の第一は、営業用資産レイトの地方譲与税化である[8]。――税率上昇につれて企業負担が昂進した既存の営業用資産レイトは、企業の立地・雇用動向に重大な影響を与えており、価格上昇・投資の減退・生産性の低下を通じて競争力の低下や投資・開発の減退をさらに招きかねない。企業のコストは概して全国一律なのに、企業活動とは直接関係のない地方団体の支出政策を反映して、その税率＝負担水準は地方団体間で著しく異なっている。また、企業納税者には投票権がないため、地方税水準の決定過程にその意向を反映させることができず、地方サービスのコストと営業用資産レイト納税者の負担のリン

クが攪乱されている、と。——したがって、効果的な企業活動とLocal Accountabilityとの双方の観点から、営業用資産レイトは地方税として不適格だとGPは判定し、全国均一税率の事業税（Uniform National Business Rate. UBR）への改組を提案する。従来と同様の方法で地方団体の徴収した収入を中央政府にプールし、地方税率緩和のため成人1人当たり一定額を基準としてプール総額を全地方団体に交付するという、実質的な地方譲与税化である。なお、当初の税率は現行営業用資産レイトの全国平均税率とし、以後は物価上昇にリンクさせるなど、地方支出に対する企業の税負担とその割合が上昇しない措置を加え、また90年4月発足までに従来と同じく賃貸価格にもとづく資産再評価を行い、以後は定期的に評価がえを実施するものとしている。

　第二は、住宅レイト撤廃とコミュニティ・チャージ（Community Charge）＝人頭税の導入である。地方税の判定基準を技術的適格性、公平性、Local Accountabilityの三つとしたGPは、住宅レイトの技術的適格性はある程度認めつつも、公平性については「応益原則」（the "beneficial principle"）と「再配分原則」（the "redistributive principle"）の観点から失格と判定する。——まず応益原則からみると、大家族と単身世帯とでは地方サービスの利用度が違うのに、課税資産が同等であれば住宅レイトの納税額は変わらないから、住宅レイトは世帯による受益を適切に反映しない。水道・ガス・電気・警察・消防など資産所有者の受益度が高い地方行政の多かった今世紀初頭とは違い、現在は地方経常支出の60％以上が教育・社会サービスなど人的サービスだから、資産価値にもとづく租税では地方サービスの利用・受益と負担とを整合的に連関させることができない。次に再配分原則上、住宅レイトの負担は低所得層に重く、その負担緩和のため減免措置が導入されたけれども、所得と住宅資産価値との間には何の関係も存在しない。また、課税ベースが個人でなく世帯であるうえ、上記減免措置によってイングランドで300万世帯が全く負担を免かれる一方、納税の如何を問わず投票権は行使できるため、納税者と有権者との関係がたち切られ、Local Accountabilityが損なわれている。さらに、住宅レイト納税額の変動は資産再評価見送りなどの影響の下で地方支出の変動とは関係がなく、

また1人当たり課税資産額の地方団体間格差が大きすぎるため補助金による複雑な補正措置が必要となり、それがまた地方団体の支出決定と関係のないレイト負担の変化を生んで、Local Accountability をさらに後退させるのだ、と。

GP はこうして住宅レイトを却下した後、地方売上税（Local Sales Tax）、地方消費税（Local Excise Duties）、地方所得税（Local Income Tax）をも不適格と判定する。――地方売上税は、有権者が直接知覚しえず、管理が複雑であり、税収の地域間分布がきわめて不均等であるうえに、企業負担の増加となる。地方道路燃料税（Local Road Fuel Duty）、地方酒税（Local Alcohol Duty）、地方自動車消費税（Local Vehicle Excise Duty）など地方消費税は、当該地方の全有権者による納税が行われないうえ、地方団体間の税源分布の格差が大きい。地方所得税は、弾力性は高いものの、国税たる所得税の削減が不可避なため中央政府の政策目的に逆行するし、納税者は地方有権者の57％にすぎぬため Local Accountability の強化にならない。また、地方団体がみずから課税・徴収を管理すれば費用がかさみすぎ、一方、国税庁（Inland Revenue）に依存し国税と同じベースで徴収すれば、住所・当該自治体の確認や税率の把握など従業員の課税上の記録や手続きにからむ企業負担が増大し、しかも地方団体の課税自主権は損われる。さらに、経済活動に関する行政上の責任は中央政府の所管であり地方政府にはないのだから、所得再配分の性格をもつ租税は本来地方税には適合しない、と。――GP はかくして、地方団体の地域経済活動に関する役割を否定して、その本来の役割は大半の住民が望む水準のサービス供給にあると規定したうえで、理想的な地方税とは「Charge という特徴を少なくともいくらかはもつ課税形態」[9]だと主張し、Community Charge の推奨に移るのである。

GP は、地方有権者に地方支出のコストを知覚させ、かつ全有権者の支払う租税こそ財政責任を促進する地方税だと規定した後、Local Accountability にかかわりうる租税はレイトまたは居住に対する税（a tax on residence）しかないが、レイトは地方サービスによる受益との関係や有権者への課税範囲という点でヨリ劣ると判定する。そこで、全成人均一額の Community Charge を

登場させ、レイトより知覚しやすいうえ、現代の人的サービスの受益を緊密に反映させうると主張する。また、減免措置を除く比較では負担の逆進性はレイトほどではなく、技術的適格性は充分であり、財政的管理統制を行いやすく、どの層の地方団体にも適合し、レイトと同等の収入を確保することができ、何よりも地方支出増の負担を全成人に負わせることで Local Accountability が高まると、そのメリットを列挙する。レイトから Community Charge への転換にともなう負担の変動については、単身世帯の有利と成人数の多い大家族の不利を認めつつも、10年以内の住宅レイトの段階的廃止に合わせて Community Charge を漸進的に導入すればよく、また住宅市場へのインパクトも小さい、とする。さらに81年グリーン・ペイパー：*Alternatives to Domestic Rates*[10]が人頭税の難点として指摘した運用上の問題については、特別の居住登録など新たな業務と費用は住宅レイト運用経費の消滅によって相殺されるであろうし、低所得層対策は社会保障制度を通じる所得扶助によるべきであり、また低所得層のレイト負担援助を行うと同時に最低限20％の納税を求める新住宅給付システム[11]は Community Charge にも適用されるとしている。そして最後に、各地方団体ごとに均一税率を設定する Community Charge と住宅レイトとの段階的代替による最大のメリットとして、地方支出と地方税額との明確なリンクの確立、地方サービスの利用と納税との関係の改善、地方支出のベネフィットとともにコストを考えようとするインセンティブの強化が強調されている。

　地方税改革に続いて GP は、補助金の改革を検討する。80年代包括補助金の欠陥（複雑、難解、不安定、不確実、支出変化と地方税変化の関係の混乱・攪乱）をふまえて[12]、わかりやすく、地方支出変化との関係を不明瞭にせず、簡素で安定性があることを、Local Accountability のための補助金制度の資格要件と規定した GP は、均一税率の事業税（UBR）と Community Charge の採用によって税源分布の地域的不均等が解消されるため、補助金の税源均等化機能が不要となり、また住宅レイト撤廃のため住宅レイト減税補助金も消滅することを指摘する。その結果、新たな一般補助金制度は「需要補助金」（Needs Grant）と「標準補助金」（Standard Grant）に簡素化される。前者は、標準行

政サービス供給に必要な1人当たり経費の地方団体間格差を補うため、現行の「補助金関連支出額」（Grant Related Expenditures. GREs）を簡素化した地方団体支出査定方式にもとづいて交付され、後者は Community Charge の負担軽減のため成人数に一定額を乗じて交付される。この補助金制度はきわめて安定性があり包括的だと、GP は強調する。また、このシステムの下では、地方団体の経常支出のうち特定・補充補助金充当分以外は、UBR、Community Charge および上記二補助金によってまかなわれる。この四財源のうち、UBR と標準補助金とは成人1人当たり一定額であり、需要補助金は各団体の最低必要行政水準をベースとした成人1人当たり支出需要査定額によって決まり、いずれも年度当初の決定以降は地方団体の支出実態の如何にかかわらず変更されない。だから、中央政府の査定する支出需要額と地方団体の決定する支出額との差はすべて Community Charge にかかり、「限界的な支出変化はすべて地方納税者がまかない」[13]、また「地方団体支出の1ポンド増加分はその団体の納税者住民が全体に負担し、1ポンドの節約分は同額の地方税負担減少をもたらすであろう」[14]。「こうして、地方納税者は、その団体の支出需要査定額以上の支出需要の全費用を負担するか、または支出削減の全ベネフィットをえることになるであろう」[15]。

では、以上のような地方税・補助金改革によって地方団体や世帯や個人は如何なる影響をうけるのであろうか。GP によれば、地方団体の場合、従来支出需要査定額（GREs）よりも支出の少なかった低額支出団体は営業用資産レイト（NDR）税率が全国平均以下であるため、UBR への改組によって有利となり、また住宅レイト課税資産額（Rateable Value. RV）の多い団体も補助金の税源均等化措置の停止によって（住宅レイト存続中は）有利となる。だが逆に、GREs 以上の支出を行ってきた高額支出団体は NDR 税率が高いため、UBR への改組によって不利となり、RV の少ない団体は税源均等化措置の恩恵が消滅して不利となる。地域的にみると、イングランドの南部、東部および中央部は有利だが、不利な団体は北部に集中する。ロンドンの場合には、1人当たり RV は多いものの、税源均等化措置にともなう補助金配分上の不利は包括補

金算定上の税率緩和によって保護されてきたから、逆に税源均等化措置停止による恩恵はあまりない。だが他方で、ロンドンの大半の団体、とくにインナー・ロンドンの諸団体は支出水準がGREsよりも著しく高いため、UBRへの改組によって多大の損失に直面し、住宅レイト廃止とCommunity Charge導入によっても不利な影響をこうむることになる。GPは、こうしたインパクトを緩和するために、初年度の補助金とUBRの交付額を従来の水準に維持する調整措置（'Safety Net' scheme）を設ける、としている。一方、世帯の場合には、その規模・構成とRVが問題となり、単身世帯は有利だが成人数3人以上の世帯は不利、資産価値の高い世帯は有利となるが、低い世帯は不利となる。またCommunity Chargeの納税単位たる個人の場合には、従来納税者であった世帯主特に単身の世帯主は有利だが、納税者ではなかった若年の単身者は不利になる、という。GPは、このインパクトを緩和するために、最大限10年の経過期間中に、初年度のCommunity Charge導入額を1人当たり50ポンドに抑えて、他は住宅レイト徴収分でまかない、段階的な移行をはかる対策を検討している。さらに、地方団体の支出超過によってCommunity Chargeのインパクトが増大するのを防ぐため、住宅レイト税率統制（'Rate-Capping'）と同様の権限を中央政府が保留する、と断っている[16]。Local Accountabilityを基調とするにもかかわらず、地方税率統制の存続がほのめかされるのである。

　イングランドの地方財政改革に関する最後の2章において、GPはさらに資本支出統制方法の改善、Chargesの拡大および予算運用方法の改善を論じている。本章の主題とはややはずれるが、GP全体の論脈にかかわるので、あえてふれておくこととしたい。

　公共支出統制の根拠を、GPは、インフレ対策上不可欠な通貨量抑制・公共支出削減および経済効率改善や雇用拡大に必要な租税負担の軽減など、国民経済管理上の要請に求める。地方資本会計の場合は、①資本支出と借入れ総額のコントロール、②資産売却による公共部門の縮小、③資本会計事業計画の安定化・健全化の三つが統制の主要目的だという。ところが、80年の地方政府・計画・土地法」（Local Government, Planning and Land Act）による新たな資本

支出直接統制方法の下では、各団体がサービスごとの資本支出配分額を割当てられるが[17]、各団体はこの割当額に資産売却等による資本収入の一部を追加して支出上限を拡大できるため、資産売却の進行とともに資本収入が累積し、割当額と支出総額とのギャップが拡大して、年々の正確な資本支出統制が不可能となった。目的①の達成は困難となった。そのため、支出割当額に追加しうる資本収入の割合を切下げ、また割当総額を削減したが、それは却って資産売却の誘因を減退させるとともに、資本支出統制方法の不安定化を通じて地方団体の事業計画を混乱させた。かくして、目的②および③も阻害された、という。

GPは、84年秋以降、資本会計統制方法の再検討が進む中で、地方団体側が資本支出および借入れに対する箇別統制の撤廃か、または借入統制対象の純借入れ額への限定と資本会計事業への詳かな統制の緩和を求めたことを紹介し、統制緩和の意義を認めながらも、資本支出と借入れの統制はやはり不可欠だとして、新たな方法を提案する。その第一は、外部借入れ限度額（External Borrowing Limits. EBLs）の設定を通じて経常・資本両目的のための純借入れ総額を統制することであり、第二は総資本支出の全国総額に追加支出制限措置（cash limits）を設けることである。後者の具体的運用方法は、まず毎年各団体に資本支出の基本割当額を与えたうえで、この割当額以上に充当しうる資本収入を過去3年間の収入額の一定割合として、資本収入充当による支出力の累増や急激な変動を防ぎ、また経常収入の資本支出への充当の程度についても地方団体の予算編成時に特定させることである。この方法によって、地方資本会計事業の効率的な管理における安定性が増すのみならず、資本収入を増大させる強力な誘因も阻害されないとGPは強調するが、資本支出統制やEBLsシステムの詳細は今後の検討に委ねられている。この資本会計統制方法の改善が、「支出目標額」（Targets）と補助金撤回措置（Penalties）による包括補助金運用の下で増大した地方団体の'Creative Accounting'への対策と密接にかかわるものであることは、いうまでもないであろう[18]。

Chargesの拡大と予算運用方法の改善は、地方税・補助金改革に加えてLocal Accountabilityを強化する有力な方法として論じられる。Chargesは、地方有

権者に支出と負担の関係を Community Charge 以上に明示するとともに、財源の効率的使用を可能ならしめるという。──公共サービスには市場価格制を導入できない部分もあるが、公共補助の必要な範囲を明確にしつつ Charges の採用範囲を拡大し、許認可事務など Charges にからむ規制や統制を緩和し、また Charges 決定の裁量権を地方団体に降ろすならば、サービス供給をヨリ cost effective にしうるのみならず、支出統制上も有益であろう、と。Charges が Community Charges の依拠する原理に直接関連するものと位置づけられている点に、注意しておく必要があろう。

最後に、予算運用方法の改善もまた、資本会計統制方法と同じく、81／82年度から84／85年度にかけての包括補助金運用にともなう Creative Accounting 流行の下で、地方団体のリザーブの利用が増大して、限界的な支出変化とレイト負担変化との関係が著しく攪乱されたことにかかわっている。GP は、その対策として、地方団体の予算編成と年度中の財政執行・管理における「自己規制」(self-policing) の強化を求め、ヨリ具体的には予算・地方税額の編成や年度中の収支の執行・モニタリングおよび監査について、収入役 (treasurer) や財務局長 (chief financial officer) に特別の資格と法令上の役割・権限を与え、また議会に対する公式報告を義務づけて、有権者の監視体制を強化することを提案している。支出や地方税の決定と執行状況の妥当性を収入役らに保証させ、議会や住民に監視させることによって、限界的な支出変化と地方税負担変化との関係は一層明確になり、地方団体の納税者に対する Accountability が改善されるであろう、と[19]。

このように、86GP は、80年代包括補助金政策の失敗にともなうレイト制度の矛盾の激化と地方財政の混乱を背景とし、直接的には85年スコットランドの資産再評価によるレイト負担急増への不満の爆発を政治的契機として、伝統的な地方税＝レイトの改廃と人頭税制の導入という、この上なくラディカルな地方財政改革構想を提起したのである。

(2) 87年地方財政法案における改革構想

　86GPの発表から87年12月の地方財政法案（Local Government Finance Bill）に到る約2年の間に、事態はめまぐるしく展開した。GPの改革構想に対して、地方団体諸協会や研究者をはじめ各方面から厳しい批判・対案が続出する中で、87年5月には「スコットランド住宅レイト等廃止法」（The Abolition of Domestic Rates Etc. (Scotland) Act）が成立し、翌月には総選挙で保守党が勝利して、スコットランドの住宅レイト廃止・Community Charge導入等の89年実施が本決まりとなった。イングランド・ウェールズむけの改革案も同年11月の閣僚会議で最終案が決まり、12月4日下院に地方財政法案が提出された[20]。同法案の改革構想は基本的に86GPの具体化だが、重要な修正が行われており、さらにその後、下院・上院の審議過程でも修正が加えられていく。さしあたりここでは、以下の争点の整理に必要な限りで同法案の骨子と特徴を素描しておくこととしたい。

　GPと法案との最大の違いは、一部高額支出団体を除き、イングランドとウェールズの住宅レイトを経過期間なしに90年3月末をもって廃止し、同年4月からCommunity Chargeを一気に導入するとしたことである。その理由は、経過措置の煩雑さもあるが、むしろ住宅レイトの存続によって資産再評価が不可避となり、スコットランドの悪夢が再燃するのではないかとの懸念であった[21]。1人当たり支出予算額が87／88年度のGREsを130ポンド以上超過する団体にのみ、4年間の経過期間が与えられ、住宅レイトの段階的廃止と初年度のCommunity Charge税率抑制（100ポンド程度）が認められたが、この条件に合う団体の大半はインナー・ロンドンの特別区で占められている[22]。かくして、最大限10年という経過期間の消滅により、地方税負担変動のインパクトは増幅されることになった。

　Community Chargeは三本立てとなった[23]。18歳以上の本人に対する基本分（Personal Community Charge. PCC）、主たる居住者が登録されていない家屋の所有者またはリースホールダーに対する「標準」分（Standard Community

Charge. SCC)、アパートなど短期滞在用の複合居住施設にかかる「集合」分（Collective Community Charge. CCC）である。直接の課税権をもつ徴収団体（Charging Authority）はディストリクト、ロンドン特別区、シティ・オブ・ロンドン、シリー諸島など従来のレイト徴収団体となって、カウンティなど他団体は徴収委任団体（Precepting Authority）となり、前者にはCommunity Charge 登録官（Registration Officer）が置かれて、住民の氏名、住所、移動など登録簿の管理を行うことになった。PCCは、地方団体ごとに全成人一律で各財政年度スタート前に決定・公告されるが、重度身体障害者・入院患者・老人ホーム等入居者・受刑者・児童手当受給資格者・外交官・駐英軍人には免除され、学生は80％の軽減となるほか、基本分と集合分にかかる低所得層の負担軽減措置が加えられる。またSCC税額は住民の種類に応じてPCCの税額に一定の乗数を掛けて求め、CCCは家主が居住者からPCC相当分を日割りベースで徴収した後、5％の手数料を引いて納税する仕組みとなった。

　営業用資産課税については、90年4月発足までに資産再評価を実施し、総資産評価額の増加割合に応じて税率を引き下げ、初年度の負担が実質的に前年度より増加しないようにしたうえで、以後は物価上昇率にリンクさせる方法がもりこまれた。資産再評価は、従来通り賃貸価格にもとづき、慈善事業用資産および遊休資産の評価は2分の1、居住・営業用混合資産は営業用分のみの評価として、5年ごとに評価がえを行う。また、当初の税率決定は環境大臣が行うが、人口1万人以下で1人当たり資産評価額が1万ポンド以上の「特別団体」すなわちシティ・オブ・ロンドンだけは、自ら税率を決定できるものとした。なおUBRへの移行にともなう資産再評価と税率変化によって著しい負担変化をこうむる企業に対しては、5年間の経過期間が認められ、年々の負担増加率が制限されることになった。中央の課税台帳に登録される全国的規模の資産を除いて、UBRの徴収額は徴収費・還付金・回収不能の負債等をさし引いた後、徴収団体を通じて環境大臣の管轄する営業用資産レイト・プールに納入され、しかるのち各団体の成人数に按分して徴収団体に再配分されるという仕組みになった。

一方補助金制度について同法案は、「収入補塡交付金」(Revenue Support Grant. 新 RSG)の創設、その総額や配分方法の決定、交付額の通知等に関する基本的手続き、交付額の年度中不変更、暫時期間中の Safety Net 調整措置、特別な事情にともなう特別交付金等を定め、また既存の運輸補充補助金 (Transport Supplementary Grant) の廃止とカウンティ、大都市ディストリクト、ロンドン特別区およびシティに対する新運輸補助金の設定などを定めているが、新 RSG の構造は、むしろ法案提出直前の87年9月に環境省が発表した文書[24]に示されている。それによれば、新 RSG は「需要要素」(Needs Element) と「標準要素」(Standard Element) の二本からなり、前者は各地域の最低需要査定額 (Minimum Needs Element) に対する各団体の需要査定額の差額であり、後者は成人1人当たり均等額であって、各団体への新 RSG 交付額は、その需要査定額から、全団体がその需要査定額レベルの支出を行うのに必要な Community Charge と UBR 1人当たりの交付額の合計をさし引いたものに相当する、とされている[25]。したがって、新 RSG の実体は GP の構想と実質的に変わっていない。

それよりも重要なのは、新 RSG の配分にからんで「受領団体」(Receiving Authorities) と「通知団体」(Notifying Authorities) とが区別され、また「徴収基金」(Collection Fund) が設けられたことである。イングランドの場合、受領団体は Community Charge の徴収団体であり、通知団体は受領団体プラス主な徴収委任団体であって、徴収基金は受領団体に設置される。徴収基金には Community Charge の収入、新 RSG 交付分、UBR の交付分が繰り入れられ、また徴収団体は徴収委任分の管理や営業用資産レイト・プールへの納入をもこの基金を通じて行う。さらに注目すべきは、Community Charge 税率の過大な団体に対する税率統制措置が設けられ、当該団体が服従しないと、徴収基金が凍結される仕組みになったことである。すなわち、同法案第七部は、全団体に共通の基準にもとづいて環境大臣が Community Charge 税率の過大な団体を指定して、ヨリ低い最高制限税率を通知し、28日以内に返答を求め、当該団体が最高税率の引き上げを望む場合には再協議のうえ下院の承認を求める

が、いずれにせよ最終的に税率引き下げを指示された団体が21日以内に応じない場合には徴収基金からの資金引き出しを凍結する、と定めている(26)。つまり、徴収基金は、地方団体の支出変化と税率変化との関係を映す鏡としてだけでなく、地方財政統制の中枢機構なかんずく地方税統制の制裁装置として設定されたのである。住宅レイト税率統制をひきつぐ Community Charge Capping と制裁措置の強化によって、政府のいう Local Accountability 論は大きな矛盾を露呈することとなった。

その他の事項のうち、地方団体の財務局長の専門的資格要件と責任の強化が規定され、また資産評価や Community Charge の異議申立てにかかる法廷の設置が予告される一方で、資本会計の支出・借入れ統制はとくにふれられていないことも、言及しておくべきであろう。なお、86GPと同じくスコットランドとウェールズに関する部分は、ここでも割愛する。

1987年12月17日、地方財政法案をめぐる下院の第二読会において、環境大臣は地方財政改革の理由と法案の趣旨を次のように説明した。

「本法案の目的は、第一に既存の住宅レイト制度の不公平を撤廃し、第二に有権者に対する地方議会の反応と責任をたかめ、第三に甚しく必要な営業用資産レイト納税者の保護を行うことであります。本法案は、これら諸目的を、第一に住宅レイトをヨリ公平な Community Charge に取り替え、第二に均一税率のビジネス・レイトを確立し、第三にヨリ簡素かつ安定した補助金制度を導入することによって達成するものであります。同時に、これら諸提案は、地方サービスの利用者、支払者および投票人の間の基本的な結びつきを提供するでありましょう」(27)。

環境大臣は続いて、既存の住宅レイト制度も、80年「地方政府・計画・土地法」にもとづく包括補助金制度も地方団体の超過支出問題を解決しえなかったと述べた後、こう言明した。

「我々がもっているのは、地方政府の年間45億ポンドの支出総額のコントロールが3500万人の有権者に託されるという制度であります。しかしながら、レイトの納税義務を負う者はわずか1800万人であり、そのうち300

万人以上は全額払戻しに浴しております。地方有権者中2000万人は地方サービスの費用に対して何ら直接的貢献をしていない、というのが実態であります。現行制度の下では、地方収入の半分が企業から徴収されており、この事態は、地方団体とりわけ労働党統制下の団体による乱用に照らして、擁護しえぬものであります。……住宅レイト制度もまた不公平であります。地方サービスの利益を受ける者の多くは、何の支払いもしておりません。人々の支払能力とはほとんど関係がなく、それ以上に地方サービスの利用とは関係がないのであります。……」[28]。

　人頭税と新地方財政制度の積極的意義ではなくレイト制度の弊害の強調を基調とするこの環境大臣の冒頭演説には、スコットランドの悪夢に端を発して何よりも住宅レイト資産再評価の政治的インパクトをおそれる政府の構えが象徴的に現われている、とギブソンは指摘する[29]。だが同時に、この言明に先立ち、「Community Charge 税率に支払能力に比例する段階きざみが欠落し、また支払能力を考慮する包括的な払戻し措置も欠落している故に」[30]、41名の議員により提出された法案修正動議の処理の如何をもって第二読会がスタートしたこともまた、象徴的であろう。環境大臣が住宅レイトについて指摘した支払能力との関係の欠如こそは、86GP 発表以降の批判文書群が Community Charge の最大の欠陥とした最大の争点であった。レイト制度の評価や地方サービスの受益と負担の関係、Local Accountability 論のコンテクストについても、86GP および地方財政法案の立論とは異なる見解や論理が数多く提示されていた。地方財政法案の審議はそれら論争の渦中で進行するのであって、我々は次に改革構想批判の基本的論点と論脈を探っていくことにしたい。

3　改革構想の基本命題と自己矛盾
── Local Accountability の論拠をめぐって ──

　86年 GP が改革構想の基本命題とした Local Accountability 論には、いくつかの重要な特徴があった。まず地方政府を経済活動以外のサービス供給者と規定しつつ、そのために必要な支出の限界的増減と地方税負担の限界的増減との

関係を直結・明確化し、地方有権者に受益と負担の関係の是非を判定させることが地方財政責任の要だとしたのである。したがって、この Local Accountability 論は、地方自治体＝サービス供給者論と応益原則論および限界概念に依拠するものであった。また、この推論の前提として、地方団体による税率の自主的決定権や支出の自主的決定の自由が要請されるのは、当然であった。だが、数多くの批判文書は、人頭税の不公平・逆進性とともに、何よりも86GPと地方財政法案の提示した改革構想がこの基本命題に矛盾するのみならず、基本命題たる Local Accountability の枠組みにも、地方政府の役割に関する基本的認識にも、地方税財政の基本原則論にも重大な誤りがあると指摘している。Community Charge、営業用資産レイトの地方譲与税化、補助金改革構想等に関する批判の諸論点にたち入る前に、まず基本命題をめぐる批判の要点をおさえておくことにしたい。

　財政会計公認協会(The Chartered Institute of Public Finance and Accountancy. CIPFA) が86年にいち早く発表した応答文書[31] は、政府が地方支出統制という選択肢を排して Local Accountability 強化の道を選んだことを歓迎しつつも、その自己矛盾を厳しく批判した。——改革構想によれば、営業用資産レイトの地方譲与税化によって、地方収入に占める中央依存財源の割合はイングランドの場合44％から75％へと上昇し、地方財源の自主性は著しく後退する。また、GP の Local Accountability 論は、全成人の納税と同時に、1人当たり1ポンドの支出変化が1人当たり1ポンドの Community Charge 変化に直結することを重視するが、この限界概念の応用には重大な誤りがある。第一に、地方団体サービス・支出決定に関する Accountability を考えるためには、支出の限界的変化だけでなく絶対的水準の考慮が不可欠である。第二に、改革構想の下では支出の変化と税率の変化とが「ギア効果」（gearing effect）によって分断され、納税者・有権者はその関係を正しく判定することができない。すなわち、中央依存財源割合の上昇と地方税の比率低下にともなって、1％の支出増加による地方税負担の増加率はイングランドの場合平均して改革前の1.8％から改革後は3.4％に上昇する。したがって、GP が主張するように、納税者が地方税

の絶対額よりも専ら限界的な変化率を重視すればなおさら、このギア効果によって地方団体の支出水準決定と納税負担変化に関する誤った情報が与えられ、Local Accountability は著しく損なわれざるをえない。しかも、このギア効果の影響のしかたは地方団体間でも異なっているのだ、と(32)。

　Local Accountability をめぐる86GPの自己矛盾は、研究者からも、つとに指摘された。86年夏 *Local Government Studies* 誌上の論争において、政府から86GPへの助言者として謝辞を呈せられたジャックマンは、CIPFA が85年夏に発表した対案との比較を行いつつ、86GPと同じ限界概念重視の立場から、その自己矛盾を指摘した(33)。CIPFA の対案とは、別稿ですでにふれた如く(34)、地方行政を財産関連サービスと人的サービスとにわけ、前者への支払いにはレイト、後者への支払いには支払能力を加味した住民税（Resident Tax）を対応させることを骨子とするものであった(35)。ジャックマンによれば、86GP案もCIPFA案も応益原則に立脚する点は共通だが、GPが支出の限界的増加のフルコストを地域住民から徴収することに Local Accountability の核心を求めるのに対して、CIPFA はフルコスト原則とならんで中央依存財源割合の大幅な引き下げによる自主財源の拡充強化を重視する点が違っている。また、CIPFA案が地方団体による企業活動や営業用資産所有者・利用者へのサービスの存在を認めるのに対して、GPが認めていない点を、GPの重大な欠陥と指摘する。そして、住民税と人頭税の難点を比較検討し、住民税・地方所得税など所得再配分の性格をもつ地方税が長期的には「富者を低支出・低負担の団体に集中させ、貧者を高額支出団体に集中させる」(36)弊害をもち、それ故逆にこの点では、人頭税が地方政府サービスに関する決定を所得再配分をめぐる政治的紛争から切り離すというメリットをもちうることに言及したうえで、それにもかかわらず人頭税のみの地方税制が Local Accountability の低下を生み出さざるをえない理由を、次のように推論する。——GPにしたがって逆進的な人頭税を導入しても、住宅レイトの逆進性の問題解決にはならぬのみならず、人頭税の逆進性故にその徴収額は制限され、補助金依存度が一層高まらざるをえない。つまり、Local Accountability によって要請された人頭税が補助金依存度の昂

進を招き、Local Accountability を低下させるという逆説的な悪循環が展開するであろう、と[37]。――ジャックマンはまた88年の論稿において、人頭税は投票権との結びつきが財産税よりも緊密なのはたしかだが、GPの重視する応益原則から適切だとはいえず、地方政府の効率改善上唯一・最良の方法とはいえないと批判している[38]。

このジャックマンの所説に対して、ジョーンズ、スチュワート、トレイバーズは同じ誌上で、経済理論のみにもとづき限界概念に依拠する Local Accountability 論を批判して、「政治・組織・行政上の要因」を強調するとともに、CIPFA と同じく、支出や地方税負担の絶対額の重要性、ギア効果の深刻なインパクト、そして何よりも中央依存財源の上昇による Local Accountability の混乱と低下を指摘する。――中央依存財源の上昇とギア効果の作用によって、地域住民の関心は中央政府にむかい、補助金交付方法や交付額のわずかな変化が地方支出や地方負担に重大な影響を及ぼすであろう。76年レイフィールド委員会報告が主張したのは、地方団体の有権者に対する責任を明確化しうる地方自主税財源の拡充と補助金依存度の引き下げによって Local Accountability を改善することであったが、政府は支出削減のために補助率の引き下げを強行し地方財政統制を強化した後、今回補助金依存度の大幅な引き上げと高度に逆進的な人頭税の採用に転じたのであって、レイフィールド委員会の提示した Local Accountability の道とは全く逆行するものにほかならない、と[39]。――この論争をふまえながら、ギブソンは87年の論稿において次のような整理を試みている。

ギブソンによれば、ジャックマンやフォスターが問題としたのは、支出の限界的増加1ポンドに対する住宅レイト納税者の貢献度が1ポンド以下であるうえに、地方団体間で大きく異なる点こそが Accountability 上最大の欠陥であり、しかも住宅レイト払い戻し措置と包括補助金の限界補助率低下装置の作用により地方支出増加の負担がますます営業用資産レイト納税者にかかるに及んで、この欠陥が一層深刻化したという現実である。限界支出増に対するフルコスト原理の適用によって支出と負担の関係を明確化し、地域住民が地方選挙を

重視して活発な投票を行い、地域問題が投票の争点となることを期待する所に、両者の真意はあったのだ、と。——だが、同時にギブソンは、GPが人頭税を住宅レイトと代替させるのに対して、ジャックマンらはそれを住宅レイトの改善・存続か、地方所得税による住宅レイトの代替とくみあわせることを主張してきたことに注意を換起し、GPとの決定的な相違を明らかにする。そのうえでギブソンは、地方団体の支出決定が限界的なコスト変化と限界的な受益変化との間のトレード・オフに依拠するというフルコスト原理の単純なモデルの欠陥を批判し、むしろジャックマンも指摘したように、地方団体の支出水準に重大な影響を及ぼしてきたのは中央政府の一般補助金であることを強調する。この観点からみれば、営業用資産レイトの譲与税化は実質的に補助金依存度を高める故に、地方税水準は一層地方支出水準のみならず補助金の変化に敏感とならざるをえない。したがって、ジョーンズらが指摘したように、地方有権者は地方団体の効率性やパフォーマンスについて誤れる指針を与えられ、ブラムリーの言うように「受益と営業用資産レイト納税者との間のリンクも破られ」ざるをえないのである、と[40]。ギブソンはまた後の論稿において、地方税を直接納めない住民が地方選挙の投票を支配するため支出やサービスの増加を訴える候補者や団体が有利になっているとの政府の主張には客観的な証拠がないと指摘して、受益・投票・納税の関係に関する政府の性急な推論を批判している[41]。

一方、86年10月の大都市団体協会（The Association of Metropolitan Authorities. AMA）の応答文書は、86GPのLocal Accountability論における応益原則のみの重視を批判している。——GPの応益原則論は、地方税を公共財の消費に対する支払い、投票をこの支払いの意志表示と捉えるが、地方行政サービスは多様であり、GPの強調する人的サービス以外に都市計画・環境行政など資産関連サービスをもふくみ、個人の受益は多様で確定は容易ではない。また、受益にもとづく課税を市場価格になぞらえるのは誤りであって、元来、応益原則とは一定水準の公共サービスの供給コストをコミュニティ内部でどう分け合うかに関する政治上・配分上の原則にすぎない。スミス以来の経済学の理論上も、

イギリスや欧州諸国の租税政策史上も重要な役割を演じなかった応益原則をあえて地方税に導入すれば、地方税の累進性を低めて負担を貧困な階層に移し社会矛盾を増大させる。しかも人頭税制はこの応益原則にも抵触するものであって、応益原則を重視した地方税体系全体としての公平性や効率性や租税負担変化をめぐる充分な検討がGPには欠落している、と[42]。――AMA、さらに地方団体諸協会の度重なる要請にもかかわらず、GPが地方支出と地域経済活動との関係にあえてふれないことを非難している。

　GPの基本命題・理念をめぐるこれら諸批判には、地方行政の機能・役割や地方政府の存立にかかわる重大な論点がふくまれている。たとえばGPの主張通り、地方団体の行政サービスが地域経済活動と何ら関係がなく、地域の企業が受益と発言権のないまま一方的に負担を強いられるとすれば、確かに地方税としての営業用資産課税は根拠を失うであろう。だが、以上の諸批判をまつまでもなく、すでにレイフィールド委員会報告が認めていたように[43]、地方団体が地域の経済繁栄を考慮しつつ行う行政サービスと商工業活動の間には密接な利害関係が存在するのみならず、ダンカン、グッドウィンが指摘するように、地域経済の不均等発展の激化やグローバリゼーションの中で地方団体の経済活動の役割は一層重要になっている[44]。そして、まさにその故にこそ、イギリス産業連盟（Confederation of British Industries）や経営者協会（Institute of Directors）をはじめとする経済団体が、後述の如く、営業用資産レイトの譲与税化に対する批判を展開することになった[45]。ここには、地方政府本来の役割、したがって地方行政サービスによる受益の範囲、Local Accountabilityの枠組みをめぐる重大な認識の違いが露呈している。

　だが、論争のコンテクストはさらに広く、深い。88年刊行の論文集『イギリス地方財政改革』の中で、ヤングは、地方政府の役割を単にサービス供給者とする86GPの認識を批判し、地方政府活動の存立に関するウイディコム委員会報告書[46]にしたがって、多元主義、参加、公共選択という三つの理論的根拠から統治機構としての地方行政の役割の再評価を要請する[47]。またウィルソンは、GPの限界支出変化の重視に対して、現実の地方支出の多くが中央官庁

の要請にもとづく法令上の義務的行政であり、補助金の役割が大きいという事態の下で、自主的な限界的支出の変更の余地がどの程度地方自治体にあるというのか、と反論する⁽⁴⁸⁾。さらにキングは、中央依存財源割合の上昇、中央統制の増大、逆進的な地方税故の地方支出・サービス水準引き上げの困難によって、地域住民の多様な要求に対する地方団体の対応能力が低下し、地方政府の存立自体が問われるであろう、と警告する⁽⁴⁹⁾。86GP と地方財政法案の改革構想をめぐる論戦は、かくして、地方行財政と地方自治の根本的なあり方をめぐる論争として展開されざるをえない。住宅レイト撤廃と人頭税制の導入、営業用資産課税の譲与税化ならびに補助金改革構想の各々に関する批判の論点と論脈を、さらに掘り下げてみることとしたい。

（1） The Rt. Hon. Christopher Patten MP, Secretary of State for the Environment, Statement on *Local Government Finance*, on Nov. 6 1989.
（2） 88年の教育改革法、住宅法、地方財政法に関する総合的批判的な検討の好例として、H. Glennerster, A. Power & T. Travers, "A New Era for Social Policy, A New Enlightenment or A New Leviathan?", *Welfare State Programme, Discussion Paper Series*, No. WSP/39, London School of Economics, Feb. 1989を参照。なお次の拙稿でも若干論及した。小林昭「イギリス補助金政策の新展開と地方財政」宮本憲一編『補助金の政治経済学』朝日選書、1990年（本書第5章）。
（3） The Chartered Institute of Public Finance and Accountancy (CIPFA), *Local Government Trends 1988*, p. 2.
（4） R. J. Bennett, Local Government Finance, the Inevitable Day of Reckoning, *Regional Studies*, vol. 22, No. 3, 1988, pp. 233-235.
（5） *Paying for Local Government*. Cmnd. 9714, Jan. 1986, London, HMSO.
（6） *Paying for Local Government*, Cmnd. 9714, pp. 5-7.
　　包括補助金政策の失敗から86GP に到る経過については、さしあたり、T. Travers, *The Politics of Local Government Finance*, Allen & Unwin, 1986. および小林昭「包括補助金の地方団体支出統制機構の強化とその矛盾」『金沢大学経済学部論集』、第8巻第1号、1987年を参照。
　　なお、1980年代のイギリス地方税改革動向の経緯、スコットランド・レイト廃止法および86年 GP の詳細については、すでに次の諸論稿が発表されており、内

貴滋氏の論稿は87年地方財政法案についても克明な紹介を行っている。丸山高満「英国における地方税財政抜本改革の意義と課題についての考察」(1)〜(6)『自治研究』第63巻第12号、第64巻第2号、3号、4号、6号、9号、内貴滋「サッチャー首相と新しい地方制度」(1)〜(9)『地方自治』、479号、480号、483号、484号、485号、487号、488号、489号、490号、1987〜88年。

(7) *Paying for Local Government*, p. 9.
(8) *Ibid.*, pp. 11-18.
(9) *Ibid.*, p. 24.
(10) *Alternatives to Domestic Rates*, Cmnd. 8449. Dec. 1981.
この81年グリーン・ペイパーの概要については、小林昭「イギリスにおける地方税制改革論」東京市政調査会『都市問題』第76巻12号、1985年12月号を参照。
(11) 85年12月のホワイト・ペイパー「社会保障の改革」(*Reform of Social Security*, Cmnd. 9691)による新住宅給付システム。なお、詳細については、樫原朗「イギリス『社会保障』の改革に関する白書」(I)および(II)『神戸学院経済学論集』第18巻2号および3号、1986年を参照。
(12) *Paying for Local Government*, p. 33. 包括補助金の自己矛盾と欠陥については、前掲拙稿「包括補助金の地方団体支出統制機構の強化とその矛盾」を参照。
(13) *Ibid.*, p. 35.
(14) *Ibid.*, p. 37.
(15) *Ibid.*, p. 34.
(16) *Ibid.*, p. 42. Rate Cappingについても、前掲拙稿「包括補助金の地方団体支出統制機構の強化とその矛盾」を参照。
(17) *Ibid.*, p. 45. なお、高橋誠「イギリス『1980年地方法』の財政的意義」法政大学経済学部『経済志林』、第49巻3号、1981年、内貴滋「サッチャー首相と新しい地方制度(7)」『地方自治』第488号、1988年などを参照。
(18) 'Creative Accounting'のメカニズムについては、前掲拙稿「包括補助金の地方団体支出統制機構の強化とその矛盾」を参照。
(19) *Ibid.*, p. 57.
(20) 86年末から、87年6月総選挙、同7月閣僚会議決定にもとづくレイト廃止案等の骨格発表、11月17日政府最終案決定に到る経過については、内貴滋「サッチャー首相と新しい地方制度(4)」『地方自治』第484号を参照。
(21) 87年10月の保守党大会においては、こうした立場からレイト廃止・Community Charge導入をめぐる4年間の経過措置に対する批判が相つぎ、7月発表の原案

は修正されていくことになった (*Local Government Chronicle*, 9 Oct. 1987, p. 8)。
(22) 内貴滋「サッチャー首相と新しい地方制度(4)」参照。
(23) 以下、法案における改革構想の骨子の要約は、法案および環境省作成のガイド (*Guide to the Local Government Finance Bill*) にもとづき、特に必要な場合以外、該当する章および条の明記は省略する。ただし、高額支出団体に対する4年間の経過措置と関連して、当初の法案には第4部 'Residual Rating' が設けられたことを特記しておきたい。
(24) "Department of the Environment, Welsh Office", *Paying for Local Government, The New Crant System*, Sept. 1987.
(25) *Ibid.*, p. 5.
(26) *Local Government Finance Bill*, clause 96-103.
(27) (28) "House of Commons Official Report", *Parliamentary Debates (Hansard)*, Vol. 124, No. 66, Wednesday 16 Dec. 1987, column 1115-1116.
(29) J. Gibson, "The Presentation of the Poll Tax", *Political Quarterly*, July 1989.
(30) House of Commons, *Parliamentary Debates (Hansard)*, Vol. 124, No. 66, 16 Dec. 1987, column 1114.
(31) Response to "Paying for Local Government", *The Chartered Institute of Public Finance and Accountancy (CIPFA)*, 1986.
(32) *Ibid.*, pp. 5-9.
(33) R. Jackman, "Paying for Local Government", *Local Government Studies*, Vol. 12, No. 4, July/Aug. 1986, pp. 51-57.
(34) 前掲、小林昭「包括補助金の地方団体支出統制機構の強化とその矛盾」82ページ。
(35) R. Hale, N. Hepworth & M. Stonefrost, "Financing Local Government, A Different Approach", *CIPFA*, Oct. 1985.
(36) (37) R. Jackman, op. cit., p. 56.
(38) R. Jackman, "Accountability, Redistribution and Local Government Expenditure, Is Poll Tax the Answer?", paper prepared for *Conference on Local Finances in the Contemporary State*, Oslo, May 5-8, 1988, pp. 22-23.
(39) G. Jones, J. Stewart & T. Travers, "A Rejoinder to Jackman", *Local Government Studies*, Vol. 12, No. 4, July/Aug. 1986, pp. 59-63.
(40) J. G. Gibson, "The Reform of British Local Government Finance, the limits of local accountability", *Policy and Politics*, Vol. 15, No. 3, 1987, pp. 164-174.

(41)　J. G. Gibson, The Presentation of the Poll Tax.

(42)　The AMA's Response to the Government's Green Paper, *Paying for Local Government*, Association of Metropolitan Authorities, Oct. 1986, pp. 1-2.

(43)　レイフィールド委員会報告は、商工業の場合には direct electoral accountability は明瞭ではないが、それにもかかわらず、地方団体とその地域内の商工業活動との間には密接なリンクがあり、地方団体が地域の経済福祉に広汎な関心をもつと同時に、地方の実業家達も地方団体の問題に重要な関心を懐き、地方の商工会議所や地方選出の代表者や選挙そのものを通じて影響力を行使しようとするのであって、public accountability は単に投票権の問題なのではないと、注意している (Local Government Finance, *Report of the Committee of Enquiry*, Chairman Frank Layfield, Cmnd. 6453, May 1976, p. 153.)。

(44)　S. Duncan, M. Goodwin, "Removing Local Government Autonomy, Political Centralisation and Financial Control", *Local Government Studies*, Vol. 14, No. 6, Nov./Dec. 1988, pp. 62-63.

(45)　ほかにも86年から87年にかけて National Chamber of Trade, Forum of Private Business, National Federation of Self-Employed and Small Businesses や多くの商工会議所が批判の文書や見解を発表している (More Than Just A Poll Tax, the Economic Implications of the Local Government Finance Bill, *A Research Report by Kate Flannery*, BA, IPFA, Centre for Local Economic Strategies, Dec. 1987. この文書に付せられたビブリオグラフィーは、86GP 発表から地方財政法案提出までの間に発表された関連文献のリストとして、きわめて有益である)。

(46)　The Conduct of Local Authority Business, *Report of the Committee of Inquiry into the Conduct of Local Authority Business*, Chairman Mr. David Widdicombe QC, Cmnd. 9797, Jan. 1986.

(47)　K. Young, "Local Government in Britain, Rationale, Structure and Finance", S. J. Bailey, R. Paddison (ed.), *The Reform of Local Government Finance in Britain*, Routledge, 1988, pp. 6-22.

(48)　T. Wilson, "Local Freedom and Central Control - A Question of Balance", Bailey & Paddison (ed.), *op. cit.*, pp. 95-97.

(49)　D. King, "The Future Role of Grants in Local Government Finance", Bailey & Paddison (ed.), *op. cit.*, pp. 148-149.

第5章　イギリス補助金政策の新展開と地方財政

1　はじめに——1980年代イギリス地方行財政の急変とカオス——

　イギリス地方行財政は、1988年のすさまじい改革立法ラッシュによって、新たな段階に移行した。7月の「88年地方財政法」（Local Government Finance Act 1988）成立により、スコットランドに続きイングランドおよびウェールズでも1990年から伝統的な地方税＝レイトの改廃と人頭税の導入をはじめとする地方財政の大改革が実施されることになった。また「88年教育改革法」（Education Reform Act 1988）と「88年住宅法」（Housing Act 1988）は従来の地方行政の領域を大幅に縮小し、「88年地方自治法」（Local Government Act 1988）は強制的競争入札制の導入によって本格的な地方行政の民営化推進をはかっている。さらに88年3月の政府文書は、大都市インナー・シティ対策にかかわる特定補助金を統合・簡素化して「都市補助金」（City Grant）を作り、自治体を迂回（バイ・パス）して直接民間業者に交付する構想を提起し、翌月の新「社会保障法」（Social Security Act）も受給者への家具購入補助金のローンへの転換、無料学校給食制度の停止など、地方行財政に重大なインパクトをもたらしている。

　財政会計公認協会の地方自治年報1988年版も指摘するように、これら一連の改革は、9年余におよぶ現保守党政府の地方支出統制強化と自治体の権限縮小、なかんずく「地方民主主義攻撃」（an attack on local democracy）政策の一環にほかならない[1]。1980年「地方政府・計画・土地法」（Local Government, Planning and Land Act）にもとづく「包括補助金」（Block Grant）制度の下

で個別地方団体の支出統制が始まり、その運用上の矛盾増大とともに地方税率の直接統制や大都市制度の改廃など集権的な改革が相つぐなかで、レイトの課税自主権と税収充当支出の自主的決定権にもとづく伝統的なイギリス地方財政自治の基盤は掘りくずされた。だが、ロンドン大学のベネットが指摘するように(2)、1980年なかばまでの改革は、70年代後半期労働党政権以来の地方財政統制政策の路線上にあり、レイトにもとづく地方財政の基本的枠組みと「地方財政責任」(Local Accountability) の原則はなお保たれていたのに対して、88年の諸立法はそれらを一気につき崩す内容をもっている。87年総選挙の保守党勝利を画期として、イギリス地方行財政は明らかに新段階をむかえたのである。

だが、1970～80年代のイギリス地方財政の急激な変貌が、たえず地方税(レイト)と補助金の諸矛盾を焦点としつつ展開し、それら諸矛盾が60年代の地方財政改革や70年代初めの地方制度改革の所産でもあったという経緯を考慮するならば、80年代地方財政の激変をめぐる根本的な問題のありかは、少なくとも四半世紀におよぶ地方行財政改革の流れの中で探られねばならないと思われる。それ故、本稿では、まず60年代から70年代なかばに到る補助金政策の意義と矛盾を確認し、その上で、70年代後半以降の補助金政策を通じる地方財政統制の流れと問題点をフォローし、このパースペクティブの中で80年代後半期のイギリス地方行財政の急展開が提起する問題を考えてみることにしたい。

2 60～70年代地方税制改革の挫折と一般補助金拡充政策の矛盾

(1) 地方税改革の挫折と一般補助金の発展

1950年代から70年代にかけてイギリス地方財政の中心的問題は、経済成長率をしのぐ地方財政支出の急伸長に対して唯一の地方税＝レイトの収入が伸び悩むという「レイト・ギャップ」の拡大であった。いわゆる「集権化過程」から一転して、50年代なかば以降社会・教育サービスを中心に地方支出が急増する「地方復位」現象(3)進行の過程で、財源のギャップを埋めるべき地方税と政

府補助金の改革のあり方が、たえず懸案の課題となり続けた。1957年の地方財政に関する政府白書[4]は、中央官庁の統制を弱め地方団体の独立性を強化する観点から、特定補助金の多くを吸収して包括的な一般補助金を創設するとともに、産業用・運輸用資産や国有企業資産への課税強化などレイトの課税基盤の強化を提言した。この趣旨に沿う翌58年の改革によって、多彩な特定補助金を統合した一般交付金（General Grant）と、48年以来地方団体間の財政力均等化を担ってきた国庫平衡交付金（Exchequer Equalization Grant）を継承するレイト補塡交付金（Rate Deficiency Grant）が誕生し、これら一般補助金が補助金総額中に占める割合は改革前の6分の1から3分の2へと躍進した。このとき統合の対象となった特定補助金は、教育（学校給食・ミルク給食を除く）、保健サービス、消防、児童保護、都市計画、道路安全施設、交通パトロール、選挙有権者登録、体育・余暇、公共的収容施設、通学路パトロールなど広汎におよんだ。前出の両補助金は後出のレイト援助交付金（Rate Support Grant）にひきつがれていくものであって、58年改革はレイト収入の不足を一般補助金で補う方式の確立として重要な画期をなすが、他方では、レイト基盤の強化にともなう国税収入の減少というインパクトをも背景に、補助金総額の削減が期待されていた点に重要な意味がある。トレイバーズは、その点で、58年改革の眼目が地方自治強化のためのレイト増強と一般補助金の拡充による補助金依存率の低減にあったことを重視し、66年白書にもとづく改革との決定的な相違を強調している[5]。保守党政府の58年改革案に対して、当時の野党＝労働党側が地方団体の独立性強化という基調には賛成しつつも、特定補助金の減少にともなう地方行政水準の低下を懸念し、一般補助金の強化に消極的対応を示していた点も、記憶にとどめる必要があろう[6]。

地方財源対策の第二の画期は、1966年の地方財政に関する白書[7]とレイト援助交付金の成立である。家計に対するレイトの影響を調査したアレン委員会の65年の報告書[8]は、地方支出に対するレイトの割合の上昇と低所得層ほど負担の重いレイトの逆進性の増大を指摘し、所得税による代替を提案したが、66年白書は、地方団体の多くが小規模すぎることを理由にレイト以外の地方税

を当面非現実的と判定したうえで、レイトの難点を克服すべき方法として、地方行政機能の縮小等による支出削減、レイト課税方法の改善、補助金拡充の三つを挙げ、第三の方法を推奨した。その具体化こそ67／68年度に始まるレイト援助交付金（RSG）である。さきの一般交付金は需要要素（Needs Element）に、レイト補塡交付金は財源要素（Resources Element）にくみかえられるとともに、住宅レイト納税者の負担軽減のため住宅レイト減税補塡要素（Domestic Element）が新設された。この要素は、全地域一律の軽減税率をきめ、各団体の住宅課税資産評価額に応じて配分するものであり、レイトの逆進的な負担増大に対する一般補助金を通じた解決策であった。

　かくして一般補助金は一層体系化され強化されたが、1966年白書は、このレイト援助交付金が決して長期的な解決策ではなく、本格的な地方財政改革の前提条件として地方制度改革のあり方を検討するため同年設立されたレドクリフ・モード委員会の結論をまって、地方制度改革が実施されるまでの間、レイトの負担軽減と補助金の団体間配分の公平化により地方財政制度を補強するための短期的一時的な方法にすぎないと断っていた。もともと66年白書自体が、同年の総選挙を目前にした労働党政府によるレイトの不評への政治的対応という性格をも帯びていた。レイト援助交付金への移行によって補助金依存度は上昇し、レイト負担の増大は一時的に抑制されたが、根本的な問題の解決は地方制度改革以降にひきのばされた。しかし、この選択こそは致命的な失策であったと、再びトレイバーズは指摘する。経済状況が未だ悪化せず、制度改革への疑念や障害が70年代末以降よりはるかに少ない60年代後半期は本格的な地方財政改革の好機であった。

　だが、「地方政府の課税基盤を（新税の導入によって）強化する可能性は66年白書によって明確に排除された。補助金を削減し、レイトへの圧力を取り除く機会はうしなわれた」「労働党政府が採用した短期的解決策は、ひどい時期喪失であった」[9]。この評価は、1980年代に強まる一般補助金への不信感とかかわって、傾聴する必要があろう。

(2) 地方制度改革と地方財政の矛盾の増大

　レドクリフ・モード委員会の調査結果と勧告は1969年にまとめられた[10]。大都市圏のみ二層制、他は一層制とし、イングランド全体に八つのプロビンスを設けるという多数意見と、イングランド全体の二層制を主張する少数意見とが示され、また地方制度改革と同時に国庫補助金依存度の低減を目的とする本格的な地方税改革を実施すべきことが提唱された。

　労働党政府が大都市制度等につき異なる見解を示しつつも原則的にこの勧告への賛意を表した70年2月の白書「イングランドの地方政府改革」[11]は、しかし、70年総選挙の政権交替によって消えさり、71年2月保守党政府の白書[12]が一層制を否定して二層制の維持拡大を基調とする構想を打ち出すにおよんで、モード委員会の勧告も捨て去られた。他方で、同年7月発表のグリーン・ペイパー「地方財政の将来像」[13]は、地方支出の急増と補助金依存率上昇が続くなかで、一般補助金の増大は地方自治を侵害しないとの認識に立ち、レイト増徴も地方行政機能の中央移管も料金・手数料等の拡充も財政改善案からはずし、新税源のあり方とレイト、補助金の改善策を検討した。

　新税源の検討対象は地方所得税、地方売上税、地方雇用税、自動車燃料税、自動車免許税であり、レイト課税の改善策は営業用資産への超過課税、世帯主以外の所得ある者への追加課税、用地価格課税（Site Value Rating）および農業への再課税であるが、新税源もレイトの改善も全体としては消極的否定的な検討結果に終わった。補助金の改善策は、レイト援助交付金の需要要素と財源要素の配分方法の修正であり、この部分だけが1974年RSG改正で現実化していく。

　ともあれ、このグリーン・ペイパーは66年白書以上に包括的本格的な地方財政改革の検討作業であった。同白書が財政改革の前提条件と位置づけた地方制度改革と地方団体規模拡大の基本方向も、すでに71年白書で固められていた。公共支出や行政機構はなお拡張を続けており、地方財政改革に好都合な環境は整っていた。それにもかかわらず71年グリーン・ペイパーの消極的トーンと租

税体系全体にかかわる改革に消極的な政府の対応の下で、本格的な地方税財政改革は再び見送られた。

かくして、財政改革ぬきのまま71年白書の構想が72年地方自治法に具体化されて、ロンドンを除く全イングランド・ウェールズを大都市地域・非大都市地域ごとの二層制の下に再編統合する地方制度改革が74年に実施され(14)、地方財政の矛盾を一層増幅することになった。しかも、86年の大都市制度改廃によって、この新制度自体がわずか10年余の短命に終わるのである。

1974年地方制度改革は、二層間への行政機能配分をめぐる様々な問題に加えて、職員数増大などにともなう地方支出増加を招いたといわれる。事実74／75年度のレイト徴収額は前年度比25％も急増し、政府は翌年度に急きょ総枠補助率を60.5％から66.5％へ引き上げたから、補助金依存度が一層昂進した。しかも、1974年のRSG二要素配分方法の改正によって、需要要素における地方団体の支出需要査定額に過去の支出実績にもとづく重回帰分析が導入されるとともに、都市財政需要やロンドンへの補正措置が加えられ、また財源要素算定方法は、1人当たり課税資産額の全国標準に対する不足額に税率、したがって徴税努力を加味したものとなった。財源要素の場合、課税資産の多い団体は計算上交付額がマイナスとなりうるのに、交付額ゼロの扱いをうけることで、大都市団体は相対的に有利であり、それ以上に新需要要素算定方法は都市団体の支出増大を促進するもの、との批判が非大都市地域の団体に強まった。だが労働党政府は、折からの経済不況の影響が深刻化した大都市中心部への対策を重視し、77年白書(15)で総合的なインナー・シティ政策に着手するとともに、需要要素配分方法にロンドン特例措置を加えるなど、レイト援助交付金の配分方法を一層大都市地域に有利なものとした。この動きは一般補助金制度の政治的操作であったと、トレイバーズは評している(16)。

1974年以降、一般補助金のこのような変質＝特定の政策目的への利用に加えて、74年地方制度改革以降補助金配分をめぐる地域・地方団体間の利害対立が深まることによって、地方団体に対する中央干渉は一層容易になったというのである。70年代後半期の総枠補助率引き下げと地方支出削減の政策は、まさに

こうした状況の下で開始される。

(3) レイフィールド委員会報告の棚上げと地方財政統制の進展

1974年に労働党政府の設立した地方財政調査委員会（レイフィールド委員会）の課題は、何よりも、74年地方制度改革と石油危機直後のインフレ昂進の下で、レイト負担の急増や補助金依存度の上昇に象徴される「地方財政危機」の真因を究明し、本格的な地方財政改革のあり方を提起することであった。この検討作業において委員会が最も重視した地方財政制度の基本要件は、「地方財政責任」（Local Accountability）であった。それは、地方自治体の課税自主権にもとづく地方税の自己調達と税収充当支出の自主的決定権とを大前提として、地方税水準や支出（サービス）決定内容の是非を地方有権者＝住民が判定する関係であり、地方財政民主主義の基本的理念にほかならない。

非弾力的な地方税制の下で支出増大とともに補助金依存度が上昇すれば、中央干渉の余地が増加するのみならず、支出増加と地方税負担増加との関係が不明確となり、地方財政責任は後退せざるをえない。したがって、増大する支出の主な負担と責任とを地方団体が負うのか中央政府が担うのか、すなわち中央─地方政府間の基本的関係について「地方責任」（Local Responsibility）を強化するのか「中央責任」（Central Responsibility）強化をめざすのかという統治構造上の選択が、重大なカギとなる。

委員会は、地方財源についてレイトの存続を求め、資本価格による資産評価方式の採用、再評価期間の短縮と定期的実施、農業用資産への課税、国有財産や国有化企業の資産課税方法の改善等々の改革を勧告するとともに、新地方税源については世帯主のみでなく住民の全個人所得にかかる地方所得税が適切と判定したが、地方所得税はとくに「地方責任」強化の道に不可欠と位置づけられた。

一方、補助金については一般補助金が重視され、レイト援助交付金の需要要素と財源要素とを統合した「単一補助金」（Unitary Grant）が提案されたけれども、この構想は「中央責任」型改革の道に不可欠な財源と位置づけられた。

レイフィールド委員会報告は最終的な結論部分で地方責任か中央責任かの選択を政府に委ねたが、多数意見は明らかに地方責任強化論であり、地方所得税導入による地方税の拡充強化と補助金依存度の引き下げを通じる地方財政責任の再生強化を求めていた。国民経済の全般的管理にかかわる中央政府の地方財政関与は必要でも、個別的なサービスに対する支出統制は不必要との批判的見解や、地方責任か中央責任かの選択を怠れば中央集権化が進行しようとの警告も、重大な意味をもつものであった[17]。

　だが、この問題提起に対して、労働党政府の77年グリーン・ペイパー「地方財政」[18]は、中央―地方政府関係はたえず変動するものであり、この関係を公式に定義すると経済的社会的変動への弾力的対応が妨げられるとして、中央責任か地方責任かの選択を棚上げにし、同時に地方所得税は時期尚早と判定することによって、事実上「地方責任」の道を否定した。しかも他方で、環境省の「統合補助金」(Combined Grant)構想にもとづきレイフィールド委員会が中央責任型の道に最適と評価した単一補助金制度の採用を提唱したのである。すでに公共支出削減の一環として地方支出抑制が重要な政策課題となる状況の下で、既存のRSG制度では補助金削減措置が政府設定の支出指針に対する対応の如何にかかわりなく全地方団体に影響する点が問題となり、単一補助金制度においては支出指針を守らない超過支出団体（Overspenders）への補助率低下装置がくみこまれた。地方団体の支出が指針をこえるにつれて補助金算定上のレイト税率を累進的に高め、補助率を下げるしくみがそれであって、この装置こそ包括補助金の限界補助率低下装置（Tapering）の原型にほかならない。

　単一補助金制度は結局地方団体側の猛反対により一応撤回され、この時期の支出削減は資本支出統制と経常支出に対する追加支出制限措置（Cash Limits）を中心に遂行されていくが、77年グリーン・ペイパーは、保守党・労働党の如何を問わず、政府が地方財政統制の強化を極力望んでおり、また労働党政府が事実上地方責任の道を却下して中央責任型財政改革への見切り発車を行い、同時に包括補助金への地ならしをしたものとして、重大な意味をもっていたとい

えよう。

(4) 小括——地方税制度の矛盾と補助金改革——

このように、1950年代後半期から四半世紀におよぶイギリス地方行財政改革の流れをたどると、住宅・教育・環境行政など地方行政需要が急増するなかで、戦後の新たな経済的社会的変動に対応しえなくなった地方制度と、レイトのみの地方税制にもとづく地方財政制度の限界と矛盾がたえず問題となり、改革の基調として地方自治・地方財政自主性の強化が重視されたにもかかわらず、幾たびもの改革実現の好機に根本的な地方税改革が見送られ、一時的なレイト負担緩和と財源不足対策としての一般補助金の強化がくりかえされたことが、明らかとなる。

しかも、1970年代後半期スタグフレーションに対する公共支出削減政策が開始されると、補助金を通じる地方支出の削減が至上命題になり、とりわけ支出削減に非協力的な超過支出団体への対策が重視されるとともに、経済不況下の大都市政策にRSGが利用されるにつれて一般補助金の変質や混乱が進行することになった。80年代の包括補助金は、こうして本来的な地方税財政改革の挫折にともなう一般補助金の発展と変質の所産として登場する。

しかし、個別地方団体の支出統制装置を内蔵した包括補助金の運用をめぐる矛盾の増大は、ついに伝統的なイギリス地方財政自治の基本的枠組みそのものを崩壊させ、74年誕生の地方制度をもゆるがせるに到るのである。次に、その過程をたどることにしよう。

3　80年代包括補助金運用の矛盾と地方財政統制の強化

(1) 80年地方財政改革と包括補助金制度

79年誕生の新保守党政府は、マネタリズムと新自由主義にもとづきインフレ抑制と民間企業活動の強化・市場機能の活性化によるイギリス経済の再生をめ

ざして公共支出削減政策を強化し、その焦点は地方支出特に大都市団体の高額支出にむけられた。地方団体諸協会の猛反対にもかかわらず80年末に成立した「地方政府・計画・土地法」には多様な改革がもりこまれたが、最大の狙いは地方支出削減促進のための地方財政改革にあり、その具体的項目は地方税、RSG および資本支出の三点であった[19]。

　地方税改革では、5年ごとの資産再評価制の廃止、住宅・営業混合資産や養漁場への減免措置、非居住用資産への分割納税方法の拡大や累進超過課税の緩和など、レイト負担の軽減と同時に自治体の課税権抑制がはかられた。また資本支出への統制方法が従来の起債許可制から地方団体毎の総枠配分方式に変わり、総枠内での裁量権が強化された反面、統制の対象が全資本支出に拡大された。

　だが、最大の焦点は補助金改革であった。RSG の需要要素と財源要素が統合されて包括補助金（Block Grant）が創設され、住宅レイト減税補填要素は住宅レイト減税補助金（Domestic Rate Relief Grant）と改称された。そして包括補助金には超過支出に対する補助率の自動低下装置がくみこまれたのである[20]。

　しかし、包括補助金導入の公式目的とされたのは旧 RSG の欠陥是正であった。その第一は、とくに需要要素が過去の支出実績にもとづくため RSG が支出増加を追って流れ、大都市の高額支出団体が有利になるという配分上の不公平であり、第二は支出需要パターンを解析する重回帰分析の難解さと変動のため算定過程が「ブラック・ボックス」化するという問題である。また第三に、年度中の地方支出増加に対し交付総額をプール総額に合わせる減額調整（Close-ending）のため、交付額が不安定・不確実となり、第四に財源要素配分も大都市に有利なため富裕団体のレイト税率が低く抑えられているとの批判も行われた。

　こうした欠陥を除去し、配分上の公平、支出需要査定方法の客観化・合理化と公開、収入の安定性・確実性の保証、地方団体間の1人当たり課税資産の完全均等化を達成することが公式目的とされたのである。また、補助金制度運用

に必要な人件費が節約され、政府に反抗的な地方団体を国家的利益に従わせやすくするとの利点も強調された。そして担当の環境大臣は、包括補助金が地方団体の課税自主権と地方税収充当支出の自主的決定権を侵害せず、地方財政責任を保証するものであると、くりかえし弁明したのであった。

以上の諸目的達成のため当初包括補助金に設定された基本的装置（以下、基礎的メカニズムとよぶ）を素描することにしよう。その総額は、旧 RSG と同じく、地方団体の基準支出額（Relevant Expenditure）に対する補助金総額決定の後、特定・補充補助金および住宅レイト減税補助金を控除して求められる。この基準支出額は経常支出額（Current Expenditure）に地方債償還金、資本支出への繰出金および住宅事業会計へのレイト基準繰出金を加え、利子収入を差し引いたものであり、また以上の算定の価格ベースは RSG 決定時点の価格水準に当該年度中の物価・給与・年金の上昇見込分（政府予測値）を加えた決算見込価格である。

ところで、包括補助金の基本的機能は、政府の地方団体支出需要査定にもとづき、一定水準の支出に必要な地方税率上のコストを均等化することにあったから、地方団体への交付額算定においては、各団体の支出需要額と1人当たり課税資産額が主な要素となり、前者は「補助金関連支出」（Grant Related Expenditure. GRE）と名づけられた。GRE は行政サービスごとの測定指標（Indicators）の数量に地方団体種類別の単位費用を乗じて集計されるが、この GRE に対する地方団体支出額の関係が補助金算定上の地方税率＝「補助金関連税率」（Grant Related Poundage. GRP）と連動する所に重大な特徴がある。

すなわち地方団体への交付基準はその支出総額とレイト収入算定額＝|課税資産額×補助金関連税率×乗数| との差額であって、地方団体支出額が GRE の10％上に設けられた超過閾（Threshold）をこえると、限界支出増加分に対する GRP 上昇幅が高まり、自動的に交付額が減少する装置がくみこまれたのである。この限界補助率低下（Tapering）装置こそ基礎的メカニズムの核心であって、大都市団体は1人当たり課税資産額が多く、しかも特に課税資産の多い団体には負の限界補助率が働くことに加えて、超過閾の支出水準が GRE

の全国平均値を基準としたために[21]、旧RSGから一転して不利となった。

 ただし乗数の使用によって、RSG改組にともなう交付額急変の緩和や、ロンドンの課税資産算入の制限や内部区・外周区間の課税資産均等化が図られるなど、一定の保護措置も加えられた。基礎的メカニズムにおいては、以上のGRE、GRPの設定や乗数使用の方法は全団体に共通のルールによることとされ、またGRE総額は全団体がGREレベルの支出予算を組むという想定の下で政府の公共支出計画に沿う地方支出計画額に合わせられたから、地方支出削減目標が達成されるためには、GREを大幅に越える超過支出団体が生じないのみでなく、低額支出団体がGRE水準いっぱいまで支出を増加させぬことが不可欠の条件となった。にもかかわらず地方支出が過大となれば、交付総額をプール総額に合わせる減額調整が行われることになっていた。

 かくして包括補助金には、政府によるGRE査定と超過支出に対する限界補助率の自動低下装置を通じて、旧RSGの諸欠陥を是正し、地方団体に自主的な支出の削減・抑制を促し、間接的にレイト増徴の抑制をも期待するという、幾多の課題が背負わされたのである。

(2) 制裁つき支出目標額(ターゲット)の導入と包括補助金の矛盾増大

 包括補助金は、全面適用の初年度＝81／82年度から甚しい自己矛盾を露呈した。政府は前年度地方改訂予算額比5.7％減という「極度に野心的な経常支出削減」を掲げながら、地方基準支出総額に対する総枠補助率カットをわずか1％にとどめたため、基礎的メカニズムの効力は減殺された[22]。非大都市団体の多くはGRE水準まで支出予算を増額し、労働党系の大都市団体はGRE以上の予算を組んだから、地方予算総額は計画額を大幅に超過した。当初から基礎的メカニズムの効力に自信をなくした政府は、81年1月、各地方団体の81／82年度経常支出規模を78／79年度実支出額比5.6％減とする「支出目標額」（Target）および目標額超過の団体から補助金を撤回する制裁措置（Holdback Penalties）の導入を通告した。この制裁は目標額超過率に応じて三段階の構造をもち、包括補助金の運用は一層複雑化した。

支出目標額は全く新たな要素と混乱を包括補助金にもちこんだ。超過支出の判定にGREと支出目標額という二つの基準が生まれたうえ、両者のベースは支出目標額が経常支出額したがって地方団体の支出構造であるのに対し、GREは全国共通の規範的なサービス基準と異なっていた。また支出目標額超過が支出変化率にかかわるのに対して、GRE超過は支出絶対額の高低に関係するなど、両基準の性質は異なっていた。しかも両者の関係は地方団体間で異なり、非大都市地域では支出額がGRE水準でも支出目標額を超過する団体が多いのに対して、大都市地域の高額支出団体では目標額超過率の方がGRE超過率よりも低くなりがちであった。このため、支出目標額導入はGRE以下の予算を組んだ保守党の非大都市団体に最も不人気となり、政府はこれら団体の要請に屈して制裁の適用免除という妥協と自己矛盾を重ねることになった。

初年度の場合、地方予算改訂結果が目標額を5.5％も超過し、大ロンドン（Greater London Council. GLC）など大都市3団体の超過分が大きかったにもかかわらず、目標額超過でもGRE超過でない団体には制裁の適用を免除するとの妥協によって、この3団体も救済された。政治的妥協ゆえに自ら制裁の効力を減殺し地方支出削減目標の達成に失敗した政府は、81年暮の第一次地方財政法案によって住民投票にもとづくレイト増徴規制を試みるが、それも挫折し、二年次以降も支出目標額と制裁の強化による地方支出削減を試み続けた。

二年次以降の支出目標額は設定方法が極度に複雑化したが、基本的特徴は超過支出団体に超過率に応じて厳しい目標額を課し、過少支出団体の支出削減率を緩和しようとしたことである[23]。ところが82／83年度に支出目標額のベースを経常支出額から支出総額に変え、支出目標総額をGRE総額に合わせる一方で、前年度の支出超過・過少の如何により差別的な目標額設定を行ったため、GREよりも支出目標額の低い団体が数多く発生した。

当時地方財政法案をかかえ保守党系団体の反撥をおそれた政府は、ここでも重大な譲歩を行った。所定の支出目標額を「技術的目標額」と名付け、それがGREより小さな団体はGREをもって制裁適用の始まる「有効目標額」とみなすことにしたのである。このケースの8割は非大都市団体に集中し、保守党系

団体はその恩恵に浴したが、制裁の効力は再び減殺された。だが、目標額のベース変更は一層重大であった。この変更によって経常支出以外の項目、すなわち地方債償還金や資本支出・特別基金への繰出金等が支出目標額の構成項目に入りこみ、地方団体の財政的対応の余地が増大したのである。これ以降地方団体は制裁回避のため多彩な財政操作を駆使するようになった。

支出目標額と制裁措置は年々強化された。ひとたび制裁が課されレイト税率が上がると、この上昇分は翌年度もビルトインされて支出予算のベースとなり、支出削減の誘導にはさらに厳しい制裁が必要となった。83／84年度以降、制裁の最高限度が撤廃され、「有効目標額」の緩和措置が消え、翌年度には目標額超過率に応じて累進的な構造をもつ制裁措置が登場する過程で、制裁をうける保守党系団体が増加すると同時に、基礎的メカニズムの作用から目標額以下の支出でも包括補助金不交付となり、したがって制裁機構から完全にはずれる大都市団体が増加した。そして、地方支出予算総額は、政府が毎年公共支出計画中の地方経常支出額を増額改訂したにもかかわらず、大幅に政府目標を超過し続けたのである。

83／84年度の支出超過と大都市団体のレイト税率急上昇に衝撃をうけた政府は、直接的規制を志向して、83年6月総選挙の保守党公約に超過支出団体のレイト税率直接統制とGLC・大都市カウンティ廃止構想を掲げ、前者は84年レイト法成立によって85／86年度から実施され、後者も86年4月に実施した[24]。包括補助金運用の矛盾は、ついに課税自主権の否定と大都市制度の改廃をもたらしたのである。

だが実は同時に、以上の過程を通じて、支出目標額と制裁＝補助金撤回のシステム自体が基礎的メカニズムの機能を阻害し、地方団体の予算編成のビヘイビアを混乱させるという、公式目的に逆行する事態が発生していた。保守党政府自ら設立した地方団体監査委員会による84年8月の報告[25]は、この重大な事態を白日の下にさらけ出したのである。

矛盾の源は制裁の厳しさであった。84／85年度の場合、支出目標額超過1ポンド当たり税率上昇幅は基礎的メカニズムの装置にくらべ14倍も大きかった。

したがって、地方団体は、限界補助率自動低下装置やGREと支出との関係よりも、有利な支出目標額の獲得と制裁回避の方法に関心を集中させ、「創造的会計操作」（Creative Accounting）とよばれる財政操作が流行した。

その第一は「戦略的予算編成」（Strategic Budgeting）であって、支出目標額のベースが過去の支出予算であるため、後年度の目標額水準を引き上げるべく、あえて支出予算を増額する方法である[26]。このため包括補助金は支出増加を促進し、支出増加を追って流れることとなり、旧RSG需要要素の矛盾が再現された。

第二は繰出金や地方債償還金を利用する方法である。制裁措置の軽いうちに特別基金を新増設して繰出しを行い、リザーブを蓄積し、また地方債の繰上償還で後年度の負担を軽くしておき、制裁の強化された後年度にリザーブを用いて実質的に支出水準を維持しつつ、支出総額を支出目標額以内に抑え制裁を回避するという方法である。その結果、繰出金やリザーブが急増するとともに、地方団体の支出総額が支出実態から乖離していった。また、通常は経常会計扱いの維持補修にかかる人件費を資本会計に移す「資本会計化」（Capitalization）の手法も活用された[27]。

こうした財政操作の流行に加えて、政府の地方経常支出総額の操作から支出目標額総額がGRE総額を大幅に超過して、支出目標額は地方団体の支出需要から乖離し、長期的な地方財政管理は一層困難となった。

かくして、支出目標額と制裁措置の作用によって基礎的メカニズムの機能は宙にうき、包括補助金は自治体職員すら理解し難い複雑難解なシステムに化すとともに、収入は極度に不確実・不安定化し、旧RSG以上に支出増加を促進し、しかも1人当たり課税資産均等化は早々と放棄されるなど、本来の公式目的に逆行する諸結果が生み出された。何よりも象徴的なのは、地方団体の支出変化とレイト税額変化との間に相関関係がなくなったことである。包括補助金は終に、環境大臣が当初保証した地方自治本来の枠組み―地方財政自治の理念が成立し難い状況を生み出したのである。

(3) 包括補助金の破綻と新たな地方行財政改革の始動

1984年の地方団体監査委員会報告は、包括補助金の矛盾と弊害を克明に分析した後、支出目標額の廃止と包括補助金の改組をふくむ補助金制度の改革を要請した。当時レイト税率統制やGLC・大都市カウンティ廃止構想に対する地方団体の激しい批判・抵抗に直面して苦境に陥った政府は、同年10月の保守党大会において地方財政制度再検討の関係省庁部内作業に着手する旨約束した。

だが翌年春、スコットランドの課税資産評価替えにともなうレイト負担急増への不満を原因として保守党議席が失われるという事態が発生し、政府は急きょ方針を転換して、87年総選挙を目途とする地方財政改革法案の準備をめざし、85年5月、住宅レイト廃止、営業用資産レイトの中央統制、人頭税の導入、教育財政の中央移管などの改革構想を公表した。そして同7月、86/87年度RSG策定にからんで、ついに支出目標額と制裁＝補助金撤回措置の撤廃と基礎的メカニズム強化の方針が発表され、翌年1月には地方財政改革構想を具体化したグリーン・ペイパー *Paying for Local Government* が発表されたのである。

こうして、今や有害無益と化した制裁つき支出目標額の切り捨てと包括補助金本来の機能回復への方向転換がはかられると同時に、イギリス地方行財政改革はレイトの改廃、人頭税の導入、補助金制度の再改革、そして地方行政機能の大幅な縮小と地方制度再編成へという新たな波乱・激動の時期を迎えることとなったのである。

4 集権的地方行財政改革と補助金政策の新展開

(1) 支出目標額廃止後の包括補助金

85/86年度以降の包括補助金運用は、数々の地方行財政改革に翻弄された。85/86年度の影響はレイト税率統制の開始とロンドン公共交通の中央移管である。前者は、GRE超過率20％以上、支出目標額超過率4％以上、支出規模14

万ポンド以上の大都市超過支出団体18が対象となり、政府はその効果に期待して支出目標額を緩和する一方で制裁措置を強化したが、レイト税率統制は税率決定拒否をふくむ適用団体の激しい抵抗や創造的会計操作の駆使に直面して、支出の実質的削減は達成されず、二年次以降も混乱が増幅された[28]。そして、86／87年度の包括補助金には大都市制度改廃と支出目標額等撤廃のインパクトが加わったのである[29]。GLCや大都市カウンティの行政機能は特別区およびディストリクトと新設の広域機関（joint authorities）に再配分されたから、それに対応する調整措置が地方団体支出総額やGRE、GRPの算定に加えられ、とくにロンドンには新たなレイト均等化措置が設けられた。また新広域機関中19団体はレイト税率統制の対象となり、同年度の適用団体は32に急増した。

だが、限界補助率低下装置強化の影響はさらに大きかった。支出10ポンド増加に対するGRP上昇幅は、85／86年度すでに超過閾以下で前年度の6ペンスから6.9ペンスへ、超過閾以上は7.5ペンスから8.625ペンスへと15％も引き上げられたが、86／87年度以降は支出目標額なきあとの基礎的メカニズムの機能回復のため、超過閾以下11ペンス、超過閾以上15ペンスへと飛躍的に強化された。しかし、地方団体の支出実態に合わないGRE査定や不適切な物価上昇率予測、過大な支出削減計画等のために、包括補助金運用の矛盾と混乱はその後も続き、その過程で包括補助金の地位低下が昂進した。

表5-1は、包括補助金導入以降のRSG配分の推移である。当初決定額をベースとすると、補助金総額は84／85年度まで微増し続けたのに、85／86年度から2カ年は減少した。総枠補助率は初年度の59.1％から低下し続けて85／86年度に50％を切り、88／89年度は46.2％となった。しかも補助金総額の中で包括補助金のシェアは、初年度76.7％から88／89年度68.8％へと下り続けた。表5-2のように、特に83／84年度以降特定補助金の新設が相次ぎ、その割合が補助金全体の約4分の1へ高まる一方で、包括補助金総額は84／85年度以降減少を続け、86／87年度には初年度以下にまで落ちこんだのである。

この減退傾向の中で、包括補助金の地域別配分割合においては、表5-3のごとく、85／86年度以降ロンドンのシェアが高まる一方、非大都市地域の割合

表 5-1 レイト援助交付金および包

			(旧 RSG)		1981/82年度		1982/83年度		1983/84年度	
			1975/76年度	1979/80年度	当初決定額	第三次補正額	当初決定額	第三次補正額	当初決定額	第三次補正額
地方基準支出額		A	9,987	16,364	18,423	18,639	20,463	21,765	22,307	23,082
補助金総額		B	6,641	9,517	10,895	10,900	11,484	11,242	11,782	11,486
総枠補助率 B/A		(%)	66.5	58.2	59.1	58.5	56.1	51.7	52.8	49.8
Aの内訳	金額	特定補助金(£m)	556	1,195	1,447	1,470	1,662	1,753	1,911	1,956
		補充補助金 〃	297	356	421	421	462	462	455	455
		減税補助金 〃	619	687	663	663	678	678	686	686
		包括補助金* 〃	5,169	7,279	8,364	8,346	8,682	8,349	8,730	8,389
	構成比	特定補助金(%)	8.4	12.6	13.3	13.5	14.5	15.6	16.2	17.0
		補充補助金 〃	4.5	3.7	3.9	3.9	4.0	4.1	3.9	4.0
		減税補助金 〃	9.3	7.2	6.1	6.1	5.9	6.0	5.8	6.0
		包括補助金* 〃	77.8	76.5	76.7	76.5	75.6	74.3	74.1	73.0

出所:*Rate Support Grant (England), 1984/85, 1987/88, 1988/89* の各年度版により作成。
注:＊旧 RSG の場合は、需要要素と財源要素の合計、包括補助金は「補助金撤回」(Holdback) 後の数値である。

は低下したが、補助率低下装置の厳しい作用はむしろ大都市地域に集中し続けた。88／89年度の場合、超過閾以下の支出水準で負の限界補助率の適用をまぬがれたのは55団体のみであったが、うち47団体は非大都市地域であり、大都市団体はロンドンの2特別区と4ディストリクトにすぎなかった[30]。GRE 算定上治安対策費が重視されたのに対して住宅・環境サービスの費用増加が低く見込まれるなど、大都市地域は不利な立場におかれた。

かくして、包括補助金制度の下で地方支出削減とレイト負担軽減の効果を期待された一般補助金は、ついにその目的を達成しえぬまま相次ぐ中央統制の強化と地方財政の混乱を招きよせ、しかもその地位・機能の大幅な後退と特定補助金の著しい強化によって、財政の中央集権化は一層昂進することになったのである。

(2) 新たな地方税財政改革と一般補助金制度

86年グリーン・ペイパーは、レイトにもとづく地方財政制度の欠陥が包括補助金制度の運用と失敗の過程で一層明白になり、根本的改革が不可避になった

括補助金総額等の推移

(単位：百万ポンド、％)

1984/85年度		1985/86年度		1986/87年度		1987/88年度		1988/89年度
当初決定額	第三次補正額	当初決定額	第三次補正額	当初決定額	第二次補正額	当初決定額	第一次補正額	当初決定額
22,883	23,872	24,161	24,116	25,329	26,601	27,746	28,900	29,846
11,872	11,902	11,764	11,780	11,764	11,950	12,842	13,025	13,775
51.9	49.9	48.7	48.8	46.4	44.9	46.3	45.1	46.2
2,143.5	2,392.5	2,410	2,476	2,606	2,719	3,106	3,106	3,367
405.5	405.5	166	166	170	170	187	187	199
692	692	699	699	708	708	717	717	727
8,631	8,412	8,489	8,439	8,280	8,353	8,832	9,015	9,482
18.1	20.1	20.5	21.0	22.2	22.8	24.2	23.9	24.4
3.4	3.4	1.4	1.4	1.4	1.4	1.4	1.4	1.4
5.8	5.8	5.9	5.9	6.0	5.9	5.6	5.5	5.3
72.7	70.7	72.7	71.2	70.4	69.9	68.8	69.2	68.8

として、三つの改革方向を提示した。第一は地方行政機構の再編成＝行政機能の再配分、第二はレイトの全面的統制や一部地方行政機能の中央移管など財政統制の強化、第三は地方財政責任の強化にもとづく地方財政改革であって、第三の方向が改革の基調とされた。

　改革構想の第一は地方税改革である。10年以内にレイトを段階的に廃止しつつ、全成人を対象とする均等割のコミュニティ・チャージ（以下「人頭税」）を導入し、営業用資産レイトは均一税率の国税として徴収額を成人住民数に按分して各地方団体に交付する。第二は補助金改革である。新地方税による団体間１人当たり税源不均等の是正を前提として、一般補助金は需要補助金(Needs Grant) と標準補助金（Standard Grant）に縮小簡素化される。前者はGREを簡素化した支出需要査定方法にもとづき１人当たり標準行政サービス供給費の地方団体間格差を補うために交付され、後者は人頭税の負担軽減のため成人数に一定額を乗じて交付される。

　地方団体の経常支出は、特定・補充補助金充当部分を除き、営業用資産レイト譲与税、標準補助金、需要補助金および人頭税の四財源でまかなわれるが、

表5-2 特定補助金の構成の推移

(単位:%)

年　　度	81/82	82/83	83/84	84/85	85/86	86/87	87/88	88/89
警　　　　　察	65.7	63.4	60.5	56.9	53.5	53.5	51.0	51.9
治安判事裁判所	6.1	6.0	5.7	5.4	5.2	5.1	4.6	4.6
保　護　監　察	5.5	5.4	5.5	5.3	5.1	5.0	4.5	4.5
英　連　邦　移　民	3.4	3.4	3.4	3.6	3.6	3.8	3.5	3.4
都市対策事業	6.9	7.8	7.9	7.0	6.8	7.1	6.8	6.2
民間防衛活動	0.5	0.5	0.5	0.5	0.4	0.4	0.5	0.5
空地・遊休地	0.2	0.2	0.1	0.1	0.6	0.1	0.0	0.0
大　気　浄　化	0.1	0.1	0.1	0.1	0.1	0.0	0.1	0.0
都　市　再　開　発	1.0	0.5	0.3	0.3	0.2	0.2	0.2	0.1
住　宅　改　良	7.4	9.2	12.2	15.3	18.3	17.8	17.2	17.1
小　自　作　農　地	0.0	0.0	0.0	0.0	0.0	0.0	0.0	0.0
障　害　者　雇　用	0.4	0.5	0.4	0.4	0.4	0.4	0.3	0.4
タ　ウ　ン　開　発	0.0	0.0	0.0	0.0	—	—	—	—
ス　ラ　ム　除　去	2.7	3.1	3.1	2.6	1.7	1.9	1.6	1.5
現職教師訓練			0.2	0.5	0.7	0.8	3.7	3.5
教　育　扶　助					0.9	1.1	2.1	2.4
公共交通施設					0.4	0.2	0.2	0.1
住　宅　給　付　金				2.1	2.1	2.5	3.5	3.2
有志団体補助金							0.3	0.3
社会サービス訓練補助								0.2
合　　　　計	100.0	100.0	100.0	100.0	100.0	100.0	100.0	100.0

出所：*Rate Support Grant* (*England*) より作成。81/82年度のみ第三次補正、他はいずれも当初決定額による。

　前二者は成人1人当たり一定額であり、需要補助金は各団体の最低必要行政水準に必要な支出需要額の政府査定によってきまり、いずれも年度当初の決定以後は変更されない。したがって、政府査定の支出需要額と地方団体の決定する支出額との差額はすべて人頭税にかかり、この支出—人頭税の対応関係こそが新たな地方財政責任の論拠とされている[31]。

　このメカニズムは、一般補助金の簡素化・固定化により中央政府の財政負担を軽減しつつ、逆進性の強い人頭税に対する住民の抵抗を圧力として地方団体に政府査定の支出水準を守らせようとするものであり、同時に地方財政責任を支出変化と地方税負担変化との直結関係に矮小化しながら、包括補助金に期待した地方団体支出統制の機能を、人頭税を核とする集権的な地方財政体系の中で再生強化しようとするものだといえよう。

地方団体関係のみならず保守党内改革グループや財界諸団体をふくむ厳しい批判・対案の続出にもかかわらず、この構想に沿った地方財政改革は、86年秋に上程され87年総選挙直前に成立した「住宅レイト廃止等（スコットランド）法」[32]により、まず1989年からスコットランドで実施されることになり、続いてイングランド・ウェールズむけ地方財政法案も総選挙直後に登場し、88年7月に成立して、90年実施が本決まりとなった。後者の最終的内容はグリーン・ペイパーや法案に対し重要な修正をふくむものとなったので、88年地方財政法の概要を確認し、その特徴と問題点を素描することにしたい[33]。

第一に、人頭税には三類型が設けられた。18歳以上の本人に対する基本型（Personal Community Charge）のほかに、主たる居住者の登録されていない家屋の所有者・借家人に対する「標準」分（Standard Community Charge）およびアパートなど短期的滞在用の複合居住施設にかかる「集合」分（Collective Community Charge）が設けられ、第三のタイプは家主が居住者から徴収し5％の手数料を引いて納税することになった。

基本型に関する免税対象は、法案段階の身障者、19歳以下の就学者、外交官等から、路上生活者、ボランティア活動家、ホステル等滞在者、宗教団体関係者を加える形に拡大されたが、それ以外は学生や生活保護受給者など極貧層にも20％の課税最低限が設けられた。なお徴収団体はディストリクト、ロンドン特別区（バラ）、シティ、シリー諸島など従来のレイト徴収団体であり、他は徴収委任団体となった。

第二は、営業用資産レイトの国税移管と地方譲与税化である。90年資産再評価の実施と以後5年おきの評価替え、環境大臣による当初税率決定と以後の小売物価指数リンク制、成人数按分による徴収団体への配分交付は原案通りだが、農業用土地建物、養漁場、宗教用礼拝・協会関連施設、下水道・公園・身障者用等公共施設、エンタープライズ・ゾーンに対する免税措置や、慈善団体の減税率引き上げ、小零細企業等に対する暫定的軽減措置などが加えられた。

だがレイトに関する最大の変化は住宅レイトの一括廃止である。法案ではロンドンなど高額支出団体に対する4年間の段階廃止措置が加えられていたが、

表 5-3　包括補助金の地域

	1981/82年度 第三次補正		1982/83年度 第三次補正		1983/84年度 第三次補正		1984/85年度 第三次補正	
	金額	構成比	金額	構成比	金額	構成比	金額	構成比
大都市地域	2,521.6	30.2	2,488.5	29.8	2,586.0	30.9	2,626.4	31.3
カウンティ	468.5	5.6	479.5	5.7	492.0	5.9	513.7	6.1
ディストリクト	2,053.1	24.6	2,009.0	24.1	2,094.0	25.0	2,112.7	25.2
広域団体	―		―		―		―	
非大都市地域	4,591.0	55.1	4,547.6	54.5	4,567.5	54.5	4,620.4	55.0
カウンティ	3,998.4	48.0	3,956.2	47.4	3,946.9	47.1	4,018.7	47.9
ディストリクト	592.6	7.1	591.4	7.1	620.9	7.4	601.7	7.2
ロンドン	1,224.0	14.7	1,304.1	15.6	1,226.9	14.6	1,149.4	13.7
大ロンドン、消防局 ロンドン内部教育庁	133.2	1.6	108.0	1.3				
首都警察	101.8	1.2	129.2	1.5	136.3	1.6	139.9	1.7
ロンドン内部区	296.5	3.6	314.1	3.8	334.0	4.0	267.5	3.2
ロンドン外周区	692.5	8.3	752.8	9.0	756.6	9.0	742.0	8.8
シリー諸島	0.7	0.0	0.7	0.0	0.7	0.0	0.7	0.0
イングランド合計	8,337.3	100.0	8,340.9	100.0	8,381.1	100.0	8,396.9	100.0

出所：*Rate Support Grant* (*England*) 各年度版より作成。
注：(1) 表 5-1 との総額の違いは、地方団体への特定サービス供給機関に対する交付分を除外したためである。
　　(2) 各年度とも、補助金撤回措置後の数値であるが、85/86年度までは最終決定額である。
　　(3) ―は当該団体が存在しないことを示す。

経過措置にともなう地方税徴収業務錯綜化等のため、既存のレイト法諸規定は90年3月末に一括廃止、同時にRSGの交付も停止することになった。

　第三は補助金改革である。包括補助金、住宅レイト減税補助金廃止後の新一般補助金はグリーン・ペイパーの二本立構想から「収入援助交付金」(Revenue Support Grant. 以下、新RSG)に一本化されたが、実体は1人当たり支出需要額最低団体の「最低需要額」との差額を交付する需要部分と住民1人当たり均等額分との二段階で構成され、当初の構想が生かされている[34]。

　だが、法案も地方財政法も、毎年新RSGの総額と算定交付方法の詳細を定めた配分報告書を環境大臣が決定して下院に提出し、年度中交付額の変更なしと規定するのみで、具体的な算定方法については88年国会審議の段階でも政府当局者は詳細の明示をこばみ、論議の的となり続けた[35]。

別配分動向

(単位：百万ポンド、%)

1985/86年度 第三次補正		1986/87年度 第二次補正		1987/88年度 第一次補正		1988/89年度 当初決定	
金額	構成比	金額	構成比	金額	構成比	金額	構成比
2,704.4	32.1	2,590.1	31.0	2,799.1	32.0	3,042.3	32.1
611.7	7.3	—	—	—	—	—	—
2,092.7	24.8	2,291.0	27.5	2,451.2	28.0	2,647.3	28.0
—	—	299.1	3.6	347.9	4.0	395.0	4.2
4,370.8	51.9	4,311.0	51.7	4,407.9	50.4	4,719.6	49.8
3,823.1	45.4	3,657.3	43.8	3,786.4	43.3	4,105.9	43.4
547.7	6.5	653.7	7.8	621.5	7.1	613.7	6.5
1,353.4	16.1	1,441.0	17.3	1,543.5	17.6	1,708.2	18.0
137.7	1.6	—	—	—	—	—	—
141.9	1.7	165.4	2.0	166.3	1.9	164.7	1.7
333.2	4.0	517.6	6.2	558.1	6.4	591.8	6.2
740.6	8.8	758.0	9.1	818.9	9.4	951.7	10.0
0.8	0.0	0.9	0.0	0.9	0.0	1.1	0.0
8,429.4	100.0	8,343.0	100.0	8,751.2	100.0	9,471.2	100.0

　なお、新RSGの運用上、地方団体は徴収団体たる「受領団体」(Receiving Authorities)と、それに「徴収委任団体」を加えた「通知団体」(Notifying Authorities)に区分され、新RSGは後者の分全体が前者に交付されることになった。受領団体には「徴収基金」(Collection Fund)が設置され、委任団体分をふくめて新RSGと営業資産レイト譲与税の交付額および人頭税収入はここで一括運用されることとなった。

　徴収基金には重大な機能が賦与されている。第一に、この基金の動きから住民が地方団体の支出決定と人頭税変化との関係を判定することが期待されている[36]。第二に、環境大臣は人頭税の過重な団体に最高制限額を設定しうることとなり、当該団体が従わぬ場合には徴収基金からの資金引き出しが凍結されるから、徴収基金は地方税統制の制裁装置ともなった。また、地方団体の各種

基金については、従来の一般レイト基金が「一般基金」(General Fund) に改組される一方、他の基金との関係を規制する権限が環境大臣に与えられ、地方団体の自主的財政運営の余地は厳しく統制されることになった。

広汎な批判文書は、この新地方財政制度について数々の問題点と矛盾を指摘している。

第一は、その著しい集権性である。営業用資産レイトの国税移管によって、地方収入に対する地方税収の割合は50％台から25％程度に低下し、課税自主権の意義と地方財政責任がとみに低下するのみならず、地方団体が自主的に1％支出を増加させると、その支弁に必要な人頭税引き上げは4％に及ぶという「ギア効果」が発生し、この効果は補助金カットでも起きると指摘されている[37]。人頭税額統制と徴収基金凍結によって課税自主権自体が統制されるから、集権性は一層強まらざるをえない。

第二は、人頭税の不公平と逆進性である。人頭税の負担が地方団体間、個人や世帯間で著しく不公平となり、殊に低所得層や貧困な地域の多成人世帯の負担を増大させるという逆進性と社会的不公平の矛盾は数々の実証的分析結果で浮き彫りとなった。減免措置の拡大が図られたものの、課税最低限の設定にともない生活保護世帯の負担は実質増加となるなど、基本的矛盾は何ら解決されていない[38]。

第三に、人頭税負担回避行動のため住民登録など管理運用業務が複雑化して徴収費用が増大するとの指摘が大勢を占め、現実にはむしろ住民の抵抗と政治的配慮から人頭税への依存が困難になって地位低下が進まざるをえず、その場合特定補助金への依存が高まり集権性は一層昂進しようと予測されている[39]。さらに経済団体は、営業用資産レイトの国税化によって地域の企業・経済活動と地方行財政との関係がたち切られ、低所得層の負担増大と相まって地域経済全体に深刻なインパクトが及ぶと指摘し[40]、保守党改革グループは、その点でこの改革が保守党本来の基調と道義に反すると批判している[41]。

新地方財政制度の不安定と短命が予測の大勢を占める中で、多くの批判文書は改革の対案をも提示している。早くも85年10月には財政会計公認協会が、地

方行政を財産関連サービスと人的サービスに分け、前者にはレイト、後者には住民税を対応させる構想を提案したし(42)、地方団体諸協会は両レイトの改革・維持と地方所得税の導入構想を改めて提示している(43)。また保守党改革グループは、地方民主主義強化と地方税源拡充の立場から、住宅レイトの半減、地方所得税導入に加えて賭博税・自動車税（Vehicle Excise Duty）の地方委譲を提案している(44)。

さらに、人頭税の税率に多くの段階を設け実質的に地方所得税化を図るという注目すべき修正案も登場した。そして世論調査結果は、人頭税の詳細と影響の分析結果が明らかとなるにつれて新地方税制の支持率はとみに低下し、88年4月時点では、望ましい地方税制の意見分布は地方所得税42％、現行レイト28％に対し、人頭税は13％にすぎなかったのである(45)。

88年地方財政法成立後も人頭税をめぐる批判の動きは保守党内部でも高まっており、90年代には新地方税財政制度の矛盾が現実化する中で、これら対案をふくむ地方税改革論議が再燃し、補助金制度も再び改革の波にさらされるであろう。

(3) 自治体行政機能の縮小と地方行財政のゆくえ

だが、88年地方財政法は新段階の地方行財政改革の一画にすぎない。まず88年教育改革法は、公立学校の管理運営・予算運用の権限と、父母同意の下で自治体の管轄から離れる選択権を各校に与え、その場合教育補助金の交付を保証するとともに、ポリテクニックやカレッジなど地方高等教育機関の大半も自治体からはずして財源管理を中央政府指令の新機関に移し、残余の地方高等教育機関の運営機構は改組して財界代表の発言権を強化する一方、自治体代表の構成割合を20％以下に制限した(46)。そして、従来ロンドン中心部の公教育行政を司ってきたロンドン内部教育庁（Inner London Education Authority）は廃止されることになった。

第二に、88年住宅法は居住者（テナント）の同意の下で公共住宅の所有・管理権を住宅協会や民間業者など自治体以外の家主（landlord）に移すことを認め、同時に老

朽公共住宅の取得・再整備など都市開発公社(Urban Development Corporation)に似た広汎な権限をもつ住宅対策トラスト（Housing Action Trusts）設立の権限を環境大臣に与えるなど、地方公共住宅行政の領域も一層の縮小が図られた。

また88年地方自治法は、建物の清掃・維持管理、学校や福祉施設等の給食業務、ゴミ収集、車両のメインテナンス、街路清掃など広汎な地方行政サービスにおける競争入札制を自治体に義務づけ、本格的な地方行政民営化推進の体制が整えられた。スポーツ施設等もこれに続き、90年代初めには法的サービス、委員会業務、人頭税の運用管理にまで対象が拡大されるだろうといわれる[47]。

さらに、70年代以来懸案の課題たる大都市中心部（インナー・シティ）の再開発をめぐって、自治体主導でなく政府主導の都市開発公社が87年総選挙以降拡大され、社会問題対策よりも民間投資と雇用創出が一層重視される中で、特定補助金の「バイパス政策」が強化されている。民間開発促進のため82年に設けられた都市開発事業(Urban Development Programme)にかかる都市開発補助金(Urban Development Grant)が自治体を通じて交付され、中央―地方の負担割合が75対20だったのに対して、87年設置の都市再生補助金（Urban Regeneration Grant）はより大規模な事業を対象とし、地方団体の計画許可以外は中央政府の全面管轄となった[48]。そして88年3月の政府文書は、この両補助金と民間荒廃地開発補助金（Derelict Land Grant）を新たな都市補助金（City Grant）に統合簡素化し、自治体を経由せず直接民間業者の大規模開発事業に交付する構想を提起したのである[49]。

かくして、教育、住宅、都市再開発その他地方行政全般にわたって、民営化と集権化による地方行政機能の大幅な縮小が着実に進行しつつある。しかも、86年3月の大ロンドン、大都市カウンティ廃止以降、非大都市地域のカウンティ廃止論や地方制度二層制の再検討論が登場し、多様な論争が展開されるなど、地方制度自体が流動化の様相を呈し始めている。地方行政の縮小に対する根強い抵抗の存在、矛盾の多い新地方財政制度の不安定そして地方制度再編成の動きの下で、90年代は地方政府の過渡的な動揺と再建の時代にならざるをえない

であろう。

5 むすび——イギリス地方財政・地方自治と補助金制度の再構築にむけて——

70年代後半以降イギリス地方財政構造を急変させた潮流は、マネタリズムにもとづく経済危機対策としての公共支出削減政策であり、また新自由主義の下で市場原理を強化し民営化を推進する「ポピュラー・キャピタリズム」という名の戦後福祉国家解体路線であった[50]。50年代から70年代にかけて財政上の地位が高まった地方政府はとりわけその攻撃の的となり、80年代後半期にはついに、レイトにもとづく伝統的な地方財政構造と地方財政責任の体制が崩壊し、地方行政機能の大幅な縮小と人頭税による地方財政制度が登場する新たな段階を迎えた。

ロンドン大学のベネットは、国家と国民、地方政府と住民の関係をめぐって、従来の画一的な行政サービスの供給=「博愛主義的」官僚制下の福祉国家政策よりも、市場関係に似た多様な個人的欲求の弾力的充足や選択的救済を重視する新たな思潮の下で、地方サービス供給の弾力化・多様化・効率化や民間活動の活用が求められ、新しいアカウンタビリティの関係が求められるに到ったのだと、この新段階を特徴づけている[51]。

だが、88年教育改革法・住宅法・地方財政法に共通する基調について、グレナースターら同じロンドン大学グループが新自由主義・新保守主義や新地方主義（地方官僚機構の解体縮小と再編）の実現よりも「新たなリヴァイアサンの誕生」と評価するように[52]、88年改革路線は、地方行政の民営化推進にもかかわらず、むしろ著しい中央集権化を最大の特徴としており、新段階の潮流と矛盾する内実をはらんでいる。ベネットの指摘する新思潮が集権的福祉国家体制の矛盾にもかかわるものだとすれば、新たな方向は多様で弾力的なサービス供給を可能ならしめる分権型福祉国家の地方行財政システムと自治ではないであろうか。戦後福祉国家政策にともなう行政機能の中央集中の下で地位と機能の低下した地方政府の役割が改めて問い直さざるをえないであろう。

南部地域の繁栄と北部地域の衰退、大都市中心部への底辺社会階層の堆積など、サッチャー政府の下で地域的・社会的分裂が増大する中で[53]、これら経済的・社会的・地域的不均等発展にともなう諸矛盾に対応すべき地方政府の課題・役割は一層重大となるであろう[54]。そして1990年代は、集権と分権・自治の相克の中で地方行財政がゆれ動く時代となるに違いない。

　80年代イギリス地方財政改革論争の一特徴は、一般補助金への不信が高まったことである。レイトのみの地方税制にもとづく地方財政の矛盾が累増し、地方税の本格的拡充と地方財政の自主性強化が叫ばれたにもかかわらず、根本的な地方税改革が見送られ続ける中で、一般補助金の強化がくりかえされた。だが、74年地方制度改革と公共支出削減政策開始以降一般補助金はこの特定政策目的に利用され、その所産として登場した80年代包括補助金システムの下で、一般補助金の変質は一層深刻化した。

　一般補助金は中央統制をともなわず地方自治を侵害しないとのレイト援助交付金成立当時の理念にもかかわらず、現実には政府が複雑な算定方法を駆使して一般補助金を操作し、地方団体財政統制を強化してきた。したがって、政権政党のいかんにかかわらず一般補助金の増大は長期的に地方財政統制の強化を招くのみだと、ヘップワースは批判する[55]。それ故にこそ、彼は地方自主税源の拡充を主張する。だが80年代後半期には、この矛盾未解決のまま包括補助金自体の地位低下と特定補助金の機能強化が進み、90年代人頭税にもとづく地方財政制度の下で一層一般補助金の地位低下と特定補助金依存度の上昇が進もうとしている。

　だが、既述のようにこの集権型システムは安定的ではありえない。中央―地方政府間および地方政府内部の行財政機能配分が再検討される中で、保守党改革グループの提起する中央―地方間税源再配分や地方所得税構想とレイト改革など本格的な地方税拡充構想が再浮上することになるであろう。この分権と自治再生の地方財政システムにおいては、ナショナル・ミニマムを維持し農村地域にも地方財政責任を保証する一般補助金制度の再構築が不可欠の課題とならざるをえない。今改めてレイフィールド委員会報告以来の根本的な統治構造上

の選択にゆれるイギリス地方財政の苦悩とゆくえを、我々は一つの先進的な事例として注意深く見守らねばなるまい。

(1) The Chartered Institute of Public Finance and Accountancy (CIPFA), *Local Government Trends 1988*, p. 2.
(2) R. J. Bennett, "Local Government Finance, The Inevitable Day of Reckoning", *Regional Studies*, Vol. 22, No. 3, 1988, pp. 233-235.
(3) 高橋誠『現代イギリス地方行財政論』有斐閣、1978年参照。
(4) *Local Government Finance (England and Wales)*, Cmnd. 209, London: HMSO, July 1957.
(5)(6) T. Travers, *The Politics of Local Government Finance*, London: Allen & Unwin, 1986, pp. 10-13.
(7) *Local Government Finance (England and Wales)*, Cmnd. 2923, London: HMSO, Feb. 1966.
(8) Committee of Inquiry into the Impact of Rates on Households, Report, Cmnd. 2582, London: HMSO, Feb. 1965.
(9) Travers, *op. cit.*, p. 20.
(10) Royal Commission on Local Government in England 1966-69, Chairman the Rt. Hon. Lord Redcliffe-Maud, Report, Cmnd. 4040, London: HMSO, 1969.
(11) *Reform of Local Government in England*, Cmnd. 4276, London: HMSO, Feb. 1970.
(12) *Local Government in England, Government Proposals for Reorganization*, Cmnd. 4584, London: HMSO, Feb. 1971.
(13) *The Future Shape of Local Government Finance*, Cmnd. 4741, London: HMSO, July 1971.
(14) 高橋誠・前掲書、第2章を参照。
(15) *Policy for the Inner Cities*, Cmnd. 6845, London: HMSO, June 1977. なお、拙稿「イギリスの都市財政——地方財政統制の強化と大都市財政」柴田徳衛編『都市経済論』有斐閣、1985年所収(本書第2章)をも参照。
(16) Travers, *op. cit.*, pp. 49-50.
(17) Committee of Inquiry into Local Government Finance, Report, Cmnd. 6453, London: HMSO, May 1976. レイフィールド委員会報告書における地方税財政改革論については、拙稿「イギリスにおける地方税制改革論」東京市政調査会『都市

問題』第76巻、12号、1985年所収を参照。
(18) *Local Government Finance*, Cmnd. 6813, London: HMSO, May 1977. 77年グリーン・ペイパーをふくむ包括補助金の展開過程については、拙稿「地方財政支出統制と新ブロック・グラント」『市民社会の思想』水田洋教授退官記念論集、御茶の水書房、1983年所収（本書第1章）を参照。
(19) 改革内容の詳細については、高橋誠「イギリス『1980年地方法』の財政的意義」法政大学経済学部『経済志林』第49巻3号、1981年所収を参照。
(20) 包括補助金のメカニズムおよび目的に対する諸結果の逆行については、前掲の拙稿（注（15）および（18））のほか、次の論稿を参照されたい。

小林昭「イギリスにおける地方財政支出統制の強化と地方財政自治の危機」宮本憲一編『地方財政の国際比較』勁草書房、1986年所収（本書第3章）、同「包括補助金の地方団体支出統制機構の強化とその矛盾」『金沢大学経済学部論集』1987年所収。
(21) その結果、GRE が平均より高い団体の超過閾は実質上 GRE＋10％よりも低くなり、逆に GRE が平均以下の団体は超過閾が GRE＋10％以上となって、前者に属する大都市団体の支出は超過閾をこえやすくなった。
(22) J. Gibson & T. Travers, *Block Grant, A Study in Central Local Relations. Policy Journals for the Public Finance Foundation*, 1986, p. 10.
(23) 以下、支出目標額と補助金撤回措置の運用の詳細については、前掲拙稿「包括補助金の地方団体支出統制機構の強化とその矛盾」を参照。
(24) レイト税率統制（Rate Capping）の初期の経過についてはトレイバーズの前掲書大都市制度改廃をめぐる諸問題については次の文献を参照。N. Flynn, S. Leach, C. Vielba, *Abolition or Reform?*, George Allen & Unwin, 1985.
(25) The Audit Commission for Local Authorities in England and Wales, *The Impact on Local Authorities' Economy, Efficiency and Effectiveness of the Block Grant Distribution System*, London HMSO, August 1984.
(26) J. Gibson & P. Watt, *The Effect of GREs on Education Expenditure and Budgetary Decision Making by Local Authorities*, May 1986, Department of Education and Science, *Educational Research Project Paper*, p. 8.
(27) M. Parkinson, "Creative Accounting and Financial Ingenuity in Local Government, the case in Liverpool", *Public Money*, vol. 5, No. 4, March 1986.
(28) Travers, *op. cit.*, pp. 174-176.
(29) Association of County Councils, *Rate Support Grant (England) 1986/87*, pp.

29-42.
(30) ACC, *Rate Support Grant (England) 1988/89*, p. 34.
(31) *Paying for Local Government*, Cmnd. 9714, London: HMSO, Jan. 1986, pp. 34-37.
(32) *The Abolition of Domestic Rates Etc. (Scotland) Act.* May 1987. スコットランドの人頭税実施をめぐる諸問題については、さしあたり次の論稿を参照。T. Younis & I. Davidson, "The Introduction of the Community Charge in Scotland – A Policy Analysis and Urban Policy Perspective", A. Midwinter, "The Poll Tax in Practice, The Distributive and Political Consequences of Rates Reform in the Scottish Highlands", *Local Government Studies*, Vol. 15, No. 1, Jan./Feb. 1989.
(33) *Local Government Finance Act 1988*, London: HMSO, July 1988. 以下の概要は同法と環境省によるガイド (Department of the Environment, *Guide to the Local Government Finance Act 1988*, August 1988) および関連文書にもとづく。法案も同様である。
(34) Department of the Environment, *Paying for Local Government: The New Grant System*, Sept. 1987.
(35) *Parliamentary Debates, House of Commons Official Report, Standing Committee E: Local Government Finance Bill*, Twenty-eigth Sitting, Thursday 10 March 1988 (Afternoon) Part 1, pp. 1362-1366. 拙稿参照。
(36) *Ibid.*, p. 1372.
(37) ギア効果については次の論稿を参照。H. Glennerster, A. Power, T. Travers, *A New Era for Social Policy, A New Enlightenment or a New Leviathan?* (London School of Economics, The Welfare State Programme, Discussion Paper Series, No. WSP/39, Feb, 1989.). J. Gibson, "Third Term Flagship, A Description and Evaluation of the Poll Tax", *Local Government Policy Making*, Vol. 14, No. 4, March 1988.
(38) 人頭税の課税最低限 (20%) を支払う階層に対する所得扶助 (Income Support) は人頭税の全国平均に対する20%となるため、人頭税税率が全国平均よりはるかに高い地方団体 (たとえばロンドン中心部) の貧しい年金受給者は、この所得保障を大幅にこえる負担に直面する (Glennerster & Others, *A New Era for Social Policy*, p. 41)。
(39) J. Gibson, "The Reform of British Local Government Finance, the limits of local accountability", *Policy and Politics*, Vol. 15, No. 3, 1987, pp. 167-174.

(40) たとえば、Confederation of British Industry, Institute of Directors, National Chamber of Trade, Forum of Private Business, National Federation of Self-Employed and Small Businesses. なお、地方財政法案の経済的インパクトについては、次のすぐれた分析を参照。86年グリーン・ペイパーと法案に対する数多くの公式文書、批判文書のビブリオグラフィーも掲載されている。Centre for Local Economic Strategies, *More than just a Poll Tax, the Economic Impact of the Local Finance Bill*, Dec. 1987.

(41) C. Mockler, *Reforming Local Government Finance. Alternatives to the Community Charge*, Tory Reform Group, Feb. 1987, pp. 5-6.

(42) R. Hale, N. Hepworth, M. Stonefrost, *Financing Local Government, A Different Approach*, The Chartered Institute of Public Finance and Accountancy, Oct. 1985.

(43) たとえば、Association of County Councils, Association of District Councils, Association of Metropolitan Authorities による86年グリーン・ペイパーへの公式見解（Response. 同年秋〜冬の発表）。

(44) Mockler, *op. cit.*, pp. 10-15.

(45) C. Game, "The Underwhelming Demand for Poll Tax", *Public Money & Management*, Winter 1988, pp. 55-58.

(46)(47) *Education Reform Act 1988, Housing Act 1988, Local Government Act 1988*.の概要と問題点については、CIPFA, *Local Government Trends 1988*. Glennerster & Others, *op. cit.* を参照。

(48) "Cut the democracy, cut the delay", *The Economist*, 11 April 1987.

(49) Department of the Environment, *City Grant, Simplification of Urban Grants*, Consultation Paper, March 1988. なお次の記事を参照。"Programme for change", *Local Government Chronicle*, 11 March 1988. "Britain's Inner Cities, Too many fingers in the urban pie", *Financial Times*, Aug. 12. 1987.

(50) 北村裕明「ポピュラー・キャピタリズムとイギリス地方自治」『経済科学通信』第55号、1988年3月所収、参照。

(51) Bennett, *op. cit.*, p. 234.

(52) Glennerster & Others, *op. cit.*, pp. 1-6, pp. 48-49.

(53) A. ギャンブル著、小笠原欣幸訳『自由経済と強い国家』みすず書房、1990年、参照。

(54) S. Duncan, M. Goodwin, *The Local State and Uneven Development*, Polity

Press, 1988, pp. 71-73.
(55) N. Hepworth, "Reform of Local Government Finance", *Public Finance and Accountancy*, 10. 1986, p. 12.

第6章　イギリス福祉国家の変貌と地方自治

1　サッチャリズムとイギリス福祉国家・地方自治の危機

　1979年以来10年余におよぶサッチャー政権の下で、マネタリズムと新自由主義、新保守主義にもとづくイギリス経済・社会再編成の諸政策が強力に展開され、戦後イギリス福祉国家体制への根本的な挑戦が行われる中で、地方行財政と中央・地方政府間関係の行方はその重要な焦点・争点となり続けた。

　1970年代イギリス経済の危機に対する保守党・労働党両政権の政策的対応の失敗の後を受けたサッチャー政権は、すでに70年代後半期に労働党政権が採用していたマネタリズムの徹底と市場原理の貫徹にもとづくイギリス経済再建をめざして、インフレ抑制を至上命題とし、通貨供給量の削減とそのための公共支出削減政策を強化し、その故に発生した不況にともなう大量倒産・大量失業をも市場の調整機能に委ね、むしろ産業再編成と競争力強化のテコとして利用する態度をとった。戦後福祉国家政策の基本的枠組みであった完全雇用の達成という政策目標は、放棄されたのである(1)。

　だが、サッチャリズムは、福祉国家政策の消極的な放棄というよりも、この新たな経済戦略の障害として戦後イギリス福祉国家体制をとらえ、福祉国家の経済的・政治的・社会的・イデオロギー的な基盤を徹底的に排除しようとする体系だといえよう。公共部門の縮小・公共支出削減のために、国営企業の民営化、公共部門の賃金抑制、地方自治体への補助金削減、住宅・福祉・教育など福祉国家政策の主要分野の再編成がはかられるのみならず、これら政策に抵抗・対抗する労働組合や地方自治体への徹底したテコ入れとイデオロギー攻撃

が行われ、障害を排除するとともに新たな経済・社会戦略を強力に実施するための国家体制の強化＝法と秩序の維持と中央集権化が遂行された。その過程で、公共支出削減の焦点として、また戦後福祉国家における社会民主主義的コンセンサスの価値と慣行が確立した場であるとともに、サッチャリズムに対抗するLabourismと政策対案形成の拠点としての地方自治体は、たえず攻撃の的となったのである(2)。

　サッチャー政権スタートの当初から、地方自治体の支出削減と行政機能・権限の縮小は政策の焦点となり続けた。1980年「地方政府・計画・土地法」にもとづく新包括補助金（the Block Grant）の導入と地方団体個別支出統制の開始以来、中央・地方政府間の対立・抗争が激化する中で、地方税率統制、大ロンドンおよび大都市カウンティの廃止、伝統的な地方税＝レイトの改廃と人頭税（Community Charge）の導入、教育・住宅・都市開発など主要地方行政機能の縮小、強制競争入札制の導入（地方行政の民営化）と、地方行財政の再編成がエスカレートする過程で、レイトにもとづくイギリス地方財政の基本構造と、課税自主権にもとづく地方財政自治の基盤は崩壊した(3)。地方自治の領域が大幅に縮小しただけでなく、地方有権者・納税者と地方自治体との民主主義的な関係を支える枠組みそのものが危機に瀕したのである。新地方財政制度の不安定性と地方制度自体の再編成の必要が叫ばれる中で、イギリス地方行財政・地方自治はカオスの様相を呈するに至っている。

　こうして、戦後イギリス福祉国家体制と地方自治は、サッチャリズムの下で重大な危機に直面した。だが、地方行財政・地方自治の問題に即して言えば、その過程で用いられた追加支出制限装置（Cash Limits）や新補助金制度など地方財政統制の基本的な手法は、1970年代後半の労働党政権期にその骨格が形作られていたし、地方財政構造の悪化＝自主性の低下は、地方支出膨張に対する1960〜70年代地方税財政改革の挫折の所産でもあった(4)。また、80年代集権化政策に対する地方自治体側の政治的抵抗力の弱さをめぐって、地方自治体の行政機能の狭さと地域・自治体問題に対する住民関心の弱さがたえず指摘される中で(5)、戦後福祉国家体制の構築過程における地方行政機能の縮小と中

央干渉の増大が、1970～80年代地方自治の危機の遠因だという認識も広まっている。たとえば、アレクサンダーは、1945年誕生の労働党政権が地方自治に関する国家的観点を導入して以来、中央・地方政府間関係に決定的変化がもたらされたと指摘する。すなわち、地方自治体を福祉国家の確立と社会的正義保証のための用具として活用するという「積極的な用具主義」（positive instrumentalism）によって、自治体の政策遂行能力を期待しえない行政分野では行政機能の中央移管、期待しうる分野では自治体への補助金の拡大を行う政策が70年代半ばまで続けられた結果、地方民主主義が衰退して中央集権化が進展し、70年代後半期には地方行政サービス支出削減のため自治体の統制を行うという「消極的な用具主義」（negative instrumentalism）への転換が行われ、この中央・地方関係が80年代保守党政権に引き継がれた結果、地方自治の危機が深化したのだ[6]、と。このコンテクストからすれば、80年代イギリス地方自治の危機は、戦後の集権的福祉国家体制の展開過程自体にかかわることとなる。

　だが、それにもかかわらず、1970年代と80年代との間には福祉国家をめぐる明確な政策路線の断絶があり、またサッチャー政府による戦後福祉国家解体の諸政策は、それに抵抗する様々な運動や対抗的戦略・政策への対応の中で展開されるのであって、地方行財政・地方自治に関わる諸改革の場合には、とりわけこの対抗・対応関係が重大な意味を持っていると思われる。本章では、80年代サッチャー政権下の福祉国家体制への挑戦と集権化・「地方自治攻撃」政策展開の過程を跡付けながら、戦後福祉国家体制と地方自治衰退との関係を再考し、あわせて新たな福祉国家政策と地方自治再生への条件・課題を探ってみることにしたい。

2 1980年代サッチャー政府の経済・社会戦略と地方自治の危機

(1) サッチャー政府の経済戦略と福祉国家の再編成

　1980年代サッチャリズムの戦略展開とその評価をめぐる著作において、ギャンブルは、国内政策の形成に重大な影響を与えた世界経済の動向に着目しつつ、二つの段階を区別している[7]。第一段階は、第二次石油危機後の世界的な景気後退に規定された1979～82年、第二段階は、世界的な景気回復に特徴づけられる1982～87年である。ギャンブルによれば、第一段階におけるサッチャー政府の経済戦略は、インフレ抑制を至上命題とする厳しい財政・金融引締政策が中軸となり、公共部門借入金の引き締めと公共支出の大幅な削減が「中期金融財政戦略」の下で追求された。だが、景気後退の深刻化にともなう倒産・工場閉鎖・大量失業の発生によって社会保障費は増加し、赤字国営企業対策の失敗から補助金支出が増大し、警察・軍・その他公共部門の賃金引き上げや防衛費の拡大が行われるなど、中央政府支出がむしろ増大する中で、政府は、公共部門縮小のため国営企業庁の資産売却など公共部門の民営化や地方自治体への補助金削減を重視することとなった。また、大都市中心部の暴動や北アイルランドの騒擾など無秩序を規制するための国家権力の強化も重要な課題となった。だが、深刻な不況、公共支出削減政策の失敗、保守党内部の対立、世論調査における政府支持率の急速な低下など、サッチャー政府の政治的命運はつきかけるかにみえた。

　だが、第二段階においては、様相が一変する。世界経済の回復と国内の景気回復、フォークランド戦争勝利にともなう政府支持率の急上昇に助けられて、1983年総選挙を乗り切ったサッチャー政府は、その経済・社会戦略を強力に展開した。経済戦略の重点はサプライサイドの改善に移り、インセンティブを高めるための所得税・法人税の減税、公企業の株式売却・公共住宅の民間への売却など「民営化」政策が遂行され、公共支出の削減においては地方支出削減が

主要標的となって、労働党系都市団体等との抗争激化の中で、補助金統制から地方税率統制や大ロンドン庁・大都市カウンティ廃止など直接的統制への転換が行われるとともに、人頭税への地方税制改革、教育・住宅・都市再開発その他地方行政機能縮小の政策が開始された。また、84年「労働組合法」（Trade Union Act）による労働組合の規制強化・自発主義の制限や84～85年の炭鉱長期ストへの勝利など、政府に対抗する労働組合の権力・特権の排除も強行された[8]。

　かくして、第二段階においては、経済回復の下で、インフレ抑制策を維持しつつ、公共部門から民間部門への大規模な資産の移転＝「公共政策の集産主義的解決法からの転進」[9]が行われ、コーポラティズムの機関と伝統的な労働運動の弱体化や地方自治の抑圧策が強力に展開されて、戦後福祉国家体制の経済的・社会的基盤は、「大衆資本主義」「資産保有民主主義」構築のために切り崩された。86年「社会保障法」の成立によって、市場原理と自助努力にもとづく社会保障改革も動きだすこととなった[10]。だが、この段階においても、公共部門全体の規模は増加しつづけ、非国有化政策は北海原油からの石油収入税とともにむしろ財政を支える機能を担ったし、地方自治体への直接統制強化とともに中央・地方政府間の協力関係の崩壊は決定的となり、労働組合などイギリス市民社会に定着した諸機関やマスコミ・大学・学校・教会との衝突、少数民族地域社会の騒乱が増大した。政府は、84年警察・犯罪法や86年公共秩序法などによって、捜索・逮捕・デモや民衆の規制等に関する警察の権限と刑罰の強化を行なった[11]。福祉国家の社会的コンセンサスを拒否するサッチャリズムの戦略展開は、中央集権化の推進と治安維持体制の強化、すなわち「強い国家」の創出を必要ならしめたのである。「自由経済」を追求する試行錯誤的な戦後福祉国家解体路線の過程で、オルターナティヴな勢力・組織・政策に対する集権的・強圧的な攻勢をエスカレートさせていくという政策展開とその矛盾は、地方行財政・地方自治の分野に象徴的に現われたように思われる。次に、その過程をたどりつつ、イギリス地方自治の衰退が意味するものを考えていくことにしたい。

(2) 地方自治体支出統制の失敗と直接統制への移行

　サッチャー政府誕生の当初から地方自治体への徹底した攻撃が展開された理由について、ダンカンとグッドウィンは、自由市場の効率性と自助努力＝「新ヴィクトリア主義」の社会的コンセンサスの追求を妨げる障害の除去という課題にとって、各種の国家規制や労働組合とともに、地方自治体が重大な存在と認識されたことを指摘している。選挙に基づく地方自治体は、集産的・反市場的な公共サービスの供給者であり、私企業をクラウディング・アウトする重要な機能・責任をもち、削減すべき公共支出の重要な一翼を担い、また中央政府に支配的なものとは異なる地方有権者の利害・要求・イデオロギー、なかんずく社会民主主義のコンセンサスの価値や慣行に基づく政策・戦略を中央に突きあげうる場であった。サッチャリズムにとって、その戦略を全国津々浦々に浸透させるべき地方国家機構の存在が重要な課題となるのに対して、このような地方自治体の自治はまさに障害であり、脅威と映じる。それ故、単に地方支出を削減させるだけでなく、地方自治体の政策内容とその遂行方法、さらには選挙に基づく地方自治、地方民主主義そのものが標的となるに至ったのだ[12]、と。この地方自治体への本格的攻撃の体系を最初に示したものこそ、1980年の「地方政府・計画・土地法」（以下、「80年地方法」）であった。

　80年地方法は、中央官庁による地方自治体統制の緩和、地方自治体の情報公開、直営労働組織の財務改革、都市・地域計画および土地・ニュータウン・都市開発に関する改革、地方財政改革など多彩な内容をもりこんでいた[13]。このうち、労働党政権下で開発による土地増加益の吸収と計画的土地利用の強化を図った「コミュニティ土地法」の廃止、「都市開発公社」（Urban Development Corporations. UDC）や「エンタープライズ・ゾーン」（Enterprise Zones. EZ）の設立、直営労働組織の企業特別会計化と民間企業なみの利潤取得の義務付けなどは、後述のように、地方公共部門の活動と権限を規制しつつ民間企業活動の活性化を図る重大な内容を持っていた。だが、同法の最大の狙いは地方支出削減促進のための地方財政改革にあり、なかでもレイト援助交付金（Rate Support

Grant. RSG）と資本支出統制方法の改革はそのカナメを成していた。RSG 改革においては、それまでの需要要素（needs element）と財源要素（resources element）が統合されて、70年代後半労働党政権期の「単一補助金」(the Unitary Grant) 構想に酷似した包括補助金（the Block Grant）が誕生した。また資本支出統制においては、従来の起債許可制が改められて、各地方自治体ごとに資本支出総額を割り当て、住宅・交通・教育・対人社会サービスなど五分野に総額を配分する他は、細かな中央統制が緩和され地方の裁量が増大したものの、各分野ごとの総額決定権は中央の関係省庁に与えられ、また統制が全資本支出に及ぶなど、資本支出統制は実質的に強化された。けれども、個別地方自治体支出統制方法の中軸は包括補助金であった。

　包括補助金の基本的機能は、一定水準の地方支出に必要な地方税率上のコストの団体間均等化を図ることであった。各自治体への配分額は、支出総額とレイト収入算定額との差額であるが、レイト収入算定上の税率＝「補助金関連税率」(Grant Related Poundage. GRP) は、各団体ごとに一定の測定指標と単位費用を用いて中央政府が算出する「補助金関連支出額」(Grant Related Expenditure. GRE) と連動させられ、自治体の支出総額が GRE の10％上に設定された「超過閾」(Threshold) を越えると、GRP の限界税率が高まって、自動的に補助金交付額が減少する仕組みになっていた。中央査定の支出水準以上の「超過支出」に対するこの限界補助率自動低下装置（Tapering）こそ、地方支出削減のための制裁装置であり、しかもこのメカニズムは GRE 査定上もレイト収入額算定上も大都市団体に不利な構造を内包していた。だが、それにもかかわらず、政府の補助金総額抑制の甘さや大都市超過支出団体の対抗的な予算増額、非大都市過小支出団体による GRE 水準への支出増額等によって、初年度＝81／82年度の地方経常支出目標額の達成は失敗した[14]。Tapering の効力に自信をなくした政府は、各自治体の経常支出規模を削減させる「支出目標額」(Target) と Target 超過団体から包括補助金を撤回する新制裁措置 (Holdback Penalties) を導入したが、保守党系自治体の猛反発に対する政治的妥協＝新制裁措置適用の緩和によって大都市超過支出団体もまた免除されると

いう事態が生じ、初年度の目標達成は結局放棄された(15)。この過程で補助金撤回に関する環境大臣の法的権限が問題化したため、1982年地方財政法が用意されることとなった。

　第二年次以降、政府は複雑な手法を駆使して超過支出団体には支出超過率に応じて大きな支出削減目標を課し、過小支出団体の削減目標を小さく押えつつ、Holdback Penalties を強化していったが、二年次もまた保守党系自治体擁護のための制裁免除と大都市団体の支出超過によって支出削減目標は破られた。政府は、三年次に補助金撤回の上限を撤廃したから包括補助金全額を失う自治体が生じうることとなったが、すでに Tapering の作用によって Target 以下の支出水準でも全包括補助金を失った大都市団体が生まれており、それら団体は新制裁措置のコントロールから完全にはずれ、支出を増加させていた。支出超過に伴う補助金カットの結果、労働党系大都市団体の多くはレイト税率の大幅な引き上げを余儀なくされていた。三年次の大幅な地方支出目標額の超過とこのレイト税率急上昇という現実は、改めて政府に衝撃を与え、閣内委員会（MISC'79）で大蔵省が主張していたレイト税率統制（Rate Capping）が、大ロンドン・大都市カウンティ廃止構想とともに83年総選挙における保守党公約に盛り込まれるに至った。直接統制への転換である。

　だが、この間、Target/Holdback の作用によって、包括補助金自体が自治体支出増加の誘因と化し、地方財政の混乱が増大していた。サッチャー政府の設立した地方団体監査委員会による1984年4月の報告書によって、この矛盾は周知の事実となった(16)。Target/Holdback の重大な問題は、支出超過に対する制裁の水準が Tapering よりはるかに厳しいうえ、毎年確実に強化されたことである。そのため、自治体は GRE/Tapering にからむ支出抑制よりも、より有利な Target の獲得と Holdback 回避のための財政操作 = Creative Accounting に奔走するようになった。

　まず、Target が各団体の過去の支出予算をベースとするため、後年度の Target 引き上げを狙って支出予算を増額させる「戦略的予算編成」（Strategic Budgeting）が流行した。また、82／83年度以降 Target のベース変更にとも

ない、資本・特別会計等への繰出金や地方債償還金を利用した財政操作が可能となったことから、Holdback の軽いうちに特別基金の新増設と繰入金の増額によってリザーブを蓄積するとともに、地方債繰り上げ償還によって後年度の負担を軽くしておき、Holdback の重くなる後年度にリザーブを用いて実質支出水準を維持しつつ支出総額を Target の枠内に留め、Holdback を回避するという手法が考案された。さらに、通常は経常会計扱いの維持補修にかかる人件費を資本会計に移して、経常支出額を抑制するという手法も利用された。こうした財政操作のため、包括補助金は支出削減よりも支出増大の誘因と化しただけでなく、Target が宙に浮き、地方経常支出総額の実態把握すら困難となって、公共支出計画に基づく地方財政管理が支障を来すとともに、地方自治体の支出変化とレイト税率変化の関係が不明確になり、地方財政責任(Local Accountability)の理念も成り立ちえなくなった。

　監査委員会報告書は、包括補助金による様々な不確実性増大の結果、地方財政に浪費と不要な負担増加が生じたと批判し、Target の撤廃と包括補助金の改組を含む RSG 改革を提唱した。85年4月の会計検査院長報告もまた同様の批判を展開するという事態の下で[17]、同年7月、環境大臣は終に Target/Holdback を86／87年度から撤廃して、Tapering を強化するという方針を発表した。すでに、84年レイト法に基づき同年7月に最初の Rate Capping 適用18団体が発表されて、高額超過支出団体に対する税率直接統制がスタートし、また85年春スコットランドの課税資産再評価にともなうレイト負担増大への不満から保守党議席が失われて、同年5月政府が急遽、住宅レイト廃止、人頭税導入を含む地方財政改革構想を発表するという状況の中で[18]、有害無益と化した Target/Holdback は切り捨てられたのである。

　包括補助金の制裁機構を通じる地方自治体支出統制の失敗と直接統制への移行、そして新たな地方財政改革に至るこの一連の過程は、サッチャー政府の地方自治体対策が、基本理念の維持にもかかわらず、必ずしも一貫したものではなく、自治体側との対応における妥協や対抗の中で試行錯誤と矛盾を重ねながら、ついには伝統的な地方財政自治の基盤の破壊へとエスカレートしたことを

示しているといえよう。

(3) 自治体行政の「民営化」と地方行政機能・権限の縮小

　サッチャー政府の地方自治体対策は、支出削減だけでなく、当初から地方行政機能の実質的縮小をめざしていた。イギリス経済・社会再編成のための自治体行政への介入は、まず地域経済・開発政策と住宅政策から開始された。前者の具体例は、80年地方法による「エンタープライズ・ゾーン」（EZ）と「都市開発公社」（UDC）の設立である。

　EZは、各種規制の緩和による経済開発＝「香港型解決策」をめざして、開発地税の免除、商工業用建物への資本支出に対する法人税・所得税の免除、工業開発許可証の撤廃など新規開発投資へのインセンティブと、公共当局への統計情報報告の緩和、商工業用資産へのレイト免税（大蔵省が自治体に補塡）その他企業優遇措置により産業開発を図ろうとするものであって、地区指定の申請は自治体によるが、中央政府は事業計画の認可や修正、用地選定、商工業開発のコントロールなどについて直接的な権限を確保した。一方、環境大臣が指定・任命するUDCにおいては、計画・住宅・公衆衛生・建築規制など既存の自治体権限が奪われて公社に賦与されたうえ、環境大臣は区域内および隣接地域にある自治体など公共用地の収用権を公社に賦与しうることとなったから、地域開発は公選の自治体から非公選・中央任命の機関の手に移された。

　EZの場合、当初は大都市地域中心部の11地区が指定されたが、82〜83年追加の13地区はインナー・シティを離れて、すでに政府のインフラ投資が集中していた成長地域が中心となった。UDCの場合には、81年にロンドン（the London Dockland Development Corporation）とリヴァプール（the Merseyside Development Corporation）、86年にマンチェスターなど4公社が追加され、87年総選挙後さらに五つが指定されたが、すべて労働党支配下の大都市インナーシティ地区であった。

　EZもUDCもともに、自由市場の効率性に依拠した民間企業活動の活性化というサッチャリズム戦略の具体化だが、現実には開発業者や地主への補助

金・政府財源によるインフラの整備など財政依存度が高い反面で、雇用効果は低く、また理念とは裏腹に公共的介入が不可決の条件になっているとの矛盾が指摘されている。ともあれ、EZとUDCは地域経済・開発政策に関する自治体の機能・権限を大幅に縮小したのであって、ダンカンとグッドウィンはこれらが新たな地方国家機構へのモデルであり、19世紀末のElectoral Accountability確立以来最大の変化を地方政府にもたらしうるものと警告している[19]。

また、1981年夏の都市暴動以降、都市問題とりわけインナー・シティ問題対策への民間資本の関与を拡大する動きは一層強められた。労働党政権の開始したインナー・シティ政策＝パートナーシップ事業は、サッチャー政府の下で社会政策の後退・民間資本の役割重視・自治体の権限縮小という変質が進み、Urban Programmeの重点はUDCに移されたが、81年都市暴動直後の「金融機関グループ」(the Financial Institution Group) の形成を経て、83年にはインナー・シティ地区への民間投資促進のため大金融機関出資によるインナー・シティ・エンタープライズ」(Inner City Enterprise. ICE) が設立され、また民間投資誘発を目的として、82年からの「都市開発事業」(Urban Development Programme)にかかる「都市開発補助金」(Urban Development Grant. UDG) が設けられた。さらに、地域コミュニティへの援助事業を民間企業、商工会議所、ボランタリー・グループ、労働組合などの共同責任で行う地域エンタープライズ機関設立のために、有限会社Business in the Community (BIC) が設立された。ダンカンとグッドウィンは、イギリスの企業が現実にはインナー・シティ地区への投資や共同社会責任にほとんど関心を示さず、これら政策の実際上の効果が少ないと指摘したうえで、にもかかわらず自治体の経済政策に重大な影響があったことを注意している。すなわち、民間企業がインナー・シティ衰退の原因者というより解決者だと印象づけ、また自治体を中央政府の要請に応える民間企業を消極的に支援する存在に変え、何よりも地域経済政策の主導権を民間資本の利害が支配的な非公選の機関に委ねようとしたのであり、これこそGLCやシェフィールドの新「都市社会主義」(municipal socialism) の経済政策に対する対抗であった[20]、と。リヴァプールのマージーサイド開発

のため83年に設立された特別機関 Merseyside Task Force やその後身として86年2月までにインナー・シティ地区に設けられた10の City Action Teams（87年総選挙直前に8地区追加指定）も、同様に、従来の中央・地方関係に対するオルターナティヴ・モデルと位置づけられる[21]。85年都市暴動の増大以降、自治体を迂回して都市再開発補助金を直接民間業者に交付する体制の強化が図られていることをも、付言しておくべきであろう。UDG が自治体を通じて交付されたのに対して、87年には中央政府が計画許可以外を全面的に管理する「都市再生補助金」（Urban Regeneration Grant. URG）が設けられたが、88年3月の政府文書は UDG、URG および民間荒廃地開発補助金（Derelict Land Grant）を新「都市補助金」（City Grant）に統合簡素化し、直接民間業者の大規模開発事業に交付する構想を提起したのである[22]。

　ところで、地方自治体の住宅政策に対する政府の介入は、1970年代以来の動向であった。72年住宅法によるレント中央統制の試みに続いて、74年住宅法に基づく「住宅事業プログラム」（Housing Investment Programmes）の下で住宅資本支出統制が開始され、経常会計についても、住宅経常会計（Housing Revenue Account. HRA）の赤字補填によるレント補助増大が問題化して、労働党政府は77年住宅調査の結果、民間持家の増強と公共住宅支出削減の方向を打ち出した[23]。だが、1980年住宅法によるこの政策路線の強化は、あまりにも劇的であった。同法は、地方公営住宅居住者に「買う権利」を保証し、自治体にはこの権利に応じて市場価格の33～50％割引による売却を強制し、環境大臣に強制執行権を与えた。また、政府は、公営住宅レント最低水準の決定権を得、当該団体に対し、公営住宅売却とレント引き上げによる赤字解消を前提として、HRA への住宅補助金を打ち切ったから、レントは物価上昇率以上に上昇し、補助金交付額は減少した。また、包括補助金の GRE 査定をめぐって、レントが平均以下の団体は補助金削減の対象になるという措置も、労働党系大都市超過支出団体にとってレント引き上げの圧力となり、あえてレントの抑制とレイトの引き上げを選ぶ団体には Rate Capping が待ちかまえることになった。一方、資本支出統制強化の下で、新規公営住宅の建設は厳しく抑制された。

さらに政府は、宅地供給の拡大や民間家賃の規制緩和によって、民間住宅業者への援助を強化した[24]。そして、88年住宅法が、居住者の同意の下で公営住宅の所有・管理を住宅協会（Housing Associations）や民間業者など自治体以外の家主に移すことを認め、また老朽公共住宅の取得・再整備など広範な権限を持つ「住宅対策トラスト」（Housing Action Trust）設立の権限を環境大臣に与えるにおよんで、自治体の住宅政策は一層縮小されることになった[25]。かくして、住宅行政の民営化と住宅財政の集権化の下で、伝統的な地方自治の中心領域における自治体の政策決定権が失われるとともに、「資産保有民主主義」の推進による労働党支持階層の切り崩しが進められたのである。

だが、対抗的な政策形成機関としての地方自治体に対するサッチャー政府の直接攻撃を象徴づけたのは、大ロンドン（Greater Loncon Council. GLC）と大都市カウンティ（Metropolitan County Councils. MCCs）の廃止であった。もともとGLCは、1930年代以来の労働党によるロンドン・カウンティ（London Couty Council）支配体制を覆すべく、保守党勢力の強い郊外地域を合併して63年に誕生したものであったし、MCCsも保守党政権下の72年地方自治法にもとづく地方制度改革の所産であった。だが、1981年5月地方選挙によってGLCとMCCs 4団体が労働党支配に変わり、他のMCCs 2団体の労働党支配力も強化されて、これら大都市団体が、公共交通料金引き下げ政策などの結果、高額超過支出団体としてたえず包括補助金にもとづく地方支出削減政策の障害となり、またGLCのように、労働党左派主導の下で、非核政策やアイルランド問題、婦人運動、少数民族、ゲイ・グループへの支援など「都市社会主義」（municipal socialism）的な代替・対抗政策を展開するにつれて、これら自治体と自治そのものの抹消がもくろまれるに至った[26]。1983年総選挙の保守党公約に盛りこまれたGLC/MCCs廃止案は、83年10月の白書「都市の簡素化」（Streamlining the Cities）によって、86年GLC/MCCs廃止、行政機能のバラ、ディストリクト、新設の広域連合機関（joint boards）および中央官庁への移管という構想に具体化された[27]。これら大都市の超過支出の弊害と戦略的行政機関としての非効率という白書の論拠に対して、むしろこの改革が大都市行

政の混乱と財政支出・レイト負担の増大を招くとの批判が続出し、自治体サイドのみならず、保守党内部、経済界、教会・宗教団体からの反対も相次ぎ、法案審議過程も難航したが、移行措置を定めた暫定条項法案も本法案も84〜85年に成立して(28)、大都市制度は86年3月に廃止された。これに先立ち、84年6月、ロンドン交通局（London Regional Transport）が設立され、超過支出問題の焦点であったロンドンの公共交通は運輸省の所管に移された。サッチャリズムに対する自治体側の最大の抵抗・対抗の拠点は、解体されたのである。

　サッチャー政府による自治体政策への介入と行政機能の縮小は、さらに他の分野でも推進されている。1984年職業訓練に関する自治体教育行政の一部が準政府機関たる人的資源サービス委員会（Manpower Service Commission）に移管されるなど(29)、地方教育行政機能の縮小はすでに始まっていたが、88年教育改革法は、公立学校の管理運営・予算運用の権限を各校に与え、また父母同意の下で自治体の管理から離れる選択権を与えるとともに、教育補助金の交付を保証した。ポリテクニックやカレッジなど地方高等教育機関の大半は自治体からはずして財源管理を中央政府指名の新機関に移し、残余の他高等教育機関の運営機構は改組して財界代表の発言権を確保する一方、自治体代表の構成比を20％以下に制限した。そして、大都市制度廃止に際して存続を許されたロンドン内部教育庁（Inner London Education Authority）もついに廃止されることとなったのである(30)。さらに、88年地方自治法は、建物の清掃・維持管理、学校・給食施設の維持管理、ゴミ収集車両の整備、街路清掃その他広汎な地方行政サービスにおける競争入札制（competitive tendering）を自治体に義務付けた(31)。

　かくして、サッチャー政府は、地域経済、都市再開発、住宅、公共交通、教育などイギリス福祉国家における主要な地方行政機能の「民営化」と集権化を推進し、地方自治の領域は大幅に縮小した。補助金運用の混乱と地方税率統制によって、支出と地方税負担との関係は消滅し、納税者の利害を財政政策に反映させるべき地方財政自治のフレームは崩壊したが、同時に、地方納税者・有権者がその利害を反映させるべき地域政策の領域と自治体の政策形成能力が縮

小し、大都市制度の場合にはその場すらも失われたのである。そして、この縮小した地方行政の領域をまかなうべき新地方財政制度が、スコットランドでは89年4月から、イングランドとウェールズでは90年4月から発足するに至っている。最後に、この新地方財政制度をめぐる諸問題にふれつつ、80年代イギリス福祉国家と地方自治の衰退が意味するものを考えてみることにしたい。

3 分権的福祉国家と地方自治の再生にむけて

　1986年グリーン・ペイパー[32]が提起した地方財政改革構想は、まず87年5月「スコットランド住宅レイト等廃止法」に具体化され、87年総選挙における保守党勝利の後、イングランド=ウェールズむけの地方財政法案も同年12月下院に提出されて、自治体関係者、研究者、経済界、保守党内部等々からの膨大な批判にもかかわらず、88年地方財政法として成立した[33]。90年4月から、住宅レイトは廃止されて、全成人住民均一額の Community Charge = 人頭税が唯一の地方税となった。営業用資産レイト（Non Domestic Rates）は全国均一税率の事業税（Uniform National Business Rate）として国税に移管され、その収入額が成人1人当たり一定額を基準として自治体に交付されることとなった。また包括補助金は消滅して、収入補填交付金（Revenue Support Grant. 新 RSG）が創設され、各地域の最低需要査定額に対する各自治体の需要査定額の差額を交付する「需要要素」（needs element）と成人1人当たり一定額の「標準要素」（standard element）の二本立てとなった。人頭税には税率統制措置が設けられ、違反団体への制裁は新RSG配分のため人頭税徴収団体に設けられた「徴収基金」（Collection Fund）からの資金引き出しの凍結によることとなった。そして、政府査定の支出需要額を超える超過支出分はすべて人頭税負担の増大に直結するというメカニズムによって、自治体の支出抑制が期待されたのである。

　だが、人頭税制の逆進性と社会的不公平、営業用資産レイトの国税化による地域経済活動と自治体財政との直接的関係の消滅、何よりも地方財源構成にお

ける中央依存財源比率の上昇（イングランド＝ウェールズの場合44％から75％へ）と財政自主性の低下は、88年地方財政法成立以降も批判の的となりつづけ、地方所得税構想を含む数々の対案をめぐって論争はなおも続いている[34]。人頭税の実施に抗議する全国的な示威活動が3月末ついにロンドンにおける暴動となって爆発したように[35]、人頭税への反発は激しく、その徴収の限界から補助金依存度が一層高まらざるをえず[36]、いずれ地方税制の再改革が必至であろうと予測されている。また、GLC/MCCs廃止以降、大都市地域のみならず、非大都市地域の二層制の是非をめぐる論議が再燃し、地方制度全体が流動化の兆しを見せている。新地方財政制度は地方財政の集権化を一層推進したが、地方自治再生を望む底流は根強く、90年代は改めて集権と分権の相克をめぐる過渡的な流動の時代になろうとしている。

　サッチャー政府の経済・社会戦略は、戦後福祉国家と地方自治の衰退をもたらしたが、同時に南部地区の繁栄と北部地区の衰退、大都市中心部への底辺社会階層の滞留という地域的・社会的不均衡、「安定した職をもつ多数派の労働者と、貧乏人・失業者・低賃金労働者からなる少数派との間の不均衡」を拡大させ、「二つの国民」への分裂をもたらしている[37]。ギャンブルが「新しい形態の集産主義と国家介入」への可能性を示唆するように[38]、この経済的・社会的・地域的不均衡の拡大は、逆に不均衡を拡大する市場メカニズムへの社会的調整と新たな社会的コンセンサスの要請を高めざるをえない。だが、この調整を行うべき行政システムは、もはや戦後福祉国家体制への単純な復帰ではありえないであろう。

　1980年代後半期の中央・地方関係の急変と新段階への移行をめぐって、ベネットが、画一的な行政サービス供給＝「博愛主義的」官僚制下の福祉国家政策よりも、多様な個人的欲求の弾力的充足や選択的救済を重視する思潮の下で、地方サービス供給の弾力化・多様化・効率化と民間活動の活用が求められるに至ったのだと指摘するように[39]、集権的な福祉国家体制のひずみに対する不満増大と社会的コンセンサスの崩壊、ケインズ主義的政策への信頼性喪失にともなう「イデオロギー的両極化」＝ニューライト路線とソーシャリズム強化路

第6章　イギリス福祉国家の変貌と地方自治　171

線との対抗こそが[40]、70年代後半期以降の激動の底流であった。レイトにもとづく地方財政制度はすでに60年代からその欠陥をあらわにしていたし、GLCやMCCsなど戦略的行政機能の不充分な大都市制度も欠陥を抱え、改革の必要に迫られていた。74年地方制度改革の限界と76年レイフィールド委員会報告後の本格的な地方財政改革の棚上げ、集権化路線への見切り発車の後、ニューライト路線による福祉国家と地方自治への攻撃が強行された。だが、戦後福祉国家体制の矛盾の一つが集権的・画一的な行政サービスの体制にあったとすれば、サッチャリズムの集権化路線＝「新たなリヴァイアサン」[41]の構築は矛盾解決の方向とはなりえず、経済的・社会的不均衡の調整を図るべき「地方国家」機構[42]は、中央政府の地方機関ではなく、多様な地域経済・社会の要請に対応しうる自主性・弾力性をもった地方自治体でなければならないであろう。戦後イギリス福祉国家体制の構築は、産業国有化とともに、公的扶助、公立病院、電気・ガスなど自治体行政の中央移管＝集中化を特徴とし、この集権型福祉国家の下で地方自治体の権限・地方自治の領域は縮小し、住民の関心も減退した。だが、80年代福祉国家解体と地方自治攻撃の諸政策に対する広汎な批判・反対運動のうねりの中で、改めて地方自治の意義を再確認する論議が高まっている。「新たなリヴァイアサン」ではなく、分権型福祉国家への転換と新たな地方自治・地方民主主義の構築が進みうるか否か、21世紀にむけて試練の時が始まっている。

（1）　増田寿男「イギリス資本主義の危機とサッチャリズム」法政大学比較経済研究所『新保守主義の経済社会政策』法政大学出版局、1989年、299ページ。
（2）　S. Duncan and M. Goodwin, *The Local State and Uneven Development, Behind the Local Government Crisis*, Polity Press, 1988, p. 95.
（3）　小林昭「イギリス補助金政策の新展開と地方財政」宮本憲一編『補助金の政治経済学』朝日新聞社、1990年（本書第5章）を参照。
（4）　T. Travers, *The Politics of Local Government Finance*, Allen and Unwin, 1986. および前掲、小林昭「イギリス補助金政策の新展開と地方財政」（本書第5章）を参照。

(5) 小林昭「地方財政支出統制と新ブロック・グラント」宮本憲一・大江志乃夫・永井義雄編『市民社会の思想』御茶の水書房、1983年、630ページ（本書第1章）。

(6) A. Alexander, "Poll Tax Troubles, Lessons for the Locals", *Marxism Today*, April 1990, pp. 16-17.

(7) A. Gamble, *The Free Economy and the Strong State, The Politics of Thatcherism*, Macmillan Education, 1988. 小笠原欣幸訳『自由経済と強い国家』みすず書房、1989年、136ページ。以下、第2章第1節の記述は基本的に同書の整理に負う。

(8) 前掲、増田寿男「イギリス資本主義の危機とサッチャリズム」、256～257ページ。

(9) 前掲、A. ギャンブル『自由経済と強い国家』170ページ。

(10) 86年社会保障法への過程と改革の理念については、次の労作を参照。毛利健三「サッチャリズムと社会保障——ニューライト下のイギリス福祉国家とファウラー改革」東京大学社会科学研究所編『転換期の福祉国家』（上）東京大学出版会、1988年。

(11) 前掲、A. ギャンブル『自由経済と強い国家』182ページ。

(12) S. Duncan and M. Goodwin, *op. cit.*, pp. 93-96.

(13) Local Government, Planning and Land Act 1980については、高橋誠「イギリス『1980年地方法』の財政的意義」『経済志林』第49巻3号、1981年を参照。

(14) 初年度における包括補助金運用の矛盾については、前掲、小林昭「地方財政支出統制と新ブロック・グラント」（本書第1章）を参照。

(15) Target/Holdback 導入後の包括補助金運用の矛盾は、次の論稿に整理した。小林昭「包括補助金の地方団体支出統制機構の強化とその矛盾」『金沢大学経済学部論集』第8巻1号、1987年。

(16) The Audit Commission for Local Authorities in England and Wales, *The Impact on Local Authorities' Economy, Efficiency and Effectiveness of the Block Grant Distribution System*, August 1984, HMSO. その概要は前掲、小林昭「包括補助金の地方団体支出統制機構の強化とその矛盾」に紹介した。

(17) Report by the Comptroller and Auditor General. T. Travers, *op. cit.*, p. 185.

(18) T. Travers, *op. cit.*, pp. 186-187.

(19)(20)(21) S. Duncan and M. Goodwin, *op. cit.*, pp. 140-149.

(22) Department of the Environment, *City Grant, Simplification of Urban Grants*, Consultation Paper, March 1988.

(23) T. Duncan and M. Goodwin, *op. cit.*, pp. 150-152. 以下、1980年住宅法にもとづく政策概要も、基本的に同書の整理に依拠する。

(24) 越智洋三「サッチャー政権下の政府間財政関係」大島通義・宮本憲一・林健久編『政府間財政関係論』有斐閣、1989年参照。
(25) Housing Act 1988の概要と問題点については、さしあたり次の文献を参照。H. Glennerster, A. Power and T. Travers, "A New Era for Social Policy, A New Enlightenment or A New Leviathan?", London School of Economics, The Welfare State Programme, Discussion Paper Series, No. WSP/39, Feb. 1989.
(26) T. Duncan and M. Goodwin, *op. cit.*, p. 191.
(27) GLC/MCCs廃止構想の問題点については、次の文献を参照。N. Flynn, S. Leach and C. Vielba, *Abolition or Reform, The GLC and the Metropolitan County Councils*, Allen and Unwin, 1985. なお、GLC廃止後の旧大ロンドン区域の行財政の実態については、M. Hebbert and T. Travers (eds.), *The London Government Handbook*, Cassell, 1988 を参照。
(28) 移行措置は Local Government (Interim Provisions) Act 1984により、廃止自体は Local Government Act 1985による。
(29) *Rate Support Grant (England) 1985/86*, Association of County Councils/the English Local Authority Associations, May 1985. なお、前掲、越智洋三「サッチャー政権下の政府間財政関係」146～147ページ参照。
(30) Education Reforn Act 1988の概要と問題点についても、Glennerster, H. & others, "A New Era for Social Policy"を参照。
(31) 強制競争入札制（Compulsory Competitive Tendering）については、N. Flynn and K. Walsh, "Competitive Tendering", Institute of Local Government Studies, University of Birmingham, 1988 を参照。
(32) Paying for Local Government, Cmnd. 9714, Jan. 1986, London: HMSO. 86年グリーン・ペイパーおよび地方財政法案における改革構想と論理については、次の論稿に紹介した。小林昭「イギリス地方財政改革の争点をめぐって(1)」『金沢大学経済学部論集』第10巻2号、1990年（本書第4章）。
(33) Local Government Finance Act 1988による新地方財政システムの問題点については、次の文献が総合的な分析を行っている。S. J. Baily and R. Paddison (eds.), *The Reform of Local Government Finance in Britain*, Routledge, 1988. なお、前掲、小林昭「イギリス補助金政策の新展開と地方財政」（本書第5章）をも参照。
(34) 前掲、小林昭「イギリス地方財政改革の争点をめぐって(1)」（本書第4章）を参照。
(35) "Poll Tax Riot," *The Times*, April 2, 1990.

(36)　たとえば、J. G. Gibson, "The Reform of British Local Government Finance, the limits of Local Accountability", *Policy and Politics*, Vol. 15, No. 3, 1987. R. Jackman, "Paying for Local Government", *Local Government Studies*, Vol. 2, No. 4, July/August, 1986.

(37)(38)　前掲、A. ギャンブル『自由経済と強い国家』313～314ページ、321ページ。

(39)　R. J. Bennett, "Local Government Finance, The Inevitable Day of Reckoning," *Regional Studies*, Vol. 22, No. 3, 1988, pp. 233-235.

(40)　金子勝「労働党のオールターナティヴ喪失過程とサッチャリズムの成立」前掲『新保守主義の経済社会政策』所収、346ページ。

(41)　H. Glennerster and others, *op. cit.*, pp.1-6. 1988年の教育改革法、住宅法、地方財政法に共通する基調は、新自由主義、新保守主義、新地方主義（地方官僚機構の解体と再編）というよりむしろ「新たなリヴァイアサン」だと、この論者たちは評価する（*Ibid.*, pp. 48-49）。

(42)　ダンカンとグッドウィンは、現在の中央・地方関係の危機を把握する上で、国家のエージェントでありうるとともに、その障害＝中央に対する抵抗・対抗の拠点でもありうる「地方国家」（the local state）概念の検討が有用・不可欠であるとして、その綿密な検証を行っている（T. Duncan and M. Goodwin, *op. cit.*, chap. 1, 2）。

第7章　変貌するヨーロッパの地方自治・地方財政

1　はじめに

　ヨーロッパの単一制国家の地方自治・地方財政について、従来「北高南低」という評価が行われてきた。地方財政の自主性、地方分権の度合いは北に行くほど高いという意味である。北欧諸国における地方自治の強さと南欧諸国やオランダの弱さというイメージでもあった。だが、80年代から90年代にかけてフランスやスペインなど南欧諸国で分権化が進む一方、北欧諸国では集権的統制の動きが起こり、イギリスでも中央集権的な改革の下で伝統的なレイトにもとづく地方自治制度が壊滅的な打撃を受け、今やオランダの方が地方財政の実質的な自主性は高いと評されている。また、旧社会主義体制の崩壊後、ポーランド、ハンガリー、チェコ、スロバキアなど中東欧諸国に新たな地方自治制度が確立され、地方財政改革の努力が重ねられている。ヨーロッパ諸国の地方自治・地方財政の変貌の要因は何か、様々な改革動向の中に我々が学ぶべき視点はないか、探ってみることにしたい。

2　欧州統合のインパクト

　80年代以降の欧州諸国の地方自治体に重大な影響を及ぼした要因の一つは、92年EC市場統合とEUの諸政策であろう。85年『域内市場統合』は、税関の簡素化と撤廃、人の移動の自由化、技術的障壁の撤廃（規制・規格・認証制度の調和）、公共調達の開放、金融・運輸・新技術等サービスの市場統合、資本

移動の自由化、産業政策の協調、税障壁の撤廃などを課題に掲げた。これら広汎な課題は、各国の地方自治体サービスのほとんど全分野に様々な影響を及ぼすものであった。「補完性の原理」(the subsidiary principle)にもとづく85年「ヨーロッパ地方自治憲章」は、地方自治の強化・分権化を80〜90年代の潮流とするものであったし、75年設置のEC構造基金はリージョンや地域への影響力を強めていった。

　条件不利地域の産業開発やインフラ整備への資金供与を目的に設置された構造基金は、80年代に対象地域が拡大された。89年の構造基金改革により、EC・国民政府・リージョン・地域・地方間のパートナーシップの原理が導入されてECと地方自治体との直接協議が可能となり、各国中央政府の権限は相対的に弱まった。94年の改革では民間やNGOに政策決定が降ろされ、リージョンや地域の役割と地域における官民パートナーシップとが強化された。国境を越えたリージョン間の協同を培養する政策も進展し、89年からのPilot Actionにおいては、技術革新、観光開発、環境改善、交通輸送、エネルギー基盤整備、都市・農村開発、都市再開発、文化開発などに政策枠が拡大した。こうした事業の主役はリージョン、地方自治体、NGO団体であり、またEC/EUメンバー国のみならず中東欧諸国の参加も可能となった。

　EC/EUの政策に対する欧州諸国の自治体の対応を分析したゴールドスミスらは、懐疑的な対抗型、消極的な受動型、慎重な対応型、積極的な順応型の四種類があり、受動型と対応型が多いとしたうえで、地方自治の歴史や自治体の地位・規模等の違いにかかわる北欧諸国と南欧諸国との相違、北欧諸国間・南欧諸国間の違いを指摘し、対応の多彩さを論じている。だが、地方自治体に対するEUのインパクトが、EUの政策や規則・規制の協調等を通じる直接的・間接的な影響、地方制度再編成・地域統合・国際化を通じる影響などによって、強まりつつあるのは確かであって、地方自治体が欧州統合の主役として活躍する日も遠くはない、という[1]。国民国家の制約や国境を越えたリージョン・地域間の協同は今後一層強まり、EUの政策への自治体の対応能力が問われていくであろう。

3 福祉国家の再編成と地方自治体

　1980～90年代の福祉国家の再編成も、地方自治体に重大な影響を及ぼした。新自由主義的な潮流の下で、統治構造を分権的に改造し、政府サービスの効率性や質を重視し競争的な環境を整備する動きが欧州各国で進んだ。政府は行政サービスの直接供給や規制よりもこうした改革を誘導し、公共サービス供給の条件整備を行い、公共サービスの供給自体は非公共部門の第三セクターに委ねよとの論調が強まった。この思潮は、画一的な行政サービスよりも多彩で選択可能なサービスを求めるコンシューマリズムと関連するが、サービス供給過程へのユーザーの参画を求める参加型民主主義の要請も作用している、といわれる。こうした「政府の革命」はイギリスで最も劇的に展開されたが、それは集権的な福祉国家体制の下で伝統的な国家の役割が強かったからだと、ガスターらは指摘する[2]。

　周知のように、1980年代のイギリスはサッチャー政権の下で公共支出の削減と戦後福祉国家体制の解体をめざす改革の波に洗われた。新包括補助金制度の下で個別地方自治体の支出統制が開始され、自治体の抵抗を押え込むために地方税率統制を含む集権的な統制の強化や大都市団体の改廃が実施された。だが、一層劇的な変化が起きたのは1988年以降である。80年代初めからの公営住宅売却に続いて、88年住宅法は公営住宅の管理・所有権を民間に移し、同年の教育改革法によって公立学校にかかわる自治体の権限は大幅に縮小した。80年地方法にもとづく「都市開発公社」や「特別事業ゾーン」の設立によって経済開発や都市開発に関する自治体の権限はすでに奪われていたが、88年地方自治法は強制競争入札（CCTs）の範囲を大幅に拡大し、92年地方自治法はCCTsの対象を自治体の中枢業務にまで拡張した。こうして直営サービスが縮小するにつれて、サービス供給は民間業者に委ねて地方自治体はサービスの直接供給ではなく条件整備と監督を行うべしという論調が強まった。この条件整備団体（Enabler）論は80年代末以降の時流となった。

だが、条件整備団体論には幾つかの類型が生まれた。サービス供給コストのみを重視してCCTsを極限まで追求すべしという「残余型」の他に、自治体の経済開発機能は維持すべしという「市場型」「契約型」があり、さらにコミュニティにおける自治体の新たな役割を重視する「コミュニティ型」が登場した。最後のモデルの基調を提起したのはバーミンガム大学のスチュアートとクラークであって、自治体の多くが支持するのはこのモデルである[3]。

80年代いらい自治体の政策遂行能力が低下する一方で、都市経済の衰退や貧困問題・環境問題、農村経済と生活環境の変貌をはじめ、イギリスには地域問題が山積している。自治体は、地域で民主的に選出された唯一の公共団体として、地域問題を綜合的に把握し、その解決のため住民や地域の諸団体の参画を図り、地域の資源を総動員しうる最善の方法を設定すべきだというのが「コミュニティ型」条件整備団体論の基調である。地方自治体は、住民、地域の様々な住民団体、ボランティア・グループ、トラスト、企業、その他民間団体などとのパートナーシップやネットワークを組織する地域のリーダーの役割を期待されている。それは、代議制民主主義と公共行政の限界を認識し、住民の直接参加を重視する参加型地域民主主義の胎動であり、21世紀にむけた新たな市民社会再生の芽でもありうる、といえよう。

4　中東欧の地方自治改革をめぐって

最後に、日本の問題を意識しつつ、ポーランドとハンガリーの地方制度改革の動向に触れておきたい。

体制転換後いちはやく発足した中東欧諸国の地方自治制度は、基礎自治体の小規模さと財政自治の弱さが特徴である。ポーランドにおいては基礎自治体として農村部のgminaと都市部のmiastoが設置され、国家行政機構たる地方機関としてwojewódzi wa（県）とrejony（支庁）が設置された。県議会は市町村評議会が議員を選出する間接選挙制である。ハンガリーでは基礎自治体たるönkormányzat（市町村）のほかに、自治体としてmegye（県）を設置した。

その後ポーランドにおいては地方自治強化政策が停滞し「再集権化」さえ懸念されていたが、98年に地方制度改革が実施され、県に自治体の地位が与えられ住民の直接選挙による議会が設置されるとともに、中間層の powiat（郡）が復活した。ハンガリーにおいても最近注目すべき地方財政改革案が発表され、新たな分権化に向かう兆しかとも思われる。ここでは、この地方財政改革案に見られる地方制度の基本的な考え方を紹介してみたい。

『地方政府財政：改革の選択肢』と題する1998年発表の報告書[4]は、南欧型の地方制度を設置した上で北欧型の地方自治を追求するところに中東欧諸国の逆説的矛盾があると指摘しつつ、基礎自治体の小規模さと財源の不均衡、経済的非効率の問題をとりあげる。解決方法としては、人口5千人を標準とする合併、中間層地方団体の設置、自治体間協同、行政の民間委託などがあるとした上で、合併は70年代までの北欧における潮流であったが80年代以降は衰退し、むしろ地域の歴史的アイデンティティとコミュニティが重視され小規模団体の評価が高まっている、という。ハンガリー政府が選択すべき道は、小規模な基礎自治体の独立性と代表機能を尊重しつつ、規模の不経済は自治体間協同によって解決すべきだ、と強調する。

地方財政改革論を紹介するゆとりはなくなったが、あくまで小規模自治体の意義を重視する構えに、私は鮮烈な感銘を覚える。明治期いらい地域の歴史や伝統を軽視して人為的な町村合併をくりかえしてきたわが国とは、何と対照的であろうか。南欧のスペインでは「町は神が創り、国は人が作った」という考え方があり、町村合併はありえないという。町や村の方が国民国家よりも歴史が古いからである。「地方分権」がらみで再び町村合併が進みかねない昨今、我々は中東欧や南欧から学ぶべきではないであろうか。

(1) M. J. F. Goldsmith & K. K. Klausen (ed.), *European Integration and Local Government*, Edward Elgar, 1997.
(2) L. Gaster & N. Deakin, "Local Government and the Voluntary Sector", *Local Government Studies*, Vol. 24, No. 3, 1998.

(3) M. Clarke & J. Stewart, *Community Governance, Community Leadership and the New Local Government,* Institute of Local Government Studies, University of Birmingham, 1998.
(4) K. Davey & G. Peteri, *Local Government Finances: Options for Reform,* Pontes Lts., Nagykovacsi, 1998.

第8章　イギリスにおける都市郊外の環境・景観保全政策

1　はじめに

　近年、金沢市の郊外や周辺地域において大型店舗や各種営業施設の立地が進み景観や環境の急速な変貌や混乱が発生する一方で、再び中心部の空洞化が進みつつある。一般に、都市化にともなう景観や環境の変貌は、都市が農村に接する郊外地域において発生しやすく、適切な施策や調整が行われないと、都市景観も農村景観も損なわれかねない。農村地域が様々な緑や自然環境に恵まれていると考えるならば、それは同時に自然環境の破壊にもつながるといえよう。したがって、都市郊外の環境・景観の保全は、都市環境・景観の保全であるとともに農村地域の環境・景観の保全にもつながるのである。だが、日本の都市地域と農村地域の境界線は明らかではなく、都市地域のスプロール的な拡大によって都市地域・農村地域双方の環境・景観の混乱が発生しやすいのが現実といえよう。

　都市と農村の境界線が明確に引かれ、都市地域が無秩序に農村地域へ侵食するのを食い止める政策が行われてきた典型は、イギリスのグリーン・ベルト政策であろう。イギリスではまた、農村地域の環境保全をめぐる様々な法体系が戦後整備されている。「規制緩和」が国際的な時流となった昨今、こうした政策の伝統をもつイギリスの地方都市においては、都市と農村の境界地域における環境・景観の保全についてどのような政策が展開されているのか。また、その政策経験から我々が学びうるものはないか。このような問題関心から、我々はイギリスのグリーン・ベルト政策と都市郊外の環境・景観保全政策の実態に

ついて調査を行うことにした。1998年の8月後半、筆者が主にバーミンガム大学の中央図書館および都市・地域研究センター（Centre for Urban & Regional Studies）において関連文献資料の収集と予備調査を行い、同年9月末に山岸政雄教授（金沢美術工芸大学）と筆者がイングランド南西部のボーンマス市、中部イングランドのコベントリー市およびバーミンガム市の政策を調査した。これらの調査結果と見聞に基づき、本稿では、グリーン・ベルト政策の近況と問題点、ボーンマス市ならびにコベントリー市の環境・景観保全政策について紹介することにしたい。

2 グリーン・ベルト政策の意義と限界

(1) グリーン・ベルト政策の目的と意義

イギリスにおける「グリーン・ベルト」という概念の起源は16世紀まで遡りうるといわれるが、通常はE. ハワードに始まるとされる。ハワードは、1898年に、都市を包みこむ緑の幕として比較的狭い恒久的なオープン・ランドたる「カントリー・ベルト」を提案した。大都市の拡大を憂慮した彼は大都市地域内の近郊に田園都市の配置を提案したのであって、緑のベルトはスプロール阻止だけでなく食糧の生産や余暇の場の提供をも目的としていた[1]。

グリーン・ベルトが最初に設置されたのはロンドンである。1933年の「大ロンドン地域計画」にR. アンウイン卿の「グリーン・ガードル」構想が盛り込まれたのを受けて、1935年にグリーン・ベルトを設置する政策が採用された。当時は地価が安く、1938年の The London and Home Counties（Green Belt）Act にもとづいて3500エーカーの土地が購入された。シェフィールド、マンチェスター、リーズなどの都市も土地購入を行った。戦後、1947年の Town and Country Planning Act によってグリーン・ベルト内の開発規制やそれにともなう価値低下への補償の法的根拠が整えられた。

ロンドンとグラスゴーのグリーン・ベルト構想は戦前戦中の事情とも結び

ついていたが、1944年の「大ロンドン計画」ではP. アーバンクロンビー卿によってグリーン・ベルトに三つの目的が設定された。都市の拡大を阻止し、外延の境界線を定め、余暇の場を提供することである。戦後間もない時期にグリーン・ベルトを設置した他の大都市地域では、大都市周辺部の土地への開発圧力が強く、郊外や農村地域にスプロール的な都市化が広がり、優良な農地の侵食や景観の悪化が進みかねない、と懸念された。北イングランドやスコットランドの工業都市では、スラム住宅の改廃や劣悪な都市環境改善のために、大規模な緑地開発の圧力が強まっていた。戦後のグリーン・ベルトの増大は、こうした背景の下で、大都市の無秩序な拡大を阻止し、農村の優れた環境や景観を都市から守るためだったのである。大都市を取り巻くグリーン・ベルトはまた、社会は住宅と環境の水準を改善すべきだという考え方と結びついた、強固な反都市観の伝統にもとづく、といわれる。グリーン・ベルトは、戦後の住宅建設需要の急増など大都市拡大の圧力を、既存の都市地域内ではなく周辺地域に分散させ、「大都市を封じ込める用具」だったと評価されている。

(2) グリーン・ベルト政策の限界と見直しの焦点

　グリーン・ベルトに期待された役割は六つある。都市地域の際限なきスプロール的拡大の抑制、都市周辺の田園地帯の保全、隣接する都市の融合の防止、歴史的都市の特別な性格の保存、都市再生の支援および休養や野外余暇活動の場の提供である。

　グリーン・ベルト政策はきわめて厳格に実施され、多大の成果をあげたが、一方では様々な問題や矛盾も発生した。第一は、経済開発が制限されすぎたことである。困窮問題を抱える地域の経済開発や道路建設などのため例外的な規制解除はあったものの、グリーン・ベルト政策は弾力性を欠き、商工業の発展は著しく制約されたという。第二は、グリーン・ベルト政策が他の地域戦略計画との整合性を欠いていたことである。例えば、戦後のニュータウンの多くはグリーン・ベルト設置のかなり後で指定されたし、人口過剰が問題となった後で設定されたグリーン・ベルトも存在する。第三は、グリーン・ベルト政策が

グリーン・ベルトの外の町村における過大な開発の圧力を強めたことである。雇用も住宅建設もグリーン・ベルト内部では厳しく制限されたが、その外側ではそうではなかった。ある意味では大都市の拡大はグリーン・ベルトを越えて展開したとも言え、グリーン・ベルト政策がどこまで人口分散の目的を達成しえたのか評価は微妙である。第四は、グリーン・ベルトが必ずしもオープンランドの景観の改善や休養・野外余暇活動の場の提供を促進したとはいえないことである。景観の改善はグリーン・ベルト政策の明瞭な目的とはいえず、余暇の場の提供は常に副次的な目的であったと言われる。また、農村地域における都市開発規制の政策は他にもあり、もっと明確な戦略的計画が必要だったとも指摘されている(2)。

　グリーン・ベルト政策は今もなお広範に支持されているが、政策関係者の間には認識や見解の相違があると言われる。中央政府（環境・運輸・地域省）ではグリーン・ベルトは基本的に田園を守る用具と考えられ、その外側の農村部で住宅・雇用・余暇の需要が強まるにつれ79年以降グリーン・ベルト政策の見直しが進むかに見えたものの、84年に従来の基本線に沿って、住宅投資は既存の都市地域内に誘導することが再確認された。地方自治体の場合には見解は多様である。大都市連担地域の計画部局ではグリーン・ベルトが開発の制約と見られがちなのに対し、その内部や外縁の外では大都市の拡大に対する強力な保護措置と見られることが多い。グリーン・ベルトの基準を強化しようとする団体がある一方、農村地域の環境保全は他の政策で充分であってグリーン・ベルトは不要とする団体も存在する。だが、地域の要請に対応して自治体がグリーン・ベルトの一部解除を行おうとしても中央政府と対立することが多く、特にイングランドでは中央政府の解釈が厳格すぎる、との批判もある。また開発業者はグリーン・ベルトが景観の質の保全や改善に役立たないとし、むしろ一部を余暇活動、ビジネスパーク、小売り業等に開放すべきだ、との見方が強いという。とくにグリーン・ベルトの内側の境界線では業者による一部解除の圧力が強く、例えばウエストミッドランドではスーパーストア、砂利採取業者や大企業などが開発許可を絶えず求めているという。他方、農村地主協会、全国農

民組合、地方自治体や教区の議員団、納税者・住民団体、地域アメニティ・グループその他、各種の環境保護団体の多くは、田園における開発阻止の手段としてグリーン・ベルトを重視するが、地域の住宅不足やグリーン・ベルト内の土地管理の改善や都市再生のために一定の考慮を求める団体も存在する。関係者のこうした様々な見解の相違を背景として、グリーン・ベルト政策の見直しが提起されるに至っている。

　グリーン・ベルト政策の見直しが求められるようになった理由はいくつかある。第一は、記述のように、大都市がグリーン・ベルトを越えて周辺の町や村に拡大し、ニュータウンも自己充足的ではありえなくなり、農村地域の都市化が増えたことである。第二は、農地の減少と農村の住宅問題である。農地の必要性の減退にともない農村地域政策の見直しが求められ、また都市の外の人口増加地域で住宅建設需要が増大するにつれ、農村地域における手頃な住宅供給の減少が問題となり、グリーン・ベルト政策の硬直性が障害となり始めたのである。80年代以降の公共住宅の減少や建設の抑制もこの動向に拍車をかけた。第三は、農村経済の変貌である。都市地域が経済的に衰退し、雇用や人口が都市から農村に移動するにつれて、農村地域で居住・雇用・余暇活動をめぐる開発の圧力が強まり、農村経済に強いインパクトを及ぼすようになった。計画的な統制がないと農地の細分化やバラバラな住宅建設が起こりかねない、と言われる。第四は、新たな不動産市場の動向である。農村地域への不動産市場の圧力が強まっているが、地域的な相違が大きく、ロンドンやイングランド南西部では住宅建設と余暇の需要が強いのに対し、他の地域では小売り業の需要が多いという。前者では数件の住宅開発が許可された例はあるものの、多くは却下されたが、ロンドンのグリーン・ベルト内部5地区には最近も商業余暇総合施設の構想があるほか、大小様々な開発構想が存在するという。公式のグリーン・ベルト政策は経済開発に対応しない仕組みとなっているが、自治体のチャレンジは増加しており、構造計画（Structure Plan）次元での妥協、地域計画（Local Plan）の改訂を通じる修正、業者のアピールにもとづく修正が行われる余地はある、と言われる。一般にグリーン・ベルトは農村の生活・景観の理

想化されたイメージにもとづいており、農村地域の保護が自己目的化しがちであって、公式のグリーン・ベルトと緑地とは厳密に区別されず、誰もが身近な農村地域を「グリーン・ベルト」と考えるため、農村地域の保護が政治的紛争の種になりやすい、とも指摘される(3)。

(3) 労働党政権の住宅建設計画とグリーン・ベルトをめぐるせめぎあい

　グリーン・ベルトをめぐる利害対立は、新労働党政権による住宅建設計画の下で、新たな政治的焦点となるに至った。2016年までに440万戸の住宅をどこに建設すべきが問題となったのである。当初は多くをグリーン・ベルト内に建設する方針であったが、農村地域のロビーや環境保護論者や富裕な有権者らの猛反対に遭遇して、既存都市地域内の荒廃地等での建設を増やす方向に修正したものの、依然40％は農村地域に建設される旨、1998年7月末の新聞は報じた。また、この計画の一環として西サセックスに要請された1万2,800戸の増設計画に自治体側が抵抗して訴訟となり、同年7月末の高裁判決では政府（環境・運輸・地域省）が勝訴して、西サセックスの遺憾の意が報道された(4)。グリーン・ベルトの全面的保全か、住宅開発のための一部解除かが、現代イギリスにおける政治的争点の一つとなったのである。既述のような1980年代以来の住宅事情の変化を背景として、郊外や農村部の高価な住宅には手が出ない都市居住者達が緑豊かなグリーン・ベルト周辺に手頃な住宅を求め、農村地域に住む富裕な階層が環境・景観の悪化を恐れるという事情があるように見える。

　だが、既存の都市地域内部における住宅開発を批判する環境保全論者や活動家の動きも報じられている。1989年8月1日付けのザ・タイムズには、都市地域内の荒廃地（Brownfield urban sites）にも貴重な生態系がすでに存在するから、開発せずに保全すべきである、とのある教授の見解が報道された(5)。

　他方で農村地域の環境保全にかかわる農村地域委員会（The Countryside Commission）は、1998年1月に、緑地への新住宅建設の圧力から農村地域を守るためには都市環境の質的改善が基本的課題であって、カントリーサイドには農村住宅の建設計画を建てるべきであり、農村の至福を味わいには来るが仕

事や買物は他所でするような都市居住者用の豪華な住宅ばかりが建設されるようでは、農村本来の個性が喪われてしまう、と警告した[6]。農村地域を通過する自動車交通の増大による弊害も指摘された。住宅建設需要が増大する中で、新たな農村環境整備の必要性も高まっている、と言えよう。

(4) 農村地域の整備と都市の再生をめぐる新たな課題

　イギリスの農村地域の環境は、戦後の様々な立法によって、保全が図られてきた[7]。まず、1949年の国立公園・農村地域アクセス法により、都市農村計画省（後に環境省）所属の国立公園委員会が設置され、国立公園の指定と保全、国立自然保護指定地区（National Nature Reserve）・地方自然保護指定地区（Local Nature Reserve）・科学的に特別貴重な地区（Sites of Special Scientific Interests）の指定と保全、遊歩道・乗馬道など公共的通行の整備、山・荒野・砂丘・崖地・なぎさなどオープン・カントリーへのアクセスの整備等が開始されたが、1968年の農村地域法によって、この49年法は広範な農村地域に拡張された。農村地域委員会（The Countryside Commission）が設立され、農村地域における余暇施設の整備、農村地域の自然美とアメニティの保全・拡充、公共的アクセスの整備が課題となり、農村地域の環境保全と余暇の提供にかかわるカントリー・パークの開発などが開始された。1981年の野生生物・農村地域法は、農村地域と国立公園の保全や公共交通の整備に加えて、野生生物の保護、自然の保全、保護すべき種の指定等を定め、この新たな課題が85年の修正によって一層強化された。また86年農業法はECCの指令にもとづき、経済的利害のみでなく社会的利益や環境への配慮を農業に求め、自然環境の保全を考慮する義務や農村地域を楽しむことの意義を重視し、「環境に敏感な地区」（Environmentally Sensitive Areas）のコンセプトを発展させた。これらの立法を通じて、農村地域における環境・景観の保全と改善や野生生物の保護が一層重視され、指定対象地区はイングランドのかなり広範な農村地域に及ぶようになった。だが、農業や農村地域にかかわる法律は他にもある上に、法的な規程はガイドラインを示すにすぎず、実際の農村地域管理は判例にもとづく政府

の通牒（サーキュラー）によって実施されるため、きわめて複雑な手順を必要とし、様々な政策目的を総合する体系的なアプローチが必要になっている、と言われる。農林業の振興、有益な都市・農村計画の維持発展、新たな田園地域の創出、自然美・自然環境や地域的多様性の保全、グリーン・ベルトの役割の改善、農村地域における住宅建設や農村企業の振興、農村地域で活動する諸機関の協同の強化など多彩な課題を総合的に追求しうる、農村地域管理の展開が求められている。

農村地域の社会経済状況と環境を改善し「維持可能な発展」を求める一方で、環境・運輸・地域省は、98年5月、長期にわたり「衰退の悪循環」を続けるイングランドの都市の問題の解明を問う The Urban Task Force を発表し、それに対する多方面からの応答にもとづいて、99年1月、郊外化の阻止と中心部の再生、多機能な近隣住区を核として環境にやさしいコミュニティの創出を追求する「アーバン・ルネッサンス」を提起した[8]。農村地域の新たな整備とともに、都市の再生も重大な政策課題となっているのである。では、都市と農村の接する境界線においては如何なる問題が発生し、どのような政策が現実に展開されているのであろうか。ボーンマス市とコベントリー市の実例に移ることにしたい。

3　ボーンマス市の環境・景観保全政策

(1)　海浜のリゾートの町ボーンマス

ボーンマス市はイングランド南部のドーセット・カウンティにあり、イギリス海峡に面したリゾートの町である。幅広の砂浜が7マイルも続き、海岸線の崖の帯も美しく、市の中心部には海に向かう谷筋に緑豊かな庭園が造成されている。筆者が初めて訪ねたのは8月末であるが、海に突き出た遊歩桟橋の両側にのびる砂浜にはおおぜいの人々が海水浴を楽しんでいた。

ボーンマスは、イングランドでは歴史が浅く、若い町である。市の東にクラ

イストチャーチ、西にはプールという歴史の古い町があり、両者をつなぐ海岸線には18世紀末まで無人のヒースの荒地が広がり、密輸業者が密輸品の運搬に利用していたという。だが、フランス革命に続くナポレオン戦争の間、この海岸線はフランス軍の侵入を防ぐ重要な防衛線となり、ドーセット・レーンジャーによるパトロールが実施された。その責任者たるトレゴンウエル大尉が退役後の1810年に保養のためこの地を再訪して土地を購入し、別荘を建て、療養や保養のための海水浴の流行を背景に、保養客用のコテージを増設していったのがボーンマスの始まりとなった[9]。ボーンマスはリゾートの町として発展し、人口は1851年の695人から1901年に6万人、1951年には14万5千人へと急増し、現在は16万1千人である[10]。1993年の就業構造を見ると、「流通・ホテル・レストラン」が28.9％と首位を占め、「行政・教育・衛生」が25.7％、「銀行・金融・保険」が21.1％と続き、製造業は9.5％、農業は0.2％にすぎない。1997／98年度市歳出の構成において教育費27％、住宅費22％、社会サービス費18％に続いて、余暇・観光が13％を占めている[11]。リゾートは現在もなおボーンマス市の最も重要な産業だといえよう。

　なお、ボーンマス市の正式名称はBournemouth Borough Councilである。イギリスでは1990年代に非大都市地域の地方制度再編成が実施され、95年4月からイングランドでは17、ウエールズでは22、スコットランドでは29の団体がカウンティからはずれて一層制（Unitary authority）となったが、ボーンマスも97年4月から一層制の団体となった。市の地域計画は南西部リージョンの計画指針（The Regional Planning Guidance for the South West）とドーセット・カウンティの構造計画（Dorset County Structure Plan）の下で策定され、市計画の実施に際しては隣接するプール市およびカウンティとの協議が求められることになった。現在の市計画としては、1988年策定の『ボーンマス・タウンセンター地域計画』（Bournemouth Town Centre Local Plan）、1995年改訂の『ボスコーム地域計画』Boscombe Local Plan First Review）および1995年3月策定の『ボーンマス・バラ地域計画』の三つが存在する。第三のバラ計画策定までカウンティ・レベルの計画は『南東ドーセット構造計画』であったが、

地方制度の再編成にともない96年に『ドーセット・カウンティ構造計画』が策定された[12]。

『ボーンマス・バラ地域計画』は、その冒頭において、80年代以降人口が増加傾向にあり、76年から94年にかけて住宅建設が予測以上に進展し、80年構造計画において20年間に配分が予定された土地の大半はボーンマスではすでに開発済みだ、と指摘する。雇用状況は80年代にかなり改善された後、90年代の全国的な不況の下で悪化したが、サービス産業は好調であり、オフィス開発や小売り施設の開発・再開発、観光・娯楽・余暇施設の整備などの進展が見込まれるとし、こうした動向の下で、隣接するクライストチャーチ（Christchurch）やウインボーン（Wimborne）との間のグリーン・ベルトを含む田園地帯への開発圧力が高まる、と警告する。また、市街地内のオープン・エリアは市民の余暇や街のイメージにもかかわる「緑の肺」として重要であり、保全地区とともに保全されねばならない、と強調している[13]。市街地の環境・景観保全政策や郊外田園地帯の環境保全政策がどのように展開されているのか、以下に概観することとしたい。

(2) 市の開発規制・建物規制の権限と保全地区の増大

ボーンマスには環境大臣による保全指定の建物（Listed buildings）が250以上あり、21の保全地区（Conservation Areas）が指定されている他、市の計画局は、The Town and Country Planning Act 1990にもとづいて、市域内の開発計画の大半を許可または却下することができる[14]。小規模な家屋拡築等を除き、建物の建設・改造や土地利用の変更を行おうとする者は市当局に詳細な計画を提出しなければならず、市はそれを公開しつつ、計画が地区の性格や環境・景観に適合するか否かを検討して、許可または却下し、あるいは修正を求める。ただし、却下に不満な場合には環境大臣に上訴し、環境大臣の裁定になお不満な場合には高等裁判所に控訴する権利が、開発者には保証されている。宣伝・公告板も、サイズ・高さ・場所の如何等によって、市の同意を必要とする。また、こうしたPlanning Permissionと並んで、建物の新築・改造、排

水・衛生設備・暖房施設等の設置、建物の用途変更については、当事者は市から「建物規制」(Building Regulation) 許可を得なければならない。この二つの許可権を用いて、市は市域内の建築物や景観・環境の計画的な統制を行うことができる。さらに、19世紀に植樹されたスコッツ・パインやマリタイム・パイン等の松その他の樹木を保護するため、市は一定の地区に「樹木保護命令」(Tree Preservation Orders. TPOs) を発し、許可なき伐採や刈込みを禁じてきたが、田園地帯の環境・景観保全のため、97年6月から長さ20メートル以上の生垣を保護する規則を施行した。

図8-1のように、保全地区は70年代には郊外部に4地区、80年代末に中心部の大規模な Mayrick Park & Talbot Woods や海岸寄りの The East Cliff など6地区が設定され、90年代に入って11地区が設置されている。保全地区の総面積は市域の約15％に及ぶ。市計画サービス課の説明によれば、80年代サッチャー政権の下では開発が優先されてデザイン規制権が自治体から取り上げられ、96年以降返却されたが、市は90年代初めから調査を始め、精力的に保全地区を追加したとのことであった。地区指定に際しては、建物のスタイル・デザイン・材質や樹木の種類・位置、保存・修復の方針その他詳細な計画素案を住民に公開し、議員も地区に入って住民との協議を重ねるが、住民や事業者の見解は保全賛成から反対まで多彩でありうるため、通常数カ月かかったという。各地区の原風景や個性を尊重する方針だという。

『ボーンマス・バラ地域計画』第10章「保全と都市景観」は、市街地や周辺部のグリーン・ベルト地域に対する開発圧力の下で、保護しなければ早晩市街地に飲み込まれてしまう地域を「建物上・歴史上特別な価値があり、その性格と外観の保護や価値の向上が望ましい」保全地区に指定する意義と政策方針とを説明している。全保全地区に共通する政策方針の要旨を列記してみよう[15]。

(1) 保全地区の外観や性格に寄与する建物の維持：取壊しを認める場合には、新建築物は地区の原建築物の外観・色彩などと密接にマッチする素材を用いること。屋根のピッチや形状・窓割り・バルコニー・その他付帯物を含む建物のデザインは、付近にある既存の原建築物の性格と調和させること。

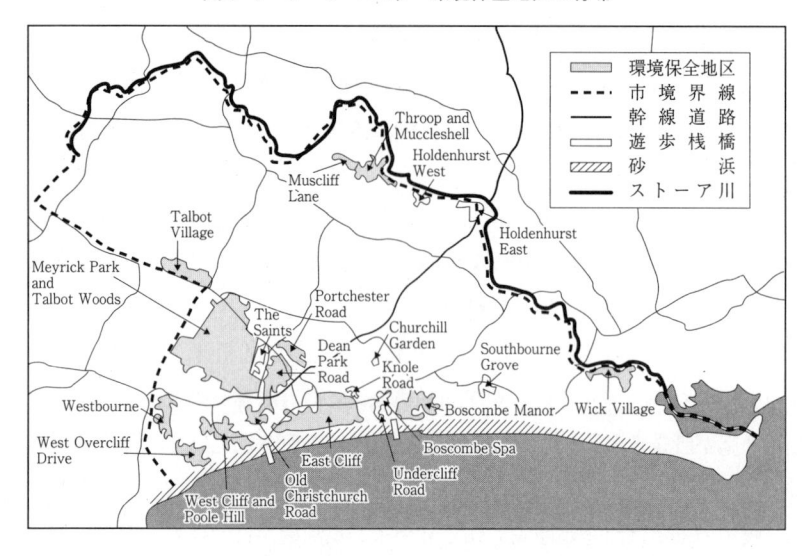

図 8-1　ボーンマス市・環境保全地区の分布

出所：BOURNEMOUTH BOROUGH COUNCIL, *Planning Information Handbook*, FOURTH EDITION. による。
注：保全地区の指定期日は次のとおりである。Boscombe Manor: 93. 5. 11., Boscombe Spa: 94. 03. 01., Churchill Gardens: 93. 05. 11., Dean Park: 93. 05. 11., Holdenhurst East: 74. 06. 18., Holdenhurst West: 74. 06. 18., Knole Road: 93. 05. 11., Meyrick Park & Talbot Woods: 88. 10. 18., Old Christchurch Road: 93. 05. 11., Portchester Road: 93. 05. 11., Southbourne Grove: 93. 07. 27., Talbot Village: 75. 04. 8., The East Cliff: 87. 11. 21., The Saints: 87. 07. 28., Throop Village: 75. 04. 8., Undercliff Road: 90. 02. 20., West Overcliff Drive: 87. 10. 13., Westbourne: 93. 05. 11., Wick Village: 85. 02. 19.

(2)　保全地区内の建物の解体は、代替建築の詳細な提案を自治体計画当局が承認し、承認された提案を実施する契約が結ばれないかぎり、通常は許可されない。

(3)　保全地区における新たな建物の位置は、隣接する建物や空間、景観、その他付近の特徴との関連に配慮して決定すること。

(4)　保全地区内の非指定建物（Non-listed buildings）を改造・拡張する提案については、拡張のサイズ・性格・規模が主要な建物に適合し、外壁の素材が原建築物にマッチすること。

(5)　計画当局は、保全地区や個々の建物の歴史的性格、建築上・歴史上の価値の保持に努めること。同質の区画では原区画の保持を奨励すること。

(6) 計画当局は、保全地区内の店舗正面の原形の保持に努めること。新たな店舗正面が提案される場合には、当該地所の上階と高さを合わせ、近隣の資産と材質・デザインを調和させ、保全地区の外観や性格を保持し、または価値を向上させること。
(7) 自動車交通、駐車場、壁、フェンス、欄干、車庫を含む付属建築物などは、保全地区の性格・外観を損なわず、敷地や近辺の資産のアメニティを害しないデザインや立地とすること。
(8) 荒廃した建物や構築物の修復を含む景観の改善によって、保全地区の性格や外観の価値の向上に努めるべきこと。
(9) 開発に際しては樹木・垣根・灌木を含む既存の地形・景観の保持と活用に努めること。地区の性格に寄与する都市空間、オープン・エリア、景観やランドマークを保持し、こうした特徴が誰にも見えるようにすること。既存の樹木・灌木の喪失が見込まれる場合には、地区内の他の適切な場所に同量以上の植樹を行うこと。

　各保全地区の性格や環境は異なっている[16]。例えば中心部の2.6平方キロメートルに及ぶ広大な「タルボット・ウッズ＆メイリック・パーク」地区は、ビクトリア時代中期から1920年代末にかけて建設された一戸建ての別荘や住宅からなる居住地区であり、生長した樹木や灌木の広々とした緑が庭園、道路沿い、公園、林を色どっている。その東に隣接する「ザ・セインツ」地区は20世紀初頭のエドワード様式の大邸宅が多く、当時のスタイルや優雅さが良く保たれているが、外辺の一部は最近のアパート建設等によって損なわれ、地区全体の保全が重視されている。さらにその東に位置する「ディーン・パーク」地区は、元々1860年代に計画されたディーン・パーク団地の一部であり、樹木の繁茂した広いホースシュー・コモンとクリケット・グラウンドを囲んで住宅が展開し、南側は中心部の商店街に至るオールド・クライストチャーチ通りに接している。「オールド・クライストチャーチ通り」地区は、中心部の繁華街に当たるペデストリアンの商店街であり、ヴィクトリア時代のゴシックやバロック様式のテラスを中心に様々な様式の建物が並び、保存指定の建築物も多いが、

表通りの建物の一階は商店、二階以上はオフィスとして使用されているものが多い[17]。また、海岸の崖の上に広がる広大な「ジ・イースト・クリフ」地区は、ヴィクトリア時代の中期から末にかけて建造された別荘地が母体であり、南側の一部には新しい中層のビルも存在するが、ヴィクトリア時代の建築様式は今も残り、保存指定の建物も多く、道路は並木に縁取られている[18]。

　これら市中心部の保全地区に対して、比較的早く1975年に指定された「タルボット村」地区は、貧しい人々を救済する博愛主義的な動機からタルボット姉妹が1835年に荒地を購入して、1845年から1875年にかけて建設したヴィクトリア時代のモデル農村の保全が目的である[19]が、やはり1975年に指定された郊外の「スループ村」地区の場合は、18世紀末から19世紀にかけて形成された農村集落のほかに、戦後の郊外開発の一環として1970年に承認された計画に沿って住宅も建設されている。同じく市北東の境界線沿いに1974年に指定された「ホールデンハースト（東）」地区は中世以来の教区にもとづき、1834年再建の教会、農業用建物を含む16世紀から20世紀にかけての保存指定の建物が存在し、最近の建造物も外観や設定を農村地域の景観に合わせている。同西地区には保存指定の学校・郵便局、住宅を含め約20の建物が存在する[20]。他に「ウイック村」地区等もあり、保全地区が市街地のみならず郊外の農村地域にも指定されてきたことがわかる。

　保存指定の建物については、市計画当局は解体・改変・拡張から守り、修繕・維持に努めるが、本来の用途が不可能になった場合には、建物の維持に最も有効で、地区のアメニティを損なわず、建物の外部の設定に有害で不調和な変更をともなわない他の用途への使用を許可することがある。

　『ボーンマス・バラ地域計画』はまた、都市景観や修景や地形への配慮にかかわる政策を挙げている[21]。

　保全地区以外の地域においても、開発や既存の建物の拡張に際しては、規模・高さ・性格・材質・レイアウトなどを周辺の資産や地区と調和させ、建物に変更を加える場合には、外壁の上塗りや窓割りに用いる素材を元の素材とマッチさせねばならない。ペデストリアンの柵、照明灯、道標、ゴミ容器、ベン

チ、プランターその他の構築物も、地区の性格を補いあるいは高めるようなデザインと素材によらねばならない。広告や看板は、保全地区内や保存指定の建物においては周辺の景観や建物との調和が求められ、イリュミネーションを施した看板は店舗正面上部以上の高さには通常許可されず、またひとつしか許可されない。イリュミネーション付きの箱状の看板（box sign）は店舗正面には許可されない。高い位置に設置された既存のイリュミネーション付き看板は、市計画当局がその撤去の交渉に努める。新たな店舗正面の設置や既存の店舗正面の変更が提案された際には、素材やデザインについて建物上階との調和が考慮されねばならない。

　修景（landscaping）については、樹木・灌木・生垣・塀など既存の景観の保全と修景の改善が重視され、とくに在来種の樹木や植物の保全が強調される。如何なる開発に際しても、樹木等の位置・幹の直径・樹冠の広さ・全樹木の品種などを正確に調査し、それらの保全だけでなく一層の植樹のために充分な用地を確保し、灌木・生垣・薮・水路・塀などを含め既存の地形的特徴を保全すべきだとされ、開発許可の申請と同時にこうした修景計画の提出を求める、としている。各地区の都市景観の調和とともに、在来種を中心とする植生と自然環境の保全と改善がきわめて重視されている、といえよう。それは、快適な市民生活のためであるとともに、リゾート都市ボーンマスの産業上の要請でもある、といえよう。

(3) **住宅建設需要の増大とグリーン・ベルトの保全をめぐって**

　1994年に発表されたイングランド南西部地域計画指針（The Regional Planning Guidance for the South West）によって、1991年から2011年の間にドーセット州で6万3,000戸の住宅を新設することが要請された。その後の調査により1991年から1994年の間に9,100戸が建設されたと判明し、必要新築戸数は5万3,900戸となったが、新労働党政権の環境・運輸・地域大臣は97年2月に5万2,900戸数への下方修正を承認した。そのうちボーンマスに割当てられたのは1万2,400戸であり、1994年以降に建設しなければならない戸数は

9,800戸である(22)。この要請をどの地域で充足するかが重大な問題となった。

ボーンマス市は、1973年策定の計画にもとづき、過去約20年間、グリーン・ベルトに近接する郊外の農地で住宅開発を行ってきたが、流入人口の増大や近年のチェス・マンハッタン本社の立地などにより住宅需要が80年代以降増大し、用地はすでに限界に達している。市域内の緑地空間もグリーン・ベルトも、保全が市の基本方針となっている。一方で市域内には困窮地域も存在することが判明し、社会施設やコミュニティ・サービスの改善も求められている。そこで市は、都市再生と環境再生戦略の一環として、新住宅の確保を市街地内の土地（brownfield）や既存の建物の内部の改造によって充足する方針をたて、グリーン・ベルトへの開発圧力に抵抗しようとしている。

ボーンマスのグリーン・ベルトは、市の北方を流れるストウール川とその渓谷に沿って帯状に伸びる地域の一部である。この渓谷の土地の多くは私有地であって農業や園芸が営まれ、川岸には遊歩道が整備されて市民の散策や魚釣りの憩いの場となっている。スポーツ用の野原、公共庭園、ゴルフ・コースも存在するが、川筋には氾濫原も伸び、草地や生長した樹木や低木が茂っている。河口のクライストチャーチ湾全体は1968年に「科学的に特別貴重な地区」に指定され、指定地域は1986年に拡大された(23)。

『ボーンマス・バラ地域計画』第8章は、グリーン・ベルトの保護の目的が市街地の周辺に残るオープン・スペースの性格の保護にあるとし、グリーン・ベルト内での新たな開発は原則として認められないが、農業や余暇等のため必要やむを得ない場合には、既存の地所の建物では必要な作業や居住が充たされないことをチェックした上で、同じ場所に、元の建物とほぼ同じ規模で、周囲の田園地帯の環境と調和することを条件にして、新たな建物の建設が許可されることがある、としている。また、郊外田園地帯が重要な理由として優良な農地の存在と散策・魚釣り、スポーツなど市民の余暇活動を挙げ、田園地帯の田園的性格と空間を守り自然を保全する必要があるとして、田園地帯における開発許可の様々な条件を列記している。―建物のデザイン・規模・素材が周辺の建物と調和すること、周辺の住宅のアメニティを損なわないこと、過大な交通

量を生み出さないこと、新たな建物は既存の建物群の一部となりうること、大量の樹木喪失を引き起こさず修景計画を伴うこと、周辺の農地や生態系への侵入を防ぐ境界線で囲むこと。余暇目的のためには、小駐車場、ピクニック用地、説明用のディスプレイ、散策用の小道、遊び場、集中的でも騒々しくもない用途のための競技場などは認められるが、大きな建物を必要とし大量の観客や交通や騒音を発生させるスポーツは、田園地帯では受け入れられない、という。現在は使われていない農場や建物で歴史的価値や建築上の価値のあるものを保全し他の用途に転用する場合にも、その地区の既存の住宅のアメニティとの調和や交通手段の存在をはじめとして厳しい条件がつけられる。また、騒音・臭い・景観を理由として居住施設の400メートル以内には畜舎の建物は許可されず、自動車交通量の増大や都市的な景観や土地利用の侵入を理由としてガーデン・センターの立地もカントリーサイドには許可されない。こうした厳しい政策方針によって、市は郊外田園地帯やグリーン・ベルトの緑豊かな環境と景観を保全しようとしているのである。

だが、グリーン・ベルトをめぐる状況は厳しく、予断を許さない。大手の不動産業者がすでにそのかなりの土地を買収して開発の許可を求め、市との攻防戦が続いているからである。市は保全の方針を堅持しているが、業者には中央政府（環境大臣）へのアピールの道が残されており、もし業者が勝てば市は開発を規制できなくなる。この最悪の事態を回避して業者に対し開発に厳しい条件を課しつつグリーン・ベルトの一部解除を行う政治的決断が早晩必要になるかもしれない――ハイウェイにまたがる陸橋の上からグリーン・ベルト内側の境界線とベルト内の農地や林の緑をみはるかしながら、市計画局の担当者は苦しい心境を我々に語ったのであった。都市と田園地帯の境界線の環境・景観の保全をめぐるこの厳しい状況は、他の都市にも共通するであろう。

補論：市中心部ショッピング・センター環境整備政策をめぐって

『ボーンマス・タウン・センター地域計画』第5章「ショッピング」における中心部ショッピング・センターの環境整備政策も、近年日本の地方都市で進

行する再郊外化と中心部の空洞化現象を考慮すると、きわめて興味深いものがある。

まず、自動車利用の増加にともなう既存ショッピング・センターの環境問題の増大と人口・実質所得の増加によるショッピング・センター拡張の必要を背景として、『南東ドーセット構造計画』からショッピング・センターの環境改善政策の基本方針が引用される。ペデストリアン化・路上駐車の排除・バスなど公共交通優先の方針に続いて、ショッピング・センターの開発・再開発の条件が列記される。周辺居住地区のニーズを充たし、隣接する商店街の経済に悪影響を及ぼさず、公共交通によるアクセスが可能であり、環境に影響するような交通量の増加を引き起こさないこと、等である。

ショッピングはタウン・センターの主要な機能と評価され、タウン・センターの活力と経済発展とを保証するため、主なショッピング機能は市中心部に集中すべきであり、それ以外の地区における大規模なショッピング開発は許可しない、とされる。駐車場増設の要請もあるが、現在の中心部ショッピング・センター周辺の駐車場は主要な道路網やペデストリアンとうまくリンクしており、有効に利用すれば不必要な自動車交通にともなう混雑や大気汚染などを減らすことができる。むしろ、中心部への優れた公共交通なかんずくバスの便をさらに高める方が、ショッピング・センターの活性化に有効だ、という。中心部の広場をはさむショッピング・センター間の連絡もペデストリアンによるべきだ、とされる。

また、中心部ショッピング・センターにおいては、一階を小売店以外の用途とする開発は許可しない方針になっている。それ以外の地区においても、すでにある一階の小売店を消滅させる開発計画は許可しないが、地区内の住民・企業・従業者の特別なニーズを提供する店舗やオフィス、ショールーム等の一階への整備は認め、小規模な小売店を新設する計画は許可する方針だという。ただし、自動車利用客を増やす大規模小売店は、ペデストリアン化された中心部ショッピング・センターでは不適切とされる。最後に、ショッピング・センターのあらゆる建物・施設において、車椅子を必要とする身体障害者の利便を

デザイン段階で計画しなければならない、としている。

4 コベントリー市の環境・景観保全政策

(1) 製造業の町・コベントリーの戦災と戦後の都市計画

　コベントリーはロンドンのユーストン駅から特急列車で北西へ約1時間10分、バーミンガムの約30分手前に位置する西ミッドランドの都市である。人口は約30万人。中世にはウォーリックシャーの羊毛工業の町として栄え、14世紀末にはロンドンを除くイングランドでは第三の都市となり、1451年にはウォーリックシャーから独立してカウンティになったという輝かしい歴史をもつ。1355年から1538年にかけて2マイルに及び10カ所のゲイトとタワーをもつ市壁が建設された。16世紀前半にはやや衰退するが、17世紀後半から絹リボン織りが盛んになり、1720年からは時計の生産が発展した。19世紀初頭からは、市壁の外に熟練職人の居住地域が広がっていた[24]。これら絹リボンや時計の繊細な技術を基礎として、20世紀に入るとコベントリーには工作機械、航空機、自転車、自動車、オートバイ、ミシンなど様々な工業が集積していった。この伝統は戦後も続き、交通上の立地条件の良さも幸いして、最近はコベントリー・ビジネス・パークにヨーロッパやカナダや日本からの企業が進出し、市中心部にコベントリー大学テクノロジー・パークが整備された他、ジャガー社と提携してそのデザイン・センターの隣に新たなビジネス・パークの造成が計画されている。

　だが、戦後コベントリー市の名を高からしめたのは、戦災復興の都市計画である。イギリスの代表的な製造業の町として、コベントリーは1940年11月にイギリスで初めてドイツ軍による空爆の標的となり、568人の死者を出すとともに中心部は聖マイケル教会を含め瓦礫の山と化した。戦後復興の中で、コベントリー市はいち早くインナーリング道路を整備して中心部への自動車の侵入を防ぎ、歩行者の安全を重視する都市計画を推進した。市の精神的象徴というべき聖マイケル教会の廃墟は保存され、その横に1956年から新しいモダンな大教

会の建設が始まり、62年に祝聖式が挙行され、88年には市中心部の教会としての誓約が結ばれた[25]。この新教会は、美しい色とりどりのガラスを多用したデザイン等によって有名になり、参詣者が跡を絶たず、向いの学生達が行き交うコベントリー大学やペデストリアンの商店街とともに、市中心部の活気ある空間の一翼を形成している。

(2) カントリーサイドをめぐる政府の指針とコベントリー市の計画

　98年9月末にコベントリー市中心部の戦略・計画局を訪ねると、副局長のJ.ラッセル氏は都市周辺部の環境政策に関する中央政府の指針、西ミッドランド・リージョン・レベルの計画および市の計画に関する体系的な資料を用意しつつ応対してくれた。

　「カントリーサイドの環境の質と経済的・社会的開発」と題する中央政府の計画政策指針（Planning Policy Guidance. PPG7）は97年2月付けであり、農村地域の維持可能な発展を提起した92年白書「イングランドの農村」の基本原則に沿う政策方針を明らかにしている。農村地域の維持可能な発展のためには、農村地域に住み働く人々のために農村企業の効率性と競争力を高め多様な雇用の機会を提供するとともに、その景観・美・多様な野生生物・農村の町や村の歴史的価値・優良な農地などカントリーサイドの個性と自然資源を保全し、居住にかかわるコミュニティ施設の改善や増大する都市への自動車交通の削減によって既存の町や村の活力を高めることが必要であり、都市と農村の相互依存性を認識することが肝要だ、と強調する。イングランドの土地の4分の3を占める農地では今後とも農業生産が続くであろうが、小企業の立地・植林・余暇やレジャー関連の事業などの新たな経済的用途の需要もあり、景観や生態系の回復など環境の改善も不可欠だとする。そして、1991年から2016年までに増加が見込まれる440万世帯のための住宅の半分は、イングランドの面積の10.6％を占める都市地域内の用地の再利用によって供給するとし、暗にカントリーサイドでも住宅建設が行われることを示唆している[26]。

　PPG7は、続いて、カントリーサイドにおける計画行政の課題に移り、景

観・野生生物・歴史的価値の保存が指定された地区での開発の否定を前提として、自治体の計画当局の責務を列記する。──農村企業の奨励、景観・野生生物・歴史的価値の保護、優良農地の保全、林業その他農村的事業の質や多様性への配慮、再生不能な資源の保護、マーケットやコミュニティ施設の改善・雇用の拡大など農村コミュニティの強化、カントリーサイドの個性や性格を尊重する良質な開発、などである。農村企業は小規模な商業や軽工業が有益であり、公共交通の便の悪い所は避け、既存の建物の再利用が効果的であるとし、新たな住宅建設は農村地域においても健全な経済活動や村落コミュニティの活力の維持にとって必要であり、村や町の既存住宅地の最適な再利用を行うべきだが、オープン・カントリーサイドにおける新規の住宅建設は厳しくコントロールすべきだ、とする。だが、大都市地域の外縁部（the urban fringe）は従来ゴミ・下水処理の機能を担い、荒廃地・空き地・農地・林地などが存在して都市開発の圧力にさらされており、環境の改善を図りつつ土地利用上の紛争を減らすとともに、公共的なアクセスを改善して適切なレジャー・余暇活動が行われやすくすべきだ、としている[27]。第2節において論じたように、この政府指針文書においてもアーバン・フリンジは都市と農村の経済活動や環境整備がせめぎあう場と認識されているのである。

　コベントリー市の開発計画（Unitary Development Plan）は、こうした政府方針の下で、1993年に作成され、翌年には『グリーン・スペース戦略』（Green Space Strategy for Coventry 1994）が策定された。上記の政府指針や西ミドランド地域計画指針（Regional Planning Guidance for the West Midlands）の下で、その後開発計画の再検討が行われ、その結果が98年11月に発表されることになっていたが、94年の計画とこの改訂計画における緑地環境政策の要旨にもとづいて、コベントリー市の「グリーン・スペース戦略」の概要を次に紹介することとしたい。

(3) コベントリー市の「グリーン・スペース」戦略

① グリーン・スペースの存在と利用状況の把握

「グリーン・スペース」とは、公式・非公式の公園、野原、林地、自然保護区、農地、カントリー・パーク、コモンズ、水辺だけでなく、市民農園、道路・線路・運河沿いの土地、街路樹や道端の芝生、大きな施設の用地、商工業施設の土地、墓地、空閑地、個人の庭など緑化にかかわりうる市内の様々な空間の総称である。94年の「グリーン・スペース戦略」はその冒頭において、これらの空間が市民の野外余暇活動、市の景観に寄与する視覚上のアメニティ、市のイメージにかかわる物的・構造的な性格、教育的・内在的な価値のある多様な野生生物、子供の遊び場を含む社会的な相互交流の機会、市の歴史に関連した生ける証拠などを提供する場として市民生活に不可欠であり、このうえなく重要な環境資源であって、市民の「生活の質」を豊かにするために維持されねばならない、と強調する[28]。

98年の開発計画の準備作業として、市は1989年に、視覚的な要素を中心とした環境の質に関する市全域の調査を実施した。その結果、市を構成する4地域と市中心部の特徴が明らかとなった。──北西部はグリーン・ベルトの大半を含み良質な環境が最も広く、南西部はそれに次ぐ環境の良質な地域だが広大な市営住宅地区を含み、南東部には良質な古い居住地区が存在する一方で魅力のない工業地区や問題含みの公営住宅群がある。それに対して北東部は全般的に最も貧弱であり、19世紀および戦前に建設された基準以下の住宅群や放棄された工業施設や環境への配慮を欠いた現代の倉庫開発などが存在する。中心部はいくつかの貴重な歴史的遺産をふくみつつも、多様である、と。

続いて市は、1989年から1991年にかけて全オープン・スペースの調査を行い、個人の庭や道路沿いの草地を除き、2000地点のグリーン・スペースを確認した。この調査から、市内には農地1,470ヘクタール、林地約170ヘクタール、その他2,592ヘクタール、計4,320ヘクタールのオープン・スペースがあることが判明した。それは市の総面積の約44％に及ぶが、その約3分の1は農村地域の二つ

の教区が占めている。このグリーン・スペースは、農地、レクリエーション用の公園、市民農園、林地、インフォーマルなスペース、遊び場、若者・成人用のグランドの八種類からなるが、全国プレイング・フィールド協会（The National Playing Fields Association. NPFA）の人口千人当たり面積基準によって各種類毎の広さをチェックすると、コベントリー市は全体としてNPFAの推奨する最低基準に満たないことも判明した。地域的に見ると、公共的オープン・スペースの不足は中心部の他、郊外の一部にも見られ、グリーン・スペースのネットワークが比較的豊かな農村部の教区と貧弱なインナーシティの違いが大きく、また市街地域に入り込むグリーン・ウェッジ（緑の楔、Green Wedge）や、グリーン・スペースを欠いた地区におけるミニ公園の重要さが浮き彫りになった。

　これらグリーン・スペースの利用状況や市民意識について、市は1991年と1993年にアンケート調査を実施した。91年調査では、回答者の3分の2がカントリーサイドや地区の公園等各種のグリーン・スペースを利用し、その3分の2がアメニティに満足しているが、高い社会経済階層や白人層の満足度が高いのに対して、居住環境の貧しい地区に住む人々の満足度は低いことが判明した。93年の調査においては、アジア系市民が公園やオープン・スペースにかなり満足する一方で、25〜34歳の層や公営住宅居住者は満足していないことが明らかとなった。グリーン・スペースの利用には様々な要因が複雑に作用することも判明した。最も良くカントリーサイドを利用するのは白人中産階級であって貧しい人々は余り行かないというように、所得水準や距離や交通手段も影響するが、カントリーサイドの環境や他のグリーン・スペースの存在を知らないことも作用する。物理的障害だけでなく心理的障害を克服する施策が必要だが、それ以上に、黒人・少数民族グループ、身体障害者、老人、女性に対する配慮が重要だ、と『グリーン・スペース戦略』は指摘する。例えば、困窮地区においてはオープン・スペースでの危険や犯罪への恐れが利用を阻害しがちになるから、景観管理スタッフの配置など誰かが常に敷地内にいる施策や工夫が必要である、と。

以上の把握を踏まえて、『グリーン・スペース戦略』は、各種の野外レジャー・スポーツ・レクリエーションの場の現状と問題点、様々な景観要素の分布状況と特徴、自然環境保全の現状と問題点、さらにグリーン・スペース戦略にかかわる様々なプロジェクト・関係団体を整理する。景観要素の中では、バーミンガム、ストラットフォード・アポン・タイン、コベントリーの間に広がり、ほとんどコベントリーを包みこむ広大なシェークスピアの「アーデンの森」が6地域に分けて分析され、コベントリーにかかわる地域では景観の保存と動植物生息地の回復が重要な課題だ、と指摘される。また、沢山のグリーン・スペースの回廊によってカントリーサイドから市街地につながるネットワークと「グリーン・ウェッジ」、公園・庭園・林地からなる市街地域の緑の空間、樹木の保全と植樹の重要性が整理され、市内には200本の木が市の「樹木保存命令」(Tree Preservation Orders. TPOs)の対象となり、過去10年間に9万3,500本の植樹が実施されたことが紹介されている。

② 「グリーン・スペース戦略」の施策
　グリーン・スペース戦略の全般的目標は、グリーン・スペースを保護し、その量的拡大と質的向上を図り、市民全体にアクセス可能なものとし、適切な管理を推奨することに置かれる。市の厳しい財政状況をも考慮して、政府機関、研究組織、民間セクター、ボランタリー・グループ、地域コミュニティ・グループとの緊密な協同（パートナーシップ）が重視され、地域の企業や商店の参加が求められるとともに、市の開発許可権を駆使してグリーン・スペースの保全と拡大を図るべきことが強調される。財政状況の不確定さから厳密なタイム・テーブルは設定せず、毎年「グリーン・スペース行動計画」(A Green Space Action Plan)を策定し、進捗状況をモニターし見直していく方針であり、地域のコミュニティ・グループやボランティアの参加が特に強く求められている。
　第一目標たるグリーン・スペース保護の第一の標的は、グリーン・ベルトである。アーデンの景観にかかる北西部の2教区を含むグリーン・ベルトはむろ

ん保護されるが、空閑地の住宅建設、野外スポーツ・レクリエーション用地の整備、既存の商工業用建物の再開発、農業の多角化など一定のカテゴリーの開発は許可されることがあるという。

　他の多様なグリーン・スペースの保護については、市民農園の保全、樹木・林地・生垣の保全、街路樹等の維持と5年ごとの点検、自然環境の保護と拡大、道路際の樹木・生垣・草地など緑の維持と拡大、アーデンの伝統的な景観や建物の保全、スポーツ・レクリエーション用地の整備などが掲げられる。樹木保護については、教区または地区のコミュニティによる樹木監視員の指名と既存のTPOs指定樹木のモニター制が提案される。自然環境の保全については、重要な野生生物保護のため、地主と協議して市内の8地区を「地域自然保護地区」(Local Nature Reserves) に、13地区を「自然保護重要地区」(Sites of Importance for Nature Conservation) に指定するとともに、指定地区を拡大するための調査を行うことが提起される。また、開発計画許可の申請項目に野生生物生息地の保護と創出を加え、建設・造成中も林地・樹木・生垣・湿地・水辺等の生息地を維持し、如何なる修景計画においても在来種を重視させるべきことが強調され、開発業者や建築業者にこの課題を競わせるべきだと提案されている。

　第二目標たるグリーン・スペースの量的拡大と質的向上については、郊外カントリーサイドの緑を渓谷や運河沿いの10本の回廊によって市街地の公園やオープン・スペースにリンクさせる「グリーン・スペース・ネットワーク」がまず重視される。市街地の公園等の緑は、街路樹や教会の境内の緑を通ってシティ・センターに入り込んで行く。林地の拡大、果樹園の創設、植林の強化、地区公園の増設、歴史的な公園・庭園の保全、教会の境内や墓地の環境保全、学校の校庭の整備と有効利用、荒廃地や空き地の緑化、工場など企業用地の緑化と景観の改善、住宅団地におけるグリーン・スペースの拡大、運河沿いのグリーン・スペースの改善、市中心部のペデストリアン地区や建物間への緑の空間の拡張など、多彩な提案が行われている。

　第三の目標はグリーン・スペースへのアクセスの確保である。全市民に野外

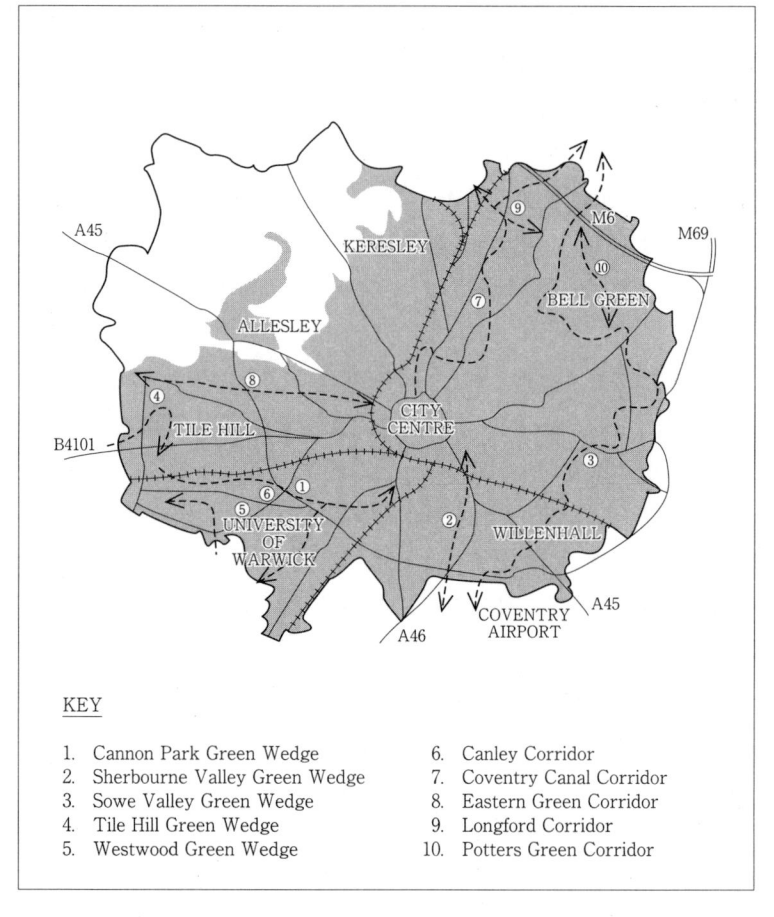

図 8-2 コベントリー市のグリーン・スペース回廊

KEY

1. Cannon Park Green Wedge
2. Sherbourne Valley Green Wedge
3. Sowe Valley Green Wedge
4. Tile Hill Green Wedge
5. Westwood Green Wedge
6. Canley Corridor
7. Coventry Canal Corridor
8. Eastern Green Corridor
9. Longford Corridor
10. Potters Green Corridor

出所：Green Space Strategy for Coventry, p. 36による。

のスポーツやレクリエーションの機会を保証するため、どの居住地域においても、子供達の遊び場を含むコミュニティ・パークや、多様な野生生物がいて環境教育の場となる自然公園を徒歩圏内に設置することが政策方針となる。また、あらゆるコミュニティにおいてグリーン・スペースの享受を可能とするために、その存在とレクリエーションの機会を周知させ、身体障害者・少数民族・老

人・女性のために必要な施設を整備するとともに、安全性を高め、犯罪への不安を極小化することが要請される。例えば、見晴らしの良い場所を増やし、暗い場所や人目につかない場所を設けず、適切な照明を設置し、モーターバイクの使用を禁止し、バンダリズムが起きにくいようにすること、などである。これらの課題をめぐっては、地区コミュニティやボランタリー部門との連絡・連携が重要であることも指摘される。さらに、市域全体にわたって歩道のネットワークを拡大するため、カントリーサイドの農村歩道やグリーン・スペース回廊沿いの歩道を改善し、市域外の長距離歩道とのリンクを整備する必要が指摘され、歩道網の決定版は1995年中に完成し発行される、と付言されている。

　第四の目標は、グリーン・スペースの適切な管理方法の確立である。まず、ピート・殺虫剤・除草剤の使用は避けて有機物など環境にやさしい素材を使い、樹木や野草は在来種とすべきことが指摘される。アーデンのグリーン・ベルトでは市有地は約20％だが、他のグリーン・スペースのかなり多くは市の所有地となっている。市所有地は従来、レジャー・サービス、財産サービス、教育、住宅、交通、ハイウェイ、環境サービス、社会サービスの八つの委員会によって管理され、多彩な機能的目的や専門的技術の必要等のため、自然や野生生物の保全は必ずしも重視されず、また管理費が上昇する傾向があった。こうした従来の管理方法を見直して自然環境の保全を重視し、自然の力を重視した維持管理方法を採用し不必要な作業を止めて経費を節減する一方、生産物や専門技術・知識の販売によって収入を増やすとともに、ボランティアの活動を強め、市の部局間の協同を改善することが要請される。草地管理における乾草や林地管理における倒木の売却などが、収入増加の具体例である。市有地の維持管理を自然の動きに合わせたものとするためには、季節的な気候の変化や植生の変化のパターンなどエコロジーを充分に理解し、それにあった管理技術を開発することが必要であり、そのための職員のトレーニングが不可欠だ、とも指摘される。

　この土地管理方法改善の原則論に続いて、農地、林地、草地、公園、水辺、余暇・スポーツ・グラウンド、校庭、営業用施設、道路、運河、市民農園、教

会の境内など16種類の土地に分けて、具体的な土地の管理方法が詳細に指示される。詳しい紹介は省かざるをえないが、例えば草地の管理においては、草刈りを7月末、9月末および5月末の3回として、刈り取った草は3〜4日で除去し、道路や建物沿いでは刈り幅を1〜2メートル、生垣他の場合には野草の生育のため縁から1〜5メートルを刈らずに残す、としている。また、校庭のフェンスや道路沿いのストリート・ファーニチャーについては色彩の注文もつけられている。

　このように、コベントリー市の『グリーン・スペース戦略』は市域内の緑の資産に関する周到な調査・分析にもとづく包括的な環境保全政策であって、見事というほかはない。だが、グリーン・ベルト内での開発をめぐる問題はコベントリーにも存在する。最後にその問題に触れておくこととしたい。

　コベントリー市も住宅増設の必要に迫られているが、この要請は既存の市街地内で充たす方針とのことであった。古い工場敷地は立地条件等からして新たな工業開発には向かないから住宅開発に充てる方針であり、住宅はBrownfield内に建設するが、雇用拡大のための新たな工場用地等3地区の一つをグリーン・ベルト内に求めざるをえない、という。この用地は、グリーン・ベルト内の炭坑やビジネス・工業・パークに隣接する区域である。グリーン・ベルトの中にはほかにも既存の居住地域等が幾つか存在するが、これら以外の区域は極力守られることになっている。

　ボーンマス市と同様、コベントリー市も保全地区の指定によって歴史的伝統的な環境・景観の保全に努めている。保全地区の指定は1960年代に始まり、現在シティ・センターに4地区、その他8地区が指定されている。我々は、ヒヤリングを終えてから69年8月に指定され77年4月に拡張された、コベントリー駅に近いグレイフライアーズ・グリーン保全地区を散策した。18世紀半ばから19世紀後半にかけての建物群が見事に保全され、広い公園の緑が豊かであった。夕日に映える木々や草花の緑の輝きに安らぎを覚えながら、その緑もまた「グリーン・スペース」の一部なのだ、と気づいたのであった。

5　むすび

　ボーンマスとコベントリーの2市を訪ね、環境・景観保全政策の実態に接して感銘を新たにしたのは、中心部の歴史的伝統的景観やグリーン・スペースを保全し拡大しようとする市の強固な方針と自治体当局者の熱意であった。『北経調季報』第47号（1997年6月）掲載の「21世紀の都市モデルに関する調査」において言及したように、イギリスの地方自治体は1980年代以来の相次ぐ地方財政改革と1990年代に本格化した強制競争入札制度や政府の都市政策のめまぐるしい変貌の下で、厳しい状況下に置かれている。コベントリー市でインタビューした戦略・計画局副局長のJ.ラッセル氏も職員の減少や財源の厳しさに言及していた。それにもかかわらず、ここに紹介した両市の環境・景観の保全をめぐる計画と実施の努力は、我々の予想をはるかに越えるものであった。

　都市地域と農村地域の境界線が明確に引かれ、グリーン・ベルトが設定され、自治体が建築や開発に対する強力な許可・規制の権限を持つイギリスの体制は、確かに日本とは違っている。今後の地方分権化の中で日本の自治体もこのような権限を確保する必要があるし、縦割り行政の弊害から脱却して総合的な環境行政が市レベルで展開されるようになって欲しい、と思わずにはいられない。だが、同時に我々は、都市地域と農村地域の環境・景観のあり方をそれぞれに確認しなおし、その境界線での環境・景観の乱れをどのように直すべきか検討するとともに、コベントリー市の政策が提起するように、両者にまたがる自然環境や緑のネットワークを追求するべきではないであろうか。地方財政の危機が深まっているとはいえ、日本の自治体を取り巻く状況は未だイギリスほど厳しいとはいえない。逆に言えば、日本より厳しい状況の下で都市と農村とその境界線の環境・景観の保全に苦闘するイギリスの自治体の姿勢に、我々は学ぶべきであろう。そして、コベントリー市のグリーン・スペース戦略も強調するように、環境・景観保全政策の発展には、自治体だけでなく、民間企業、研究機関、地域コミュニティ、ボランタリーグループ等の緊密な協力・協同が不可

欠なことはいうまでもない。

(1) グリーン・ベルト政策の経緯と問題点については、主に次の文献を参照した。Martin J. Elson, *Green Belt, Conflict meditation in the urban fringe*. Heinemann, 1986. John Herington, *Beyond Green Belts, Managing Urban Growth in the 21st Century*. Regional Studies Association, Jessica Kingsley Publishers, 1990. The AMA Green Group, *Green Policy, A Review of Green Policy and Practice in Metropolitan Authorities*. Association of Metropolitan Authorities, 1985. Trevor Cherrett, *The Implementation of Green Belt Policy*. Department of Town and Country Planning, Gloucestershire College of Arts and Technology, 1982.

(2) この節の叙述は上掲のヘリントン (J. Herington, *op.cit.*) の整理にもとづく。

(3) J. Herington, *op.cit.*, pp. 36-37.

(4) "Green, Unpleasant Land" & "Countryside Defeat for a home country" in *The Times*, July 31 1998.

(5) Nick Nuttall, "Saving the lungs of our cities, Brownfield urban sites earmarked for new houses are green oases vital for wildlife" in *The Times*, August 1 1998.

(6) Countryside Commission: Press release, January 21 1998 (by Internet).

(7) この節の叙述は次の文献の第7章「法的枠組み」にもとづく。Peter Bromley, *Countryside Management*, E. & F. N. Spon: An imprint of Chapman and Hall, 1990.

(8) Department of the Environment, Transport and Regions: Urban Renaissance, Sharing the Vision .01.99, Summary of Responses to the Urban Task Force Prospectus (by Internet).

(9) リーフレット "Bournemouth: the Beginnings" による。

(10) "Bournemouth: Where will they live?", A PLANNING Supplement June 1998: Planning together for the future, p. 6.

(11) Bournemouth Borough Council: Abstract of Statistics for Bournemouth 1997. による。

(12) Bournemouth Borough Council: Bournemouth Borough Local Plan, March 1995, pp. 1-3.

(13) *Ibid.*, pp. 3-4.

(14) このパラグラフの叙述は、Bournemouth Borough Council, *Planning Information Handbook*, 4th. edition にもとづく。

(15) Bournemouth Borough Local Plan, Chapter 10 : Conservation and Townscape, pp. 73-77.
(16) *Ibid.*, pp. 77-82.
(17) Pamphlet 'Old Christchurch Road Conservation Area' にもよる。
(18) Pamphlet 'The East Cliff Conservation Area' にもよる。
(19) Pamphlet 'Talbot Village Conservation Area' による。
(20) Bournemouth Borough Local Plan, pp. 76-77.
(21) *Ibid.*, pp. 82-85.
(22) 'Bournemouth: Where will they live?', pp. 6-7.
(23) 以下、ボーンマスのグリーン・ベルトとカントリーサイドに関する叙述はBournemouth Borough Local Plan, Chapter 8 'Green Belt and Countryside', pp. 57-64. とヒヤリングの成果にもとづく。
(24) 'Coventry : History' by Internet: http://www.exponet.co.uk/peter/ancient.htm
(25) Coventry Cathedral, A Pitkin Cathedral Guide.
(26) Department of the Environment: Planning Policy Guidance, The Countryside-Environmental Quality and Economic and Social Development, PPG7 (Revised), February 1997, pp. 3-4.
(27) *Ibid.*, p. 11.
(28) Green Space Strategy for Coventry, Guidlines for the protection, enhancement and management of the City's Open Spaces, prepared and approved by Coventry City Council and the Green Space Specialist Working Group, pp. 9-10. 以下、いちいち断らないが、「グリーン・スペース戦略」の紹介は本文約90ページ、収録約20ページに及ぶこの文書とヒヤリングの成果に依拠する。

初出文献一覧

第1章 「地方財政支出統制と新ブロック・グラント――イギリスにおける財政中央集権化過程の一側面――」（水田洋先生退官記念論集『市民社会の思想』御茶の水書房、1983年）

第2章 「イギリスの都市財政――地方財政統制の強化と大都市財政」（柴田徳衛編『都市経済論』有斐閣、1985年）

第3章 「イギリスにおける地方財政支出統制の強化と地方財政自治の危機」（宮本憲一編『地方財政の国際比較』勁草書房、1986年）

第4章 「イギリス地方財政改革の争点をめぐって」（『金沢大学経済学部論集』第10巻第2号、1990年）

第5章 「イギリス補助金政策の新展開と地方財政」（宮本憲一編『補助金の政治経済学』朝日新聞社、1990年）

第6章 「イギリス福祉国家の変貌と地方自治」（池上惇・林健久・淡路剛久編『二十一世紀への政治経済学』有斐閣、1991年）

第7章 「変貌するヨーロッパの地方自治・地方財政」（金沢大学経済学部地域経済資料室『CURES』第53号、2000年）

第8章 「イギリスにおける都市郊外の環境・景観保全政策」（北陸経済調査会『北経調季報』第13巻第60号、2000年）

小林昭君を偲ぶ

滋賀大学前学長　宮 本 憲 一

　私が金沢大学で財政学を担当し、ゼミナールをもったのは、1955年のことであった。金沢大学の財政学のゼミ出身者で、最初に大学の研究者になったのは、倉又孝君（東京工大助教授から野村総研主任研究員などをへて、タイのチェンマイ市の顧問などを歴任）である。しかし、「手塩」にかけたという点では、1964年卒業の小林昭君と遠藤宏一君（大阪市大経営学研究科大学院教授）であろう。二人は友人であり、ライバルであった。遠藤君は大学の成績もトップであり、三菱電機につとめた後に、大阪市大の大学院に入学して、研究者の道を歩んだ。遠藤君が事務能力と社会的常識に秀いでていたのに対し、小林君は融通のきかぬ不器用さが特色の文学少年であった。

　当時、金沢大学法文学部は任期制の助手を採用していて、彼は経済学科の第二代の助手となった。ベンサムの政治経済学の著作集が出た時であったので、私は彼にこれを読み、ベンサム左派からチャドウィックを経て、ウェッブの地方自治論―福祉国家論へ進む研究をしてみたらどうかと指導した。これは少々重い課題であった。近年東大の大沢真理教授のチャドウィック論をみると、チャドウィックをウェッブにむすびつけるのは疑問としてあり、私の指導が悪かったのかもしれない。

　彼はこのテーマをもって、名古屋大学大学院の水田洋教授のゼミに学んだ。ベンサムについて論文があるが、あまり評価を受けなかった。水田先生の地域研究をやれという指導もあったのだろうか、その後日本の現状分析に興味をもったようである。修士課程を終えた段階で、私は友人の柴田徳衛教授にたのみ、都立大学の助手に推せんし、採用された。当時の都立大学は林栄夫教授を筆頭

に、柴田教授や加藤芳太郎教授を擁し、財政学研究者のメッカのごときであった。この恵まれた環境の下で、彼は日本の地方財政の研究にとりくんだ。その業績によって、金沢大学助教授に採用された。こうして、彼は柴田さんと私の共通の「弟子」になり、一緒に当時、北陸中日新聞社の主催する北陸の都市調査に従事し、また北陸経済調査会の仕事をすることになった。

　私はこの時期に、『石川県史』と『石川県議会史』の中の石川県行財政史の執筆をしていた。県の行財政資料、議会資料、新聞、雑誌など、整理すべき資料が山のようにある。とても、一人では手がまわらないので、小林君と遠藤君を助手のアルバイトに雇って、整理を手伝ってもらった。この時に彼のたんねんな仕事に感心をし、この力を大きく伸ばしたいと考え、1972年に出版をはじめた『岩波講座・現代都市政策』第11巻の「都市財政の改革」を彼に依頼した。これが出来れば、彼は地方財政学界のみならず、「知」の社会へデビューできると考えたのである。

　ところが、いつまで経っても原稿がでてこない。編集者としては責任があるので、彼に請求のために金沢へ会いにいくと、厖大な統計をつくってはいるのだが、それをどう構成してよいか迷っているのである。何度か会って、構想をかたってくれれば、一緒に書くことにしてもよいというのだが、少々ノイローゼ気味になり、全く前へすすまなかった。この講座は日本でさいしょの政策科学を提示するような画期的な内容で、岩波書店としても重点をおいているので、彼の論文だけをまつわけにいかない。それでとうとう、彼を下して私がかわりに執筆をしたのである。これは彼にとっては大きなショックで、研究の前半期の挫折となり、しばらくは自信を失っていた。

　1970年代末になって、小林君はイギリスの地方財政研究をはじめたいと考え、相談にきた。81年の春、パリーで彼と会った時に、私は現代資本主義の都市財政を研究するならば、アメリカのニューヨーク市の方がよくないか、資料の点では柴田さんも私も蓄積があるので、いつでも共同研究すると提案した。しかし、彼はすでに北陸経済調査会の援助でイギリスの下調査をやっていることもあり、頑固に私の提案をことわり、イギリス研究をはじめた。

この選択は正しく、私の方がいい加減だったといってよい。ちょうど70年代後半、イギリスの福祉国家の財政は危機におちいり、サッチャーの新自由主義的改革がはじまった。やがてこの新自由主義による改革が世界をおおうことになった。中でも、国と地方の財政関係の変化はイギリス・モデルが重要なみをもつようになった。彼の視角は適切だったのである。研究は次第に軌道にのり、やつぎばやに論文が出て、彼はすっかり自信を回復した。

　水田洋先生退官記念論集『市民社会の思想』（御茶の水書房、1983年）に執筆した「地方財政支出統制と新ブロック・グラント」を皮きりに、柴田徳衛・宮本憲一編『都市経済論』（有斐閣、1985年）にのせた「イギリスの都市財政――地方財政統制の強化と大都市財政」そして、学界での評価をきめた「イギリスにおける地方財政支出統制の強化と地方財政自治の危機」（高橋誠・宮本憲一編『地方財政の国際比較』勁草書房、1986年）を出版した。その後、私の還暦記念論集にのせた「イギリス福祉国家の変貌と地方自治」（池上惇・林健久・淡路剛久編『二十一世紀への政治経済学』有斐閣、1991年）や「イギリス補助金政策の新展開と地方財政」（宮本憲一編『補助金の政治経済学』朝日新聞社、1990年）などによって、イギリス地方財政の研究では、高橋誠教授以後における日本の第一人者となった。

　これらの業績を土台にして方法論の確立した小林君は地方財政論の研究をさらに広げ、イギリスからEU、さらにハンガリーなどの東欧諸国へも調査の手をのばした。彼の最後の業績は遠藤宏一君と私と三人で編集した『セミナー現代地方財政』（勁草書房、2001年）であった。

　死の直前の2002年12月に、お見舞いのため彼の家に家内とたずねた。彼は書斎に案内してくれて、EUの地方財政関係資料を整理したものをみせてくれ、これは誰にも負けない蒐集であり、これを整理して、これまでの研究を集大成したいといっていた。おそらく、彼はその前に、これまでのイギリス地方財政の研究をまとめて、一冊の本にしたかったにちがいない。

　生涯を通じてみると、彼は決して、ブリリアントな理論家でもなく、器用な現状分析家でもなかった。しかし、無器用にみえるほど頑固に自らえらんだ

テーマに固執し、そのことについては妥協を許さず、徹底的に緻密に研究をした。その点では、自らの能力を自覚したすぐれた研究者であった。

　そして、彼は北陸経済調査会などを通じて地域の発展に寄与するために、多くの時間をそそいだ。おそらく、彼ほど金沢の保守性に反撥しながらもこのまちを愛し、ここに骨を埋めるべく努力をした研究者は少ないであろう。金沢と大学は彼の地道な努力に、感謝の拍手をおくるべきであろう。

【解説】

福祉国家再編期のイギリス地方財政
―― 小林昭先生のイギリス地方財政研究の意義 ――

滋賀大学副学長　北村裕明

1　イギリス地方財政研究の魅力

　いささか私的な思い出から、この解題を始めることをお許しいただきたい。私が在外研究にイギリスに出かける直前の1986年夏に、金沢大学の小林先生の研究室を訪ね、先生から訪問すべき研究者や研究機関について、丁寧なご教示をいただいた。その際、進行しつつあるイギリス地方財政改革が、福祉国家再編期の地方財政改革として最も注目に値すると、先生が熱く語ってくれたのを、つい最近のことのように思いだす。

　地方自治を支える財政システムの研究を志す者にとって、イギリス地方財政は魅力的な対象であった。

　レイトという財産税に基づく古典的財政自治は、18世紀～19世紀のイギリスで形成された。そして古典的財政自治が、市場経済の進展と地域社会の変貌に伴う地方自治体の機能の増大によって、レイトとそれを支える国庫補助金制度へと展開する過程は、19世紀後半以降のイギリスで典型的に見ることが出来るのであった[1]。さらに、第2次世界大戦後の福祉国家の発展は、地方歳出の急速な増大に対してレイト収入が伸び悩む「レイトギャップ」を拡大し、地方歳入に占める国庫補助金の比率を高めることとなった。こうした事態に対してイギリスでは、特定補助金を一般補助金化することによって、財政自治と国庫補助金の増大とを調整しようとしたのである[2]。

　しかし、1970年代初頭以降の経済危機と財政危機は、戦後の福祉国家政策の

再検討とともに、国庫補助金の拡大によって地方財政をファイナンスするというシステムの見直しを迫ったのである。1976年の『レイフィールド委員会報告』は、地方責任型か中央責任型かという選択の時であることを明示した。そして、地方財政責任型の財政システムを求めようとするならば、レイトのみという脆弱な地方税基盤ではなく、地方所得税を導入し、地方自治体の自主財源を拡大すべきであると提起したのであった。しかし、当時の労働党政権はこの提案を受け入れることなく、補助金改革を通じた地方歳出統制を試みつつ、地方歳出削減政策を展開するのであった。

そうした態度は、1979年発足の保守党政権に引き継がれ、地方財政改革がきわめてドラスティックに進行する。すなわち、増大する国庫補助金と財政自治との調整の手段であった一般補助金が、地方歳出統制の手段として本格的に活用され、その過程で地方税率に制限が及び、さらにはレイトを廃止し、コミュニティ・チャージという名の前近代的な人頭税の導入へと至るのであった[3]。

本書に収められた小林先生のイギリス地方財政改革の研究は、こうしたイギリス福祉国家再編期の地方財政改革を分析したものであり、わが国では高橋誠先生の『現代イギリス地方行財政論』に続くイギリス地方財政の本格的研究業績として、公表当時から高く評価された論文であった。とりわけ、1980年の地方政府・計画・土地法によって導入された、包括補助金にもとづく地方歳出統制のメカニズムとその実態の分析は、小林先生でなければなしえないと思われるほど詳細を究めており、本書の白眉といえるものである。

2 1970～80年代におけるイギリス地方財政改革

本書の第1章から第5章に収められた論文を中心に、この時期の地方財政改革について概観しておこう。

保守党政権は、1979年の発足より、地方歳出の削減を地方財政改革の正面に掲げた。その主な手段として、一般補助金であるレイト援助交付金（RSG）を包括補助金に転換し、補助金を通した地方歳出の統制を行おうとしたのである。しかしこうした地方歳出統制策は、70年代半ばの労働党政権によって、すでに

試みられたものであった。

　すなわち、深刻化する大都市財政へのてこ入れとして、レイト援助交付金の配分方法を大都市地域に有利なものに替えたのは、この時期の労働党政権であった。一般補助金の特定政策目的への政治的な利用である。また、『レイフィールド委員会報告』への労働党政権の回答である緑書『地方財政』では、超過歳出団体への補助率低下装置が組み込まれた単一補助金が提起されたのであった。この構想は地方団体からの猛反対にあって撤回されたが、保守党政権下の包括補助金の限界補助率低下装置の原型ともいいうるものであった。

　1980年法によって導入された包括補助金による地方歳出統制策は、次のようなメカニズムに基づく。包括補助金の基本的機能は、中央政府による地方自治体歳出の査定（GRE）に基づき、一定水準の歳出に必要な地方税率上のコストを均等化することにあった。その際、地方自治体の歳出がGREを一定限度超過した場合、自動的に交付額が減少するメカニズムが組み込まれていた。包括補助金はこうしたメカニズムによって、地方歳出総額を統制し、個別地方自治体の超過歳出を抑制し、地方税率の上昇を抑制しようと期待されたのであった。

　しかし、包括補助金を通した地方歳出統制策は、初年度から自己矛盾を露呈する。包括補助金のメカニズムによる歳出統制では有効でないと考えた保守党政権によって、基準年の歳出実績に一定比率を減じた支出目標（Target）が別に設定され、それを超過する自治体からは補助金を撤回するという制裁措置が導入されたのである。GREとTargetという二つの歳出目標が提示されることになったわけである。各地方自治体は補助金交付額の減少を最小にするために財政上の操作を行ったが、労働党支配下の多くの大都市自治体は、補助金の減少分をレイトの増大で賄おうとし、補助金を通した保守党政権の地方歳出削減政策は有効性を失うことになった。

　保守党政権が次に打った政策が、超過歳出団体に対して地方税であるレイトの税率を制限するレイトキャッピングの実施と、超過歳出を続ける大ロンドン都（GLC）をはじめとする大都市広域自治体を廃止することであった。地方税

率制限と大都市広域自治体の廃止は実行されるが、ともに強く批判され、さらに、包括補助金制度の改革も会計検査委員会から迫られることになった。

こうした段階で、1986年緑書が公表され、①営業用資産レイトを地方譲与税化し、②住宅レイトを廃止し、それにかえてコミュニティ・チャージという名の人頭税を導入し、③標準的な歳出を行う団体では同額の人頭税額となるような新しい一般補助金にかえることを柱とするプランが提示される。すべての有権者を人頭税納税者にし、地方歳出の水準が人頭税額によって表示されるシステムができあがれば、有権者の手によって効果的な地方歳出統制が可能となる。これこそが地方財政責任に基づく改革であるというのが、86年緑書の論理であった。『レイフィールド委員会報告』の地方財政責任論の優先課題は、地方税基盤の拡大であったのに対して、86年緑書では、歳出の限界的な増減と地方税負担の限界的増減の関係を明確にし、有権者に受益と負担の関係を判定させることにあるとした。そして選択された税が人頭税であり、営業用資産レイトは譲与税化されるがゆえに、地方税は半減することになったのである。

この提案は、1988年地方財政法として成立を見る。地方譲与税化された全国事業レイト、人頭税、各自治体ごとの標準歳出評価をベースにした歳入援助交付金という新たな地方財政システムが、1990年度から開始されたのである。

第1章から第5章に所収の論文では、こうした過程が、包括補助金の導入とその矛盾の展開を軸として分析されている。第1章「地方財政支出統制と新ブロック・グラント」では、包括補助金導入初年度の問題が詳しく扱われ、第2章「イギリスの都市財政」では、イギリスにおける都市問題と都市財政の深刻化をふまえて1970年代以降の補助金政策の展開の中で包括補助金へと至る過程が分析され、第3章「イギリスにおける地方財政支出統制の強化と地方財政自治の危機」では、1970年代以降の地方歳出統制策の展開過程の中で、包括補助金が位置づけ直されている。第4章「イギリス地方財政改革の争点をめぐって」では、地方歳出統制政策の展開の帰結ともいえる、1986年緑書と1988年地方財政法の地方財政改革を検討している。とりわけ、その改革の論理である地方財政責任論について、的確な分析が加えられている。そして、第5章「イギ

リス補助金政策の新展開と地方財政」において、戦後のイギリス補助金政策の展開を改めて概観する中で、80年代の包括補助金を軸とした改革と1988年地方財政法による改革について総括されているのである。

　五つの論文は、福祉国家再編期の地方歳出統制策を国庫補助金の改革と実態との分析を軸として検討を加えたものである。遺稿集としてまとめざるをえなかったため、叙述の重複はあるが、それらは主題と変奏の関係にあり、それぞれの論文が執筆公表された時期（第1章・1983年、第2章・1985年、第3章・1986年、第4章・1990年、第5章・1990年）を反映しつつ、徐々にパースペクティブを広げながら分析が加えられ、改革の意味が深められてゆくのである。

3　集権的福祉国家における地方自治への二つの対案

　さて、保守党政権下における地方財政統制政策は、地方自治体諸機能の民営化と同時に進行するのであった。すなわち、戦後福祉国家政策の担い手としての地方自治体の機能の解体をすすめる戦略の中で、地方財政への統制がすすんだのである。第6章「イギリス福祉国家の変貌と地方自治」では、こうした過程が分析されている。そして、第6章の最終節と第7章「変貌するヨーロッパの地方自治・地方財政」では、保守党政権でとられた戦略とは異なる、分権的福祉社会における地方自治の方向が示されている。

　第6章と第7章の論文をふまえつつ、この過程を概観することにしよう。

　戦後イギリス福祉国家は、地方自治をどのように扱ってきたのであろうか。小林先生は、イギリスの論者の説を肯定的に紹介しつつ、戦後体制は地方自治体を福祉国家政策遂行のための用具として活用する集権的福祉国家であったとしている。地方税源を拡充するのではなく、国庫補助金が増大するのは、こうした文脈においてである。そして、経済危機が公共歳出の削減を求める1970年代以降は、地方歳出の統制＝削減へと方向をかえたのであった。

　サッチャー保守党政権の登場により、地方自治体は集産的な公共サービスの供給者であると規定され、市場原理に基づくサービス供給システムへの転換が迫られたのである。

1980年地方政府・計画・土地法は、包括補助金の導入による地方歳出の統制だけでなく、都市開発公社やエンタープライズ・ゾーンを設立し、都市開発から地方自治体をバイパスし、民間企業の論理に基づく開発を推進することを可能としたのであった。地方自治体が担う公営住宅は、1980年住宅法によって居住者に払い下げられ、1988年住宅法では公営住宅の管理を、民間の住宅協会に移すことを認めたのであった。地方教育行政は、1988年教育法によって、公立学校の管理や予算にかかわる権限を各学校に移し、父母の同意の下に自治体の管理下から離れる選択権をも与えたのであった。そして、民間委託が進行していた地方自治体の業務は、1988年地方自治法によって競争入札が義務づけられ、地方自治体機能の民営化の体制が整えられたのである。

地方行政全般にわたる民営化のもとで、すでに述べたような地方財政統制が進行し、地方自治体の機能の縮小が着実に進行したのであった。

こうした地方自治の方向を、保守党政権側は、地方自治体はサービス供給を民間にゆだね、直接の供給者ではなく条件を整備し監督する機能を行うべきであるという形で論じたのである。すなわち、条件整備型自治体論である。しかしこうした議論の展開に対して、確かに戦後地方自治体による集産的な公共サービス供給は多くの問題をはらんでいたが、必要とされるのは市場型でサービスが供給される条件を整備するのではなく、住民参加を推し進めコミュニティの持つ力を発揮するための条件整備が必要とされるのだとの反論が展開されたのである。すなわち集権的福祉国家における地方自治を、市場条件整備型に転換するか、コミュニティ条件整備型に転換するかである[4]。小林先生は、コミュニティ条件整備型に、分権的福祉社会における地方自治の一つの方向を見いだそうとされていたように思われる。

こうした展望は、本書に未収録であるが、宮本憲一・小林昭・遠藤宏一編著 [2000]『セミナー現代地方財政』の論文「福祉国家の再編成と地方財政」の中で、より詳しく論じられている。また、本書の最終章である第8章「イギリスにおける都市郊外の環境・景観保全政策」は、イギリスのグリーンベルト政策と都市郊外の環境・景観保全政策の実態を分析したものであるが、近年の地方

自治体による環境・景観保全政策が、条件整備型自治体の二つの方向の中で揺れ動いている様子の、具体的事例研究といえよう。

4 イギリス地方財政改革の帰結

本書で分析された以降のイギリス地方財政の動向を簡単にふれ[5]、本書の意義を確認することにしよう。

1990年に導入された人頭税は、厳しい国民の批判にさらされた。サッチャー氏は政権を譲らざるを得ず、あとを継いだメージャー政権によって、人頭税を住宅課税であるカウンスル税にかえる改革が実施される。1991年に人頭税廃止が宣言され、1993年よりカウンスル税が導入されたのである。カウンスル税は、住宅の評価を八つの価額帯に設定し、最小税率と最高税率を3倍の範囲に限定している。地方譲与税化された全国事業レイトは維持され、歳入援助交付金の変更も最小限に留められたのである。経常歳入に占めるカウンスル税の比率は人頭税以上に減少し、レイト時代に比べると半減したのであった。

1997年に、18年間続いた保守党政権は、労働党政権に取ってかわられる。労働党政権は、1998年の白書『地方自治の現代化——住民と連携して——』を公表し、自治体が提供するサービス供給改善のための地方自治改革を実行に移そうとする。しかし、地方財政改革は、保守党政権下の枠組みを大きくかえるものではなく、限定されたものに留まっている。

これまで見たきたように、福祉国家再編期のイギリス地方財政は、1970年代の『レイフィールド委員会報告』の提案を実行に移せず、1980年代における保守党政権下の地方財政改革によって、財政自治の基盤を大きく崩されることになったのである。

本書に収められた小林先生の一連の論文は、その過程を分析した第一級の研究である。とりわけ、包括補助金による地方歳出統制政策の詳細なる実態分析、1970年代以降のイギリス地方財政改革についての目配りの広さ、福祉国家再編期の地方自治改革のなかで地方財政改革を位置づけるという点において、改めて高く評価されるべきものである。

小林先生のご冥福を、心からお祈りしたい。

(1) Cannan, E. [1912], *The History of Local Rates in England,* 2nd. ed., King, Webb, S. [1911], *Grants in Aid: A Critism and a Proposal,* Longman、藤田武夫[1950]、『現代地方財政の理論』廣文社、藤谷謙二[1957]、『イギリス国庫補助金の研究』法律文化社。
(2) 高橋誠[1978]、『現代イギリス地方行財政論』有斐閣、Travers, T. [1986], *The Politics of Local Government Finance,* Allen & Unwin.
(3) Gibson, J. [1990], *The Politics and Economics of the Poll Tax, Mrs Thatcher's Downfall,* EMAS、北村裕明[1998]、『現代イギリス地方税改革論』日本経済評論社。
(4) Ridley, N. [1988], *The Local Right: Enabling not Providing,* Center for Policy Studies、君村昌・北村裕明編著[1993]、『現代イギリス地方自治の展開――サッチャリズムと地方自治の変容――』法律文化社。
(5) 詳しくは、小林昭[2000]、「福祉国家の再編成と地方財政――欧州諸国に見る新たな動向――」宮本・小林・遠藤編著『セミナー地方財政』勁草書房所収、北村[1998]、を参照。

あとがき

　2003年1月6日、小林昭先生は61歳の若さで亡くなられた。先生は1964年に金沢大学法文学部を卒業された後、名古屋大学大学院経済学研究科修士課程、東京都立大学助手を経て、1970年から33年間にわたって金沢大学法文学部および経済学部で教鞭をとられた。2000年4月から2年間は経済学部長を務められている。金沢の街と金沢大学をこよなく愛し、地域経済と大学の発展のためにさまざまな分野で貢献された方だった。

　小林先生が健康を害されていることがわかったのは、亡くなる半年前の2002年7月のことである。イギリスへの調査旅行を前に、胃の上部に違和感を覚えるとのことで検査したところ、食道に悪性の腫瘍がみつかり、手術を受けることになった。当初イギリスから帰ってからの検査を望まれていたが、周囲の勧めを受け入れて検査を早めた結果である。イギリス行きは延期せざるをえず、ついに果たすことができないまま旅立たれたのである。

　退院後しばらくは仕事を離れて十分休養するようにとの助言が医師からあったようだが、小林先生は後期の授業開始と同時に通常どおり講義をされた。授業のあと、教員控室で休んでおられる姿をよくお見かけした。かなり無理をされていることはすぐわかったので、私たちはしばらく休講にすることをお勧めしたが、先生は「授業をしているとかえって元気が出る」とおっしゃって教壇に立ちつづけられた。自己に厳しく、学生を大切にした方だった。

　振り返って思えば、術後、休養をとられることをもっとつよく勧めるべきだった。11月下旬には体調を大きく崩され、12月半ばに再び入院された。病床にあってもゼミ生のこと、講義のこと、試験や大学院の学位論文審査のことを気にかけておられた。

　年の瀬になって、主治医から末期ガンで余命は3カ月ほどであるとの告知が

あったが、小林先生はこれを冷静に受けとめられた。これまでに発表したイギリス地方財政に関する論文をまとめて著書を刊行することを最後の仕事としたいので協力してほしいとの要請を受け、私たちがお手伝いをすることになった。新年早々、碇山が作成した案をもって御相談に上がろうとしたその朝、先生は永眠された。

　8月20日の14時間におよぶ大手術に耐え、その後の4カ月余り、強靭な精神力で快復への努力をされていただけに、あまりの急変に、にわかには現実を認められない思いだった。

　有志の呼びかけで2003年3月21日に「小林昭先生を偲ぶ会」が開かれたが、全国から百数十名の方々が参集された。とくに多くの卒業生がかけつけてくれたことは、先生が研究者としてのみならず教育者として立派な仕事をされてきたことをよく示している。

　本書は、小林先生の遺志に沿ってイギリス地方財政に関する論文を発表順に収録したものである。先生の恩師である宮本憲一先生に追悼文を、小林先生と専門を同じくする北村裕明先生（滋賀大学）に解説をお寄せいただいたことは、編集実務を担当した者として望外の喜びである。

　宮本先生の追悼文でも触れられているように、小林先生は1990年代から今日にいたるイギリスおよび中東欧諸国の地方財政、地方自治に関する膨大な第一次資料の収集に傾注してこられた。これらをもとに本書に収めた論攷に続いて、新しい著作を刊行することが先生の年来の夢であった。資料の宝庫を前にして、これを果たせなかったことはどれだけ無念だったかと想像するに余りある。とはいえ、本書を刊行できたことで小林先生の願いの一部を果たすことができたのではないかと思う。本書がわが国のイギリス地方財政研究の記念碑となり、今後の地方財政論の発展に寄与することを、そして小林昭先生の名前を研究史に刻むことを確信している。

　本書の刊行にあたって、学界関係者をはじめ知人、卒業生などのみなさんに刊行基金へのご芳志をお願いしたところ、予想をはるかに超える方から基金をいただくことができた。ご協力に深く感謝するとともに、刊行が大幅に遅延し

たことをお詫びしたい。

　最後に、出版事情の厳しいなか、本書刊行の趣旨をご理解いただき出版をご快諾くださった日本経済評論社の栗原哲也社長および谷口京延編集長、また同社に仲介の労をとって下さった西田美昭先生（金沢大学）に心より感謝申し上げる次第である。

　2004年8月

小林昭先生遺稿論文集刊行委員会事務局

伍賀一道
碇山　洋

【著者略歴】

小林　昭（こばやし・あきら）

1941年　新潟県六日町で生まれる
1964年　金沢大学法文学部経済学科卒業
1968年　名古屋大学大学院経済学研究科修士課程修了
1970年　金沢大学法文学部経済学科講師
1980年　金沢大学経済学部助教授
1982年　金沢大学経済学部教授
2000年　金沢大学経済学部長（2002年3月まで）
2003年　逝去（享年61歳）

現代イギリスの地方財政改革と地方自治

2004年9月1日　第1刷発行　　　定価（本体4500円＋税）

著　者　小　林　　昭
発行者　栗　原　哲　也
発行所　株式会社　日本経済評論社
〒101-0051　東京都千代田区神田神保町3-2
電話　03-3230-1661　FAX　03-3265-2993
E-mail: nikkeihy@js7.so-net.ne.jp
URL: http://www.nikkeihyo.co.jp/
印刷＊文昇堂・製本＊山本製本所
装幀＊渡辺美知子

乱丁落丁はお取替えいたします。　　　Printed in Japan
© KOBAYASHI Akira 2004　　　ISBN4-8188-1563-2
Ⓡ〈日本複写権センター委託出版物〉
本書の全部または一部を無断で複写複製（コピー）することは、著作権法上での例
外を除き、禁じられています。本書からの複写を希望される場合は、日本複写権セン
ター（03-3401-2382）にご連絡ください。

ユーロとEUの金融システム	岩田健治 編著	本体 5200 円
イギリスの貯蓄金融機関と機関投資家	斉藤美彦 著	本体 3000 円
決済システムと銀行・中央銀行	吉田 暁 著	本体 3800 円
国際通貨と国際資金循環	山本栄治 著	本体 4500 円
ドル体制とユーロ，円	奥田宏司 著	本体 3800 円
現代金融システムの構造と動態	M. シェイバーグ 著 藤田隆一 訳	本体 3800 円
通貨危機の政治経済学	上川孝夫・新岡智・増田正人 編	本体 4700 円
金融システムと信用恐慌	小林真之 著	本体 3000 円
最終決済なき国際通貨制度	平勝廣 著	本体 4200 円
アメリカ金融システムの転換	G. ディムスキ 他編 原田善教 監訳	本体 4800 円
欧州の金融統合	岩田健治 著	本体 3800 円
イギリス国債市場と国債管理	須藤時仁 著	本体 5200 円
金融危機と革新	伊藤正直他 編著	本体 4200 円
金融規制はなぜ始まったのか	安部悦生 編著	本体 3800 円
現代イギリス地方税改革論	北村裕明 著	本体 3200 円

表示価格は本体（税別）です